语言符号学译丛

神 与 人

——立陶宛神话学研究

[法] 阿尔吉达斯·朱利安·格雷马斯 著

王天骄 译

南开大學出版社

天 津

神与人——立陶宛神话学研究

Des dieux et des hommes: Études de Mythologie Lithuanienne

Copyright © Presses Universitaires de France, 1985

by Algirdas Julien Greimas

本书中文简体字版由 Presses Universitaires de France 授权南开大学出版社独家
出版，未经出版社书面许可，不得以任何方式复制或抄袭本书的任何部分。
版权所有，翻印必究。

天津市版权局著作登记号：图字 02—2017—284

图书在版编目(CIP)数据

神与人：立陶宛神话学研究／（法）阿尔吉达斯·
朱利安·格雷马斯著；王天骄译. —天津：南开大学
出版社，2022.11
（语言符号学译丛）
ISBN 978-7-310-06348-2

Ⅰ. ①神… Ⅱ. ①阿… ②王… Ⅲ. ①神话－研究－
立陶宛 Ⅳ. ①B932

中国版本图书馆 CIP 数据核字(2022)第 221606 号

神与人——立陶宛神话学研究
SHEN YU REN——LITAOWAN SHENHUAXUE YANJIU

南开大学出版社出版发行
出版人：陈　敬
地址：天津市南开区卫津路 94 号　　邮政编码：300071
营销部电话：(022)23508339　营销部传真：(022)23508542
https://nkup.nankai.edu.cn

天津午阳印刷股份有限公司印刷　全国各地新华书店经销
2022 年 11 月第 1 版　　2022 年 11 月第 1 次印刷
230×170 毫米　16 开本　15.5 印张　2 插页　221 千字
定价：78.00 元

如遇图书印装质量问题,请与本社营销部联系调换,电话:(022)23508339

A. J. GREIMAS

Des dieux et des hommes

ÉTUDES DE MYTHOLOGIE LITHUANIENNE
TRADUCTION D' ÉDITH RECHNER
RÉVISÉE PAR ANNE HÉNAULT

法文版序言

经过 15 年左右的研习——把接触到的材料列出清单，进行分类，并且从历史和民俗的角度来解读，目前，通过论述的形式，我们的工作虽不够完善，但取得了最初的成果，它试图在这个长久以来被束之高阁的领域勾勒出几笔线条。

这是因为自从印欧语言的比较研究兴起以来，立陶宛语曾经走向没落。尽管它被视为"梵语的姊妹"，而且在伟大的语文学世纪，成了最出色的语言学家——施莱谢尔（Schleicher）、叶尔姆斯列夫（Hjelmslev）和梅耶（Meillet）的考察领域和论证工具，但它却被丢弃和遗忘。立陶宛语悄无声息地退场，然后又卷土重来，正如布劳代尔（Braudel）所说，它长久地存在。

不过，尽管我们对神话研究的统计毫无新意，这些研究却对崭新的文化理解方式敞开了道路。在社会科学方面，这样的理解方式很可能是我们足以让 20 世纪感到满意的伟大硕果之一。因此，颇具古风的立陶宛语重新浮现在人们面前，成为神话发掘的可能性场地，能够在印欧比较研究方面填补空缺，并增加一些新的安排。

如我们所愿，历史方面的优势在于：在欧洲，立陶宛是最后一个接受基督教的民族（14 世纪末）。外界强加给他们一位陌生的教士，使这个民族"处于懵懂的状态"，一连好几个世纪都在实践本地的"家庭"宗教。在我们眼中，要是换作其他地方，立陶宛历史的优势所带来并组合在一起的神话事实均属于古代。然后，我的个人优势也具有决定性：我在克洛德·列维-斯特劳斯身边工作过几年，这样的经历使得我对神话学产生了兴趣。作为本维尼斯特或杜梅齐尔思想的追随者，这便激励我卓有成效地发挥我的母语优势。

　　这当然是我的个人轶事，但同时——更严肃地讲——也是为种种头衔辩护：因为每个人都可以声称是文学批评家或者是绘画的行家，然而一旦涉及神话学，就是另一回事了，因为在这一领域，哪怕是纯真的好奇心都不得不诉诸社会学框架知识的支持。

　　另一个先决条件也不可避免地出现，即（作品的）接收者。这部作品的受众首先是立陶宛的年轻研究者，通常情况下他们都是该领域的学者。同时，本作品也希望能引起大家的兴趣，指明新的研究角度。那么，这部作品能否抵得住这种意图偏离的情形呢？

　　似乎不可能得到答案，除非把问题稍微更改一下，即思考一下我们意图的核心，也就是民俗研究的地位问题。从目的论和可预期方法论的角度来说，这是一种"关于民族的学问"。然而，在任何时候，民俗也是各种意识形态博弈的场所。首先，这是"复兴的"民族得以滋养的源泉，因为他们确信能在此寻找到关于民族"特质"的最为可靠的表达。随后是，民俗的自发性、原创性和"文字之美"催生了"口头文学的"研究：方法、修辞格、风格和体裁。如果说实证主义的冲击力带来的效果是在同一个领域①建立起一种乡村社会学，并且以牺牲人为代价，从而使物品和技术得以增值的话，那么也应该承认，通过一种神秘的共生性，三种意识形态维度（即政治的、美学的和社会学的维度）之间远不会相互阻碍，反而会实现一种热烈的共存。

　　正是在这个带有假设和成见的领域，我们畏畏缩缩地试图构建法国的——或者说得更好一点——欧洲的人种学。这样的人种学是建构性要素中的一种，有了它，神话学——既不是文学，也不是社会学，而是历史和哲学——就希望能促进相关社会认知维度的发展，也就是使真正的民俗学得到发展。从字面上讲，所谓民俗就是"各民族关于自身的学问"，这些民族并没有什么特殊的天分，也并不愚蠢，而是花上很大的气力，运用五花八门的形象性言语——口头的和非口头的，来思考本民族的行为和自身特质。

　　总而言之，对于我们手头这个版本的意义之验证就在于：以实例来

---

　　① 指民俗学。——译注

宣传并使人确信，就在我们所处的这片土地上，而不是大洋彼岸①，仍然存在着一项有待完成的工作，仍然存在着需要攻克的一种领域，即把"民俗"打造成有关文化的一种符号学。

　　　　　　　　　　　　　　　阿尔吉达斯·朱利安·格雷马斯

---

① 指美国。——译注

主要缩略语索引

Balys *LLP*　*La perception du monde du peuple lithuanien*　《立陶宛民族的世界观》

Balys *LTS*　*Lectures du folklore lithuanien*　《立陶宛民俗解读》

Basan. *VV*　*De la vie des « diables » et des « âmes mortes »*　《"魔鬼"和"死灵魂"的生活》

Basan. *LP*　*Contes lithuaniens*　《立陶宛故事》

Basan. *LPY*　*Contes lithuaniens divers*　《立陶宛故事荟萃》

Basan. *RR*　*Oeuvres choisies*　《精选集》

Būga *RR*　*Oeuvres choisies*　《精选集》①

Dav. *PSO*　*Contes, légendes, oraisons*　《故事、传奇和祷文》

Slan. *SLP*　*Contes de la Lithuanie du Nord*　《立陶宛北方故事》

De diis　*De diis samagitarum*　《萨莫吉西亚众神》

LKŽ　*Dictionnaire de la langue lithuanienne*　《立陶宛语言大辞典》

LT　*Le folklore lithuanien*　《立陶宛民俗》

LTA　*Archives du folklore lithuanien*　《立陶宛民俗档案》

TD　*Travaux de folklore*　《民俗工作》

---

① Basan. *RR* 和 Būga *RR* 是两部不同的作品，但翻译成法文均为 *Oeuvres choisies*，即《精选集》。——译注

目 录

导　论

一、作为研究对象的神话

1. 作为意识形态的神话

　　神话学被构建为一门独立的社会人文学科，这是与乔治·杜梅齐尔（G. Dumézil）的名字联系在一起的：他主导的抗争持续了几十年（反对那些把神话看作想象作品的业余神话学爱好者以及那些寻求神话事实而非意指的实证历史学家；还反对形形色色的哲学理论，这些理论稍微借助几种神话类型，企图以这种轻描淡写的方式来解释全人类的神话思维），最后以胜利告终，使人们在 20 世纪 60 年代得以把神话学视为一个具有系统研究对象的领域。

　　杜梅齐尔的出发点非常简单：他断言神的世界和人类世界存在对应关系，在某种意义上，神的世界只是人类世界的反映，反映出人类世界的组织、张力（tension）和基本意图。杜梅齐尔对印欧民族的宗教进行分析并提出假设，这些民族的总体社会结构，大体上能从神的世界结构和神的功能分布结构中找到对等。换句话说，一个民族的宗教不是别的，而仅仅是意识形态，供族群反观自身，并思考人与人之间的关系和矛盾，而且这样一个整体被升华为神谱。因此，举例来说，与印欧社会的三个特定阶层——教士、军人、种植者和养殖者相对应的是三大主神的管辖范围：与教士匹配的是契约和魔法之神的权利范围；军人阶层与力量之神对应；至于种植者和养殖者，往往是"世界所有财富"的保护神所管辖的范围：食物、财富、健康和美丽。

不需要详细考察构成这个理论的不同层面，不用过分关注众神的功能分配是否为印欧神话系统所共有，甚至无须劳神费思地琢磨神的世界是否直接反映人类社会组织。无论如何，理应强调杜梅齐尔思想毋庸置疑的重要性。他的研究证实了其最初的假设，并且引领我们理解以下内容：

（1）无论是众神还是其他的神话人物都不是人类异想天开的产物：这些"寓言"只是形象化的手段，让我们得以谈论人类、世界以及宇宙的秩序。

（2）神话思维既不是含混不清的，也并不盲目。它表现在众神有组织的活动框架和众神的功能体系内部。

（3）从广义上讲，神话学还适合用来阐释被研究的社会的政治意识形态。

从神话学的这个观念出发，我们还引出了方法论上的另一个重要发现：和我们之前的习惯性想法有所不同，神话学远远不是某个特定民族的神话集合，它是一种意识形态结构，能够体现在任何一种"文学"形式中。作为比较研究学者，杜梅齐尔在不同的印欧民族神话结构之间寻求对应，他发现，同样的神话结构，在罗马是以历史事件的形式记录的，在印度则成为一篇史诗中的某些独立片段，到了爱尔兰，又变成了传奇故事，等等。换言之——这一点显示出神话科学研究的特点——神话学研究的开端，不是先验地把"神话"定义为文学类型，也无须把那些命名为"神话"的叙事素材组织起来并对其进行分析，就如同 19 世纪建立起的那套描述程序教会我们的那样。正好相反，神话叙述只是众多原始资料中的一种，它使我们尝试对神话结构进行重构。

2. 作为哲学的神话

列维-斯特劳斯在一个非常遥远的领域——美洲印第安人的神话研究采纳并拓宽了杜梅齐尔建立的方法论，即便列维-斯特劳斯选择了一个截然不同的出发点，那是为了着手进行他自己的分析。1955 年，他在《美洲民俗杂志》上发表了文章《神话结构研究》，这一年通常被认为是这种新的神话学观念的诞生之年。在分析了俄狄浦斯神话之后，他发现每一种神话都有两种解读方式：对它们进行水平式解读，显而易见，呈现给我们的就完全只是一个故事，却没有任何寓意；若对其进行垂直式解读——也就是说注意到神话叙述的某些语义特征，即便这些特征以不同的外在形象表现出来，它们不断重复，并且呈现出有组织的意指结构——神话看起来像是含混不清的文本，难以解读，然而它们却是意义的携带者。从学科目标的角度讲，神话学的首要任务是构建神话文本的解读方法，这使得神话表现为人类讲述自我的一整套故事，从而间接表达了人类的主要疑问，进而试图解决人类提出的所有哲学问题。

列维-斯特劳斯不但没有否认杜梅齐尔的贡献，还拓宽了后者提出的论题：杜梅齐尔在研究过程中仅仅察觉到社会意识的表现方式，而列维-斯特劳斯则区分出哲学表现和文化维度。他不再考虑制度化的宗教形式，而是转向所谓的原始社会的神话，试图阐明某些基本维度，人类正是通过这些基本维度来思索自己的文化。只需要考察所有生命共同经历的从生食到熟食，从裸体状态到穿衣、佩戴首饰的转变过程，我们便意识到人类在拒绝原始状态，走向文明开化的进程中所跨越的种种界限。这涉及我们思考的普遍主题，很可能在所有的神话中都会碰到。诚然，我们可以不同意他提出的种种断言和论证，但是列维-斯特劳斯的贡献无疑更加强调了我们当下正在思考的神话学的新观点：神话是人类所特有的形象思维的特殊形式，人类试图在神话领域，通过神话的方式来解决自己的基本问题。

为什么对神话的表层解读令人费解，而其存在的深层意义却不会产生任何疑问？为了解决这个令人尴尬的问题，作为自己的解释，列维-斯特劳斯建议并提出了集体潜意识这个假设。鉴于神话学试图要解决的问题都具有普世性，而且正像少数族群讲的语言一样，神话的象形表达方式不依赖于个体的心血来潮，尽管两者之间存在些许关联。神话所建构的是这个社会的公共财富，神话叙述仅仅作为一种形式，其传递的内容在人群中不断传播，即使这样的表现方式不能被完全理解，甚至根本不能被理解。"集体潜意识"这种假设，不论我们接受与否（研究方法并没有就此改变），总归成为一个基本问题，关系到神话是否明晰。神话文本和其他任何形式的叙述一样，只有当接收者拥有语义编码时才能被理解，这些编码使接收者得以辨识接收到的文本。换言之，为了理解神话，仅仅获得齐全和详尽的素材是不够的，除此之外还必须为自己构建一本合适的神话学词典，这样才能使我们对神话进行解读。

3. 作为文化的神话

为了最终构建神话学在文化领域的方法论，语义编码问题显然是一个必要条件。于是，我们就可以理解，在某种意义上，新一代神话学家都试图返回杜梅齐尔的论断。我们看到，对于杜梅齐尔而言，作为结构的神话是独立于神话文本的，尽管这种结构要借助神话文本来表现。因此，神话学的概念得到一种全新的扩展，其结果是它与某个群体在特定时空下的文化产生认同，而这种文化也被视为一个整体。在研究古希腊神话的过程中，相对于神话叙述而言，马塞尔·德蒂安（Marcel Détienne）给予当时的"科学理论"、农业教科书、对植物或动物的描述、饮食制度、香水和宝石的使用等诸多方面均等的关注，他把这些领域都视为当地的形象逻辑，并且为神话思维所采用。在列维-斯特劳斯看来，神话学是一整套神话故事，借助于语义编码，我们可以对其进行破解。对于他所提出的这个新论题，神话学的新趋势是把自己等同于语义编码，归根结底，这些编码能够生成神话叙述。

目前的神话学界显示出多种多样的倾向，在方法论方面也有分歧。然而我们无须过分强调这些现象的重要性，因为它们只不过表明了这门学科的活力。神话学的基础仍然足够稳固，一直被所有的神话学家所接受：神话学是某个社会的文化表达；作为文化文本，它能够并且应该被解读和阐释，借助的是将其组织在一起的内在系统，而不是外部强加给它的先验的类别。

我们认为，对当今神话学主要特征做这样简略且相当基础的介绍是有必要的。这样一来，有经验的读者就会提前预知，神话现象、神话学论题分别在什么样的认识论和方法论基础上被描述和提出。有些读者对神话作者的能力持批判眼光，我们不希望这样的态度成为阻碍和封闭神话学本身的借口。同样，如果我们不能对神话理论进行辨别的话（或者更简单地说对神话理论一无所知），那么我们也就不应该在这个领域发表某些片面的描述和局部的阐释，因为这样的论述在神话学界是得不到发展的。

二、立陶宛神话问题

1. 人种学还是文化史？

以如此宽泛的方式去理解神话学，最终就表现为一种对各种社会文化进行分析的方法。在这种情况下，神话学试图描述没有文字记载的，也就是所谓的原始族群的文化，因此它可以被认为是人种学的一个方面。然而，如果神话学热衷于描述古代历史文化，同时又对古代历史文化的重构感兴趣的话，那么这门学科就又变成了文化史的一个主要组成部分了。尽管这两种情况改变不了神话学作为人类学和作为"人的科学"的本质地位，但在这两种情况下，神话学还是被引导并采取了其他的研究路径，同时采纳了另一种性质的素材和原始资料。在人种神话学中，研究者——或中间联络人——与现存的族群之间的直接关系扮演着重要的角色，然而历史神话学却仅限于已经存在却无法验证的材料，它试图填补原始资料呈现出的空缺，所依据的是它认为逻辑较为严密的假设。

从这个角度来看，我们所选择的研究对象就是混合的了：为了对立陶宛神话进行研究，我们掌握的材料既是历史性的，也是人种学的。一方面，它涉及书面的原始资料：在相邻几个民族13—15世纪的编年史中，为数不多的资料影射到了异教；还有15世纪以来的立陶宛编年史，直至16和17世纪，记录都更加频繁和详细；书面资料还包括一个没落宗教的礼仪和习俗。另一种原始资料也同样重要，它由人种志资料所构成，这些材料都是19世纪以来，一直到今天这段时期细心收集的，从中我们能够辨认出过去信仰和习俗的残留，它们在主流宗教，即基督教的名义下得以继续存在。

　　然而不应该忘记，我们采集任何的材料，首先都是以我们要达到的研究目标为前提条件的，而材料的收集也正是在研究目标的名义下得以完成的：研究目标可以是明确的，比如以科学假设的形式表现出来，但是它同时也可能保持着隐晦的状态，通过特定时代占支配地位的意识形态才能被强调出来。一些人乐意并自愿做出努力，多亏了他们的努力，民俗档案才得以建构，然而它们不可避免地呈现出异质的特点，并且逐渐被归于不同的意识倾向。自赫尔德（Herder）①和歌德（Goethe）的时代以来，作为"民族特性"的神话被不断地培育，促使研究者们将他们的注意力集中到立陶宛民俗的"诗性美"之上，比如，因此产生了丰富的抒情民歌，与神话甚至历史都没有太多的联系。另一种形式的神话紧随其后，即表现为"大众文化"或"民粹主义"的神话，多数情况下与上面的第一种神话相混淆：我们经常把出色的故事集、格言集，还有对节日习俗的描述都归于它的名下，它们通常情况下会拥有较高的质量。主流民俗理论，尤其是运用到民俗方面的文学理论，推动了"大类型"民俗的发展，而损害了"小类型"的民俗。

　　上述这几点意见，绝不是要贬低人种志资料的价值，其目的只是要提醒大家注意到神话的异质性特点。由此导致的结果是，人种志资料只有一小部分可以被运用到历史神话学的研究之中。另一方面，对这类档案的考察只能引发科学范畴的问题，而这类材料也恰恰被指定用来研究科学范畴的问题：科学之所以被构建起来，依据的是它对研究对象的定义和研究方法，而不是这样或那样胡乱堆积起来的材料。通过考察手头占有的资料，人们对 19 世纪下半叶的农村生活进行了描述，比如年复一年的节日和劳作，循环往复的个人生活：婚姻、洗礼和葬礼等。从那时起，这样的活动都被视为社会学的研究，是关于原始封闭的农村社会，而且还带有当时全欧洲的特点。就像美国的印第安人保留地一样，罗马尼亚的社会主义政体也让整个马拉穆列什（Maramures）地区保留着非集体化，之后，罗马尼亚为这样的社会学发展提供了理想的条件。

---

　　① 约翰·戈特弗里德·赫尔德（Johann Gottfried Herder，1744—1803），德国哲学家、神学家和诗人，作品有《论语言的起源》。——译注

上述科学领域本身是正当合理的，它当然与我们所关心的神话学研究没有任何关系。只有当民俗-社会学家想要同时成为口头文学评论家和立陶宛古代神话学专家的时候，误会才会不断产生，这样就会造成科学"类型"的混乱。

2. 神话还是宗教？

在谈论立陶宛神话时，应该考虑到的事实是，它作为一种构成要素，从属于印欧民族的比较神话。研究者显然从这一事实中抽取出某些益处：神话结构具有可比性，也就是说我们能够识别不同的神话中存在的相似之处和不同特点。这也有助于形成一些假设，从而明确研究的目标和程序。同时，也使得研究者重构古代的宗教礼仪，在"民俗时代"，这些礼仪已经转变为游戏和玩笑。然而，立陶宛神话从属于一个更为广阔的神话范畴，这也为它带来了某些义务和责任。长久以来，杜梅齐尔都把神话学家的注意力引向神话思维这一重大而特殊的维度，特别是印欧地区的神话思维，即具备绝对权力这种意识形态，或者更为普遍地讲，就是对支配宇宙的权力进行了分配。很明显，19世纪的农村社群具有封闭性，这种条件下所产生的神话思维让我们无法找到上述意识形态。绝对权力这种观念假设存在一个人种-社群，它相对来说发展更为完善，也进行社会等级的划分。换言之，如果说我们用"宗教"这个名称——尽管这不是必需的——来指代神话所采用的特殊形式的话，那么，由于神话拥有等级的和系统性的组合，而且还具备相应的社会结构，所以，究竟能否谈论立陶宛宗教，这要取决于我们如何展示古代的立陶宛民族。比如，从政治角度表现立陶宛的国家结构。

事实上，这个问题比我们第一眼看到它时显得更为严肃和重要。根据民俗-神话学家的主导观念，古代立陶宛人崇拜"天体"，把"大自然的力量"敬若神明，还敬仰其他的"想象之物"。这样的神话观念和国家的宗教毫无关系，我们能够把国家宗教和印欧民族其他的宗教进行对比。此外，至于历史观念，民俗-神话学家几乎全都考虑到中世纪的立陶宛，如果一个社会没有分出阶层，全部由自由人的部落组成，那么这样的社会几乎是不存在的。

　　最近的历史和考古研究在很大程度上更正了之前对古代立陶宛的简单看法，考古发掘显示，当时立陶宛的整个民族领土上存在着物质文化（麦田、农业工具和一般技术）的均等。这就可以做出假设，在当时，人员和财富的流通是繁忙的，这种情况只有在政治机构保证道路安全的情况下才能成为现实。上述情形表明，在当时的欧洲，中世纪文化已经发端。同样的研究也证明了宗教革命①进程的完成。宗教的发展也至关重要，它发生在 6 至 10 世纪：物质文化的公共基础被构建起来，与之对应的是，宗教形式的某种标准化活动也体现出来，比如，首先就能举出死者进行火葬的例子，还有一些神话事件与考古证实的史实相吻合。此外，历史研究也慢慢开始更新立陶宛民族的政治及社会结构原则，正是这样的原则才使得立陶宛民族形成国家。尽管采邑制不能从立陶宛社会中剥离出独一无二的特征，然而，毫无疑问的是，在那个时代，立陶宛民族表明自己是一个不一样的和具有等级结构的社会。基于这样的社会基础，我们只能做出下面的考虑，即立陶宛宗教与印欧民族的其他宗教具有可比性。立陶宛国家的扩张——考虑到 13 和 14 世纪的情况，我们甚至可以谈论一种立陶宛的帝国主义——很难被解释为领土和经济上的主宰，而是至少应该建立在意识形态统一和协调的基础之上。事实上，如果我们认为宗教是特定时代意识形态的外形表达的话，那么也就可以承认，与国家形成和扩张相对应的也是一个宗教繁荣昌盛的时代。因此，重构立陶宛神话，也是为印欧神话比较研究做贡献，在目前的条件下，这项工作既有根有据，又符合现实。

3.　历史与结构

　　最近，考古学在方法论方面实现了突破，它借助于分散的要素来重构整片遗址，这样就揭开了拥有政治和社会机构的古代城市的面纱。考古学的进展不可能让历史学方法论无动于衷，通过类比，我们或许可以断言，古老年代的或不太为人所知的神话描述，正是一种重构行为，根据散乱的碎片或片段，它试图重新建立协调统一的神话整体。

----

　　① 这里的宗教革命不同于 16 世纪发生在西欧的宗教改革。这里指的是罗马帝国灭亡之后，基督教逐渐在西欧封建国家生根发芽。——译注

然而，这样的重构活动不追求——也无法追求——复原某个时代的全部历史，比如这个时代的内在矛盾和它混杂在一起的要素。重构神话的工作不是为别的，而只是描述所选择的结构状态。举个例子来说，假如我们试图重构13至14世纪时期的立陶宛文化状态，那么很明显，一方面我们要把除了当地"异教"之外的其他力量和影响都考虑在内；另一方面，我们还要肩负一个责任，即努力识别15至16世纪立陶宛的神话结构，尽管这个时期的立陶宛已经具有少许的基督教倾向，然而神话结构较13、14世纪而言并没有太多的改变。当然，我们在19世纪的人种志资料中仍然可以发现神话遗留的痕迹。

除此之外，如果在更深入的内容层面能发现语义身份的话，那么在表达层面的相似点和/或不同点就被认为是次要的。比如，女性服装的形式以及穿戴的方式都会在历史进程中发生改变，如果这些衣物的社会功能——能识别女性的年龄和社会地位——保持不变，并且符合将要描述的文化整体的结构需求，那么衣物就算发生变化，也会被认为是无足轻重的。换言之，由于神话的外在形式是多种多样的，而且还处于不断的变化之中，所以神话重构的最终目标是要重新建立独立自主的语义空间。从文化历史的角度来讲，神话学家用这样的方式所重构起来的语义空间很可能就和所谓的特定时代的意识形态或主导文化相符合。

三、方法论考量

如果说神话学是一门文化考古学的话，那么从理论上讲，文化挖掘工作所采用的方法将有助于我们依据几块砂泥来复原整个花瓶，或者根据某些残垣断壁来重新绘制一座城市的地图。换言之，从方法论的角度来讲，所有记录在案的神话事件都应当被认为是范围更广的某个整体不可或缺的一部分。每一个神话学对象、神话叙述的每一个序列都应当成为我们的物质材料，从而建立起假定的模式。不要小看这种模式，它能够阐释某个神话学对象或神话序列，与之相关的其他对象也能从中得到解释。因此，神话学的重构就是要不断地提出新的假设,就如同其他具有学科设想的领域一样,只有遵循内在的衔接标准,神话学提出的新的假设才能行之有效。

1. 口头文学文本

重构立陶宛神话学的工作首先在于研究、识别和阐释孤立的神话要素,并试图将它们纳入更为广阔的神话结构或范畴之中,而这些要素能够出现在形式多样的口头文学中。

历史和人种志资料为我们提供了一定数量的"货真价实的"神话故事,然而直到今天为止,我们从来也没有按照它们本来的面目对其进行阐释。比如,这些故事涉及建城和大洪水。为了阐释这些神话,我们可以使用比较神话学中已经得到验证的方法,这些方法建立在基本的解读原则之上,即重构隐秘的语义编码。然而,相对来说,只有为数不多的神话才具备标准的形式——必须指出,之所以这么说,是因为过了很长时间,我们才开始注重对这些神话的搜集。这一情况迫使神话学家给自己提出一个更为普遍的问题:在承认立陶宛神话曾经存在,并且能够被重新构建的前提下,立陶宛语境又是通过什么样的形式和方法来表现这些故事和其他的神话外形呢?

童话被认为是神话得以保存的形式之一,只需要随机地把一些童话故事的立陶宛版本和它们的西欧版本对比一下,我们就会意识到这些故事的特性。试举几例:在佩罗①童话中,小拇指是家中的老小,也是最聪明的孩子。他使用计谋,从恶魔的口中救出自己的哥哥。而立陶宛的小拇指虽然也承担叙述的角色,但他已经成为一个神灵,诞生于老妇放的臭屁,或者是老头被砍断的拇指,他在奶牛或狼的肚子里耍着自己的把戏。如果某个故事讲述的是死去的未婚夫(或未婚妻)再次出现,那么这个故事在法国或英国就会属于更为广泛的"幽灵、鬼魂显现"的主题。然而,这个故事的立陶宛版本则会引入一些神话要素,用最后生死别离的场景来解决这个明确的哲学问题。自古以来就为人所知的一个故事,讲的是一位父亲想要娶自己的女儿。在立陶宛语境下的一些故事中也找到了对应点。立陶宛的故事不仅指

---

① 夏尔·佩罗(Charles Perrault,1628—1703),17 世纪法国诗人、作家,以作品《鹅妈妈的故事》而闻名于世。——译注

出了父女乱伦的威胁，不少版本还讲述了兄妹乱伦的生活。从神话的层面来说，这一问题的解决办法就是要从血缘亲属关系过渡到契约亲属关系。

当然，这一切并不意味着对口头文学的类型进行分门别类，19 世纪，人们着手进行这项分类工作，在此基础上，大部分民俗专家都"知道"神话由何种要素构成，童话又为何物。在巴勒莫（科学）研讨会召开期间，与会者专门就这一主题进行了思考。杜梅齐尔对此做了回应，他终其一生都试图找到明确的标准，能够把"神话"和"童话"这两种类型区分开来，然而，杜梅齐尔并没有找到所谓的标准。我们对立陶宛故事的评价与故事、母题的迁移理论背道而驰。这种"迁移理论"在 19 世纪大行其道——在某些环境下，它总能找到自己的捍卫者。该理论认为，欧洲故事从遥远的印度穿越高山大川，才到达今天的地方。完整的研究应当用来更新这个复杂的问题，顺便指出一下，有三个不同的问题似乎混淆在上述资料之中：全人类所共有的普遍的特征，即叙述结构；母题迁移问题，具体的故事不同，母题的意指结构和位置也会发生改变；使用这些结构和母题，是为了让它们成为神话内容和神话外形的投放地。

至少在某种程度上，我们赞同杜梅齐尔的意见，即童话故事可以被阐释为神话故事退化和渐变的结果，甚至可以认为是神话的"去语义化"（désemantisation）过程。这个过程首先表现为某些专有名词的消失，这类专有名词一般指代拥有人形的角色。不仅如此，这些名词的神话功能也被充满魔力的物品和不寻常的生灵所代替。因此，我们产生了一种意识，即至少在某些合理的情况下，我们有权把立陶宛故事认定为退化版的神话，并试图在神话的层面对其进行解读。我们把"真正的"神话名称归还给相应的人物，同时确定这些人物在神话中的功能。举例来说，正是在这样的理论和方法论原则基础上，我们才对奥斯里内的神话故事进行了重构。

在神话和童话之间，还存在混合式的"微型故事"（micro-récits），它同时具备传奇、信仰叙述和"真正的"故事这三者的特点。如果说神话或者故事都以叙述结构的广泛展开为前提的话，那么这些"微型故事"则只是介绍分散的碎片。有时它描述一个特别的事件，有时是介绍一个神灵多样化的表现。在这种情况下，使用的程序与前者截然相反："微型故事"在分析的时候不会再对某个故事进行切分，而是从孤立的碎片出发，一步步复原神话学家想要重构的整个假设。针对这种技术，我们要是想举个例子的话，就要提及对"考卡斯"（Kaukai）的描述，在本书接下来的其中一个章节中，我们将着手进行这项工作，讲述他们诞生和消失的种种环境和条件，同时区分他们在森林中的生活和他们被驯化之后的"文化"活动，等等。以故事的形式所进行的这种重构只能让我们想到文化类型中的"传记性"描述，当前，美国的人种志学者通常对此得心应手。

　　然而，能把这些"微型故事"集中起来，使其成为一种独立文学体裁的唯一可靠标准，恐怕就是"置信"（véridiction）标准了。也就是说，面对遭受质疑的事件和人物时，无论是叙述发送者还是叙述接受者，他们表现出怎样的"信任"标准呢？什么情况下可以相信，又有哪些情况需要怀疑？由于信任是一个相对的态度，而不是一个绝对概念，所以，对种种故事的置信度也就大相径庭。此外，描述"信任"的字眼也很复杂，我们可以说，人们有相信某件事和某句话的倾向，同时也可以说人们有不相信这件事、这句话的倾向。因此，举个例子说，断言19世纪的立陶宛农民"相信"或"不相信"仙女的存在，这对于我们来说是毫无意义的。

　　即便人们承认，在我们封闭的社会，在某一特定的历史时代，能够把口头文学分为没有人相信的故事和大家都相信的叙述，这样的分类方法也必然会随着时间的流逝而改变：马兹维达斯（Mažvydas）是16世纪立陶宛第一本（基督教）教理问答课本的作者，他相信"考卡斯"的可靠性，认为他们的确存在，并且在应对"黑暗魔法"①方面，人类和考卡斯进行了合作。19世纪的故事把考卡斯表现为"居住在教区"的生命，经常被祖父母看到。所以，不难看出，想要重构神话学，上述的置信标准既不贴切，效果也不明显。从那时起，尽管口头文学

---

　　① 黑暗魔法，一种被认为是不怀好意的、恶毒的魔法。——译注

种类繁多，然而它们对出现的神灵的描述似乎就不被人们所接受了。

2. 礼仪文本

从这种纯"文学的"素材中，应当把信息提供者所积累的相关资料区别开来。信息提供者会考察、询问和描述特定的社会：描述这个社会中与宗教或"迷信"有关的工作、节日、习俗和惯例，还有舞蹈和游戏等。这种素材从一开始就和事实有所不同，尽管在大多数情况下，神话学家只能通过语言和文本形式获得这类素材，然而它们记录社会的方式绝不是单一的，既可以采用语言和叙述手段，也能够借助于身体行为，后者主要表现为体态和躯体运动。对于神话学家来说，身体行为的意指结构绝不亚于口头语言表达。这两种表达维度（语言的和身体的）之间的互动使得一个社群得以言说自我，表现自我。神话和格律之间的关系互动相对来说是一个较为受限的领域，研究者几乎没考虑过从这个框架对某个社群进行阐释。而且，语言表达、身体表达之间如何互动？这个问题似乎也没有找到独特的解决办法。比如，对于仪式或信仰的描述首先被神话学家视为语义编码的重大要素，它们让神话学家得以分析神话故事。相反，如果把仪式和信仰区分开来，就会让神话学家感到难以理解，觉得它们缺乏意义，区分的结果就是，神话学家无法从统一的神话学系统框架下对二者进行分析。就如同话语和行为一样，承认二者之间的辩证关系并不意味着对其做了最终的阐释，实际上离最终阐释还相去甚远。尽管有研究者主张将二者分而治之，分别做深入的分析，然而二者之间的辩证关系并不会对此造成障碍。

20世纪60年代以来，叙述符号学（sémiotique）得到了快速的发展，它使我们习惯于把仪式看作由一成不变的行为所形成的链条，被称作"习俗"。换句话说，仪式是特殊的、非语言形式的文本，我们可以像分析（具备叙述特征的）语言文本那样，用同样的方法对仪式进行阐释。此外，封闭社群的习俗已经具有牢固的结构，形成一个整体，它建构出一种标准的独立系统。这种情况让罗马尼亚人种志学者米哈伊·鲍勃（Mihai Pop）谈论起"习俗语法"的可能性。在他看来，描述习俗是民俗学者的一项主要工作。换言之，从口头文学层面过渡到对习俗、信仰和礼仪的描述，我们再次发现，分析神话文本、重构神话学体系，这两项工作包含了共同而普遍的问题。这些问题应当一个一个地解决，同时要考虑到神话表达的两个维度之间的持久关系。

例如，有一些节日每年都在重复，在试图理解这类重复性节日的意指结构时，我们就会遇到上文提到的礼仪文本以及随之而来的困难。通常情况下，人种志的描述会把它们分为工作的节日和历法节日。然而，乍一看，我们很容易觉得这样的划分不太严肃：如果说由于气候条件不够稳定，致使农业节日及相关的礼仪无法与固定的基督历法联系在一起的话，那么饲养节日——把它们和农业节日分离开来是没有任何理由的——在某种程度上，和教会的节日出现了巧合，比如，圣乔治节或生灵降临节。从神话学的角度来说，不论是农业节日，还是饲养节日，都和田野及畜牧劳动的守护神联系在一起：首要工作在于构建众神——通常情况下，我们只见到一份干巴巴的名单，顶多就是对名单做一些无关痛痒的注解——和节日、习俗之间的关联，保留这些习俗是为了维持与神界之间的交流，这项工作所涉及的完全是最初级的分类行为，然而这种分类却能够给每一种农业活动带来其所蕴含的神话意指维度。

不仅如此，所有的农业活动都应当被认为是一种整体程序，在时间维度上得以展开，相关的礼仪和节日把每个单独的阶段标识出来。比如，每一年，小麦种植的程序不仅包括初始阶段（耕作、播种），还包括延续阶段（小麦的维护），最后还有完成阶段（收割）。这种观念把农业活动分为不同的领域，可以让神话学家构建出完整的礼仪文本，从结构的角度来说，礼仪文本和叙述性的语言文本相类似。这也有助于我们发现单独的礼仪环节中不断重复的相似性，从而为解读整体的意指结构提供方便。另外，整体上来说，农业程序的每一个步骤都是循环往复的，这样一来，前后两年的劳作周期有效地衔接起来，就构成了特定的神话形式。"种植小麦"这项劳作中所蕴含的同位素性（isotopie）也通过其他形式表现出来。一方面，人们把"成捆成捆的"小麦收割回来，并储存在家里。而在神话构建过程中，成捆的小麦变成了桥，把前后两年连接在一起。另一方面，人们还会举行"小麦入仓节"，这又让我们联想到"谷仓开放节"。这些仪式文本不仅拥有各自的内在结构，而且还彼此相关，从而形成了劳作和节日协调统一的整体。

我们刚刚所做的是建议性的工作，也就是给每一项农业活动都赋予一位特别的神，例如，把亚麻种植活动托付给神祇维兹冈塔斯（Vaižgantas）①。然而，这种建议明显只是方法论的一种简化行为：单独的某个领域可能依赖于多位神祇，相反，某位神祇所拥有的活动范畴的外延也可能得到扩展。比如，我们之前在关于加布若亚②节的描述中见到过这种现象：如果说小麦在晾晒过程中需要预防火灾，并且这样的工作受到火神雅各比（Jagaubis）管辖的话，那么农业实践的最终目标——把小麦转化为食物就必然取决于小麦之神的善意。我们看到，礼仪文本可以包含不同的环节，每个环节都旨在表达人类和指定的神之间建立的契约关系，比如向神祈祷，表达感激之情等。

对我们手头掌握的历法节日进行描述，在一定程度上，也承担着对文本进行切分的职责。每一个节日都蕴含着基督教的因素和异教因素，二者之间的关系显得很无力。比如圣诞节，从我们的角度来看，内涵更为丰富的是平安夜和圣诞节的第二天，而不是圣诞节本身；而夜间的散步、歌唱，为少女准备的秋千，还有降下的冰雹等，都是不同的环节，它们和复活节之间没有任何共同之处，甚至在上述这些要素内部，也不存在共有特征。生灵降临节同时也是奶牛的节日，人们需要"留意小麦的生长情况"，"早晨的时候，年轻少女还要去放牧"——这也是她们对未来婚姻的预演。把这些节日和罗马节日的时间表相对照，就会让我们产生一种印象，即我们或多或少可以把立陶宛的节日解读为多个"异教"节日的混合。于是，描述的逻辑也就明晰起来：首先要求我们"解构"这些异教节日，把它们分配到独立的礼仪程序上，最后把这些程序纳入均质的礼仪文本之中。这样之后，我们才能以令人信服的方式重构立陶宛的节日，最终把它们归入立陶宛古代宗教的范畴之中。

---

① 立陶宛的亚麻之神。——译注
② 加布若亚（Gabjauja，也简写为 Gabija），是立陶宛神话中的火神和房屋、家庭保护神。

当我们与礼仪文本的"去语义化"趋势打上交道，那么用令人满意的方式实现上述方法论程序的想法就难免会遇到困难。某种礼仪的实践活动，或许在过去的时候对于整个群体来说是充满意义的，然而在 19 或 20 世纪的描述中，却转变为非宗教的"习俗"（例如圣诞节习俗）或"游戏"（荡秋千）。此外，就如同童话故事一样，大部分情况下，它们表现为神话故事的"弱化版"。习俗也一样，它们通常可以被解释为礼仪的刻板重复，只不过这些礼仪已经丧失了它们原来的意义。童话也好，习俗也罢，对它们的理解和解读要求我们再一次构建语义编码。

3. 神话学词典

对周期性的节日进行人种志的描述，当我们对这些描述进行解读时，会震惊于宴席的重要性，以及为这个场合所准备的五花八门的菜肴，尤其是每个节日所采用的佳肴，因为烹饪的饭菜和庆祝的节日之间存在持久的关联。辨认出这些关联，我们就可以进一步谈论"饮食习俗"中存在的特殊系统，而神话学家也要从中区分出作为基础的礼仪性意指结构。

前不久被激烈讨论的问题之一就是，古代立陶宛人是否拥有"祭坛"。作为一种积极的回答，研究者还思考他们究竟采用何种类型的祭品。如果我们考虑不到某些基础性原则在这些祭祀活动中起主导作用的话，那么上述问题对于我们来说就没有实在意义。这些基础性原则包括：（1）选定的祭祀之物都要请神来过目，然后才能宰杀（黑色公山羊、白色猪崽和红公鸡等）；（2）祭祀仪式构成神与人交际的形式之一，通常情况下，也包括神与人共享美食（施行浇祭，宰杀初产的幼畜，并且邀请蛇来品尝，等等）；（3）从实证的角度来讲，奉献给众神的（食物）份额并不十分重要，因为充足数量的地上食物并不是维持神性的必需品。更多的情况下，祭祀中产生的烟雾和芳香就足以让众神满足。整个族群参与到献祭活动之中，表现为全民集体享用所献祭的食物。经过了仪式消亡、风俗衰退的过程之后，这项活动转变为人种志学者笔下丰盛的宴席。

依照宗教的思考惯例，作为神的表达方式之一，饮食编码的重要性是很关键的。顺便注意一下，基督教和犹太教的分裂表现为对饮食禁忌的违背（彼得来到了哥尼流家）①。我们还可以认为，大型节日期间所观察到的饮食习俗，从方法论的角度来说，可以被理解为是一种行之有效的方式，可以把不同领域的权威及活动托付给相应的神，也借此明确众神和动物生命、植物生命之间的关系。浅显易懂的情形有，在"拉加诺"（raganos，指主管女巫的神祇）举办的宴席中，食物是不加盐的。或者，在牲畜节期间禁止吃肉。谷物脱粒工作结束的时候，只有男人才能享用献给神祇雅各比的公鸡；在另一种情况下，只有家庭女主人才能食用母猪的尾巴。凡此种种的情形构成了神话符号，同时被吸纳为一般的文化编码。神话学家还试图解读其他一些物质对象，在这里，我们随机挑选出一些例子。比如，人们在平安夜食用一种特别的鹰嘴豆、在火苗上烤熟的圆饼，还有一种被称作"斯托克"的蛋糕。啤酒——普通的或温热的——被当作平常的净水来使用，在某些确定的情况下饮用蜂蜜水，此外还有"绿色的葡萄酒"和"新娘的鲜血"，这些物质也只是精致饮料蕴含的同位素性中的诸多要素。当然，精致饮料在礼仪活动中的重要性是毋庸置疑的。

　　关于疾病和健康问题，我们在相关的表达层面上可以给出相似的意见。人体的"形态学"（morphologie）构成了某种形式的微型地理学，涵盖人类这个既复杂又具备均质性的物种的所有问题，因为每个器官，从最小的手指到头颅，包括肝、肺、脾和心脏，全都拥有各自的意指结构和象征性的角色。在这样的躯体中所寄居的不仅仅有独立的生命体，还有疾病：好多"卡尔图奈"（Kaltūnai）、"孔拜"（gumbai）、"科里奈"（klynai）或者"库尼哥斯"（kunigēs）②，它们生长并分布在躯体内，通过眼睛和指甲窜上窜下，进进出出，躯体的各个位置都会留下它们的足迹。疾病类型学——我们还缺乏这些——和众神的世界表现出持久的关系，因为神管理并分配疾病，同时也能把它们赶出人体。

---

　　① 哥尼流是《圣经·新约》中的一个人物，他是最早皈依基督教的非犹太人之一。他曾派人把耶稣十二使徒之一的彼得请到该撒利亚（位于地中海东岸的一座古城，现属以色列）自己的家中。"彼得来到了哥尼流家"意思是哥尼流皈依基督教。参见《圣经·新约》的《使徒行传》第 10 章。——译注
　　② 上述这些名称都是立陶宛单词，都表示疾病。——译注

此外，某些疾病是通过神奇的礼仪用语得到治疗的，另一些则使用各种药片、药水和油膏。药品的配制，挑选药物的成分等——这方面可以构成"大众医学"的广阔领域——绝不是偶然的结果：正如同宴席及其必备菜肴构成了饮食习俗系统一样，我们也可以说，"治疗的惯例"反映出古代对于疾病的常规治疗措施，这些做法建立在众神和植物的关联性基础之上。在重构立陶宛神话学的过程中，考察植物的神话符号会给我们带来很大的帮助。鉴于《立陶宛语言大辞典》(*Dictionnaire de la langue lithuanienne*，13 卷，已出版）只能满足神话学家的部分需求，因此尽快编纂一部神话学的专门词典是很有必要的。

第一章　供应之神：考卡斯和埃特瓦罗斯

考卡斯

（一）考卡斯生命的起源

1. 考卡斯和埃特瓦罗斯

19 世纪可以被认为是"民俗"调查的时期，尽管那时我们没有把这两个惹祸精——他俩是财富的守护者及提供者——相混淆，但普雷托里乌斯（Praetorius）①却很好地指出了这个情况，他从 17 世纪就感觉有必要明确考卡斯②和埃特瓦罗斯的主要特征，使人们可以将二者区分开来：

如今，挪威人（Nadraviens）把这些巴尔兹杜卡斯（Barzdukkas）称作考卡斯（Kaukuczus），还指责这些家伙偷窃各种各样的谷物和财产。挪威人把考卡斯与埃特瓦罗斯（Aitwars）区分开来，埃特瓦罗斯也被称为阿尔夫（Alf），尤其是：

——通过二者居住形式的差异，因为巴尔兹杜卡斯生活在地下，而埃特瓦罗斯则居住在地面；

——通过二者外形的差异，巴尔兹杜卡斯拥有人类的举止，而埃特瓦罗斯却呈现出一条龙或一条巨大的蛇的外表，头部还燃着火；

——通过二者行为的差异：巴尔兹杜卡斯不会给人带来任何伤害，

---

① 17 世纪普鲁士的人种志研究者。——译注
② 在本书中，如无特殊说明，"考卡斯"都是复数，即"考卡斯"这种神灵总是以复数形式出现。——译注

在人类身边，他们很老实（甚至还给人类带来财富），而埃特瓦罗斯却伤害人类；

——通过二者的饮食差异：人们把奶、啤酒或其他的饮品拿给巴尔兹杜卡斯，然而却不得不给埃特瓦罗斯提供烧烤类食物，这些菜肴都是用出产的幼畜做成的，任何人都品尝不到。①

顺便说一句，人们也注意到在普雷托里乌斯的作品中，考卡斯是以复数形式出现的，而埃特瓦罗斯则总是被介绍为单一的神。于是，我们得以罗列出二者一系列的对立点，从而将两位神祇区分开来：

（1）考卡斯是地下世界的神灵，而埃特瓦罗斯却属于天空之神。

（2）考卡斯具有人形，而埃特瓦罗斯则呈现出动物的形象（比如龙或蛇）。

（3）考卡斯很善良，而埃特瓦罗斯却是复杂的神灵，兼具善与恶两个方面。

（4）考卡斯喜吃生食（蔬菜或至少是植物性菜肴），而埃特瓦罗斯却以焙烧或烘烤的熟食为生。

早在 17 世纪，这些差异就已经很清楚明了。将这些差异熟记于心，我们就能够认真研究在这之后的，也就是 19 和 20 世纪的人种志资料。在这两个世纪，各种学说百花齐放，相互混合，往往含混不清，令人困惑。因此，研究这一时期的资料，就可以看出它们是否可以验证之前的文本，是不是给我们带来补充信息或全新的阐释角度。为了进行这项工作，首先我们将分别考察考卡斯和埃特瓦罗斯这两位神祇。只有对二者进行充分描述，才能对其进行比较。

2. 考卡斯的地下起源

对于考卡斯起源于地下这种观点，第一个论据在于词汇上的特点。在同一个词根"kauk-"周围聚集着整一系列的后缀派生："kaukolas""kaukolis""kaukuolys"，它们都指代一大团干燥或冰冻的泥土，同样，从名词派生出来的动词"kaukuoti"指的是"打碎一团泥土"（《立陶宛

---

① 普雷托里乌斯，《普鲁士的精致》，第 29-30 页，参见《精选集》（*Oeuvres choisies, Basan. RR*），第 362 页。我们对文本进行了切分，保留了神祇的德文形式。

语言大辞典》)。

以此类推，考卡斯的第一种外形还与这位神祇其他的表现形式相对应："考卡斯很高大，像两个拳头，也像一团泥土。"

此外，我们还要注意到"考卡斯"这个词语其他的含义和派生情况：人们用"kaukas""kaukelis"或"kaukoras"这三个词称呼药用曼陀罗（Mandragora officiniarium），也就是一种根部散发着芬芳气息的植物。此外，还把一株呈现出五个手指形状的植物叫作"考卡斯的梳子"，而且这种植物的神奇魔力和地下世界存在着联系："用这把梳子梳头吧，但是别把它折断，这样你才会了解到地下的一切……"（《立陶宛语言大辞典》)考卡斯的习惯性居所位于地下，这一事实解释了女性为了把考卡斯吸引到自己家里而一直诉诸的奇妙做法："她们往往只用一条连续不断的丝线就织成披肩，并且把它埋在屋子的一角。"①

由于上述资料集中于词汇和礼仪方面，使我们不至于过分保守，得以接受 E. 吉斯维尔斯（E. Gisevius）关于考卡斯起源的神话叙述。他的叙述有点过于文学化，讲述了德拉修斯王子（Drasus）发现考卡斯的详细经过：这位王子一直在尝试学习如何用黏土塑造人和动物的模型，然而总是徒劳无功。不知哪一天，他正准备用一大块黏土塑造一批猛兽，可黏土却翻动起来；这时，一群考卡斯从黏土中走了出来，并且在自己国王的带领下，恭恭敬敬地到王子面前弯腰鞠躬，接着很快就不见了踪影。

因此，考卡斯出生于地下，通常情况下选择洞穴和谷仓作为自己的栖息之地。有时他们也住在顶楼或房梁上，居住地点之所以出现这种转移，要么是因为这些地点肩负着某种职能，如供应小麦和干草；要么就是后来的研究者把考卡斯和埃特瓦罗斯混淆了。然而无论如何，从源头上讲，考卡斯绝不是家养的神祇。

3. 考卡斯和巴尔斯图卡

事实上，在与人类订立契约之前，考卡斯（或是写成"kaukučiai"，

---

① 《精选集》(*Oeuvres choisies, Basan. RR*)，第 365-366 页。

昵称）似乎是居住在森林里的。而且在这一点上，有一些词汇方面的资料明确证明这个观点。举例来说，某些种类的蘑菇是用一些复合词来表示的，而这些复合词均包含"kaukas"这个词的成分："kaukogrybis"指代"鬼笔菌"（Phallus impudicus）。而"Kaukatiltis"是一个地点，可以在那里发现大批蘑菇。此外，"Kaukaratis"表示一堆蘑菇："不要在这些蘑菇（kaukaračiai）上放火；这些蘑菇（kaukeliai）可能聚集在这里举行篝火晚会。"[①]

我们还发现，在16、17世纪的一些人种志资料里，也有关于考卡斯森林特征的论证，然而也引发了新的困惑，因为"kaukai"和"barstukai"（音译成巴尔斯图卡，这个词也可以写作"barzdukai"和"bezdukai"）意思相同，普雷托里乌斯试图将二者严格地区分开来：

> 有一些挪威人在考卡斯（Kaukučzys）和巴尔斯图卡（Bezdukkus）之间做出区分。后者居住在森林的大树底下，而考卡斯（Kaukučzei）则栖居在谷仓、干草房甚至人类的居室之中。然而，挪威人把二者都叫作巴尔斯图卡（Barzdukkus），因为二者都具备典型的特征，即长着胡须[②]。

似乎"barzdukkai"这个名字不仅指代居住在人类附近的考卡斯，也指代居住在森林的巴尔斯图卡。"barzdukas"这个字眼在今天的立陶宛语中还在使用，不会给我们造成（理解上的）困难。然而，要接受普雷托里乌斯的解释却不太容易，因为他所认定的事实是，只要这些矮小的地下之神长了胡须，就足够了，可以考虑将他们命名为巴尔斯图卡（barzdukkai）了。我们似乎没有任何理由给考卡斯——至少在他们的原始状态下——添补上胡须，不过我们有一个简单却自然而然的愿望，即要把考卡斯和他们的日耳曼表亲[③]相比较：把考卡斯辨认为一团泥

---

① "kaukaračiai""kaukeliai"两个词都表示"蘑菇"，格雷马斯在这部著作中对立陶宛词汇的词源和演变情况进行了考察。上述两个词含义相同，但在演变的过程中形成了不同的变体。——译注

② 前后的考卡斯和巴尔斯图卡括号内的翻译是不同的，这里和注释1的情况类似，即单词在演变的过程中形成了不同的变体，但是它们都表达同一个含义。——译注

③ 这里"日耳曼表亲"是一个比喻的说法，主要指日耳曼文化中与考卡斯功能相近的神祇。——译注

土之后，大体上根据这样的外表，我们理应继续考虑并逐步构建他们的外形，不过跟迪士尼世界的小矮人们相比，他们就没那么完善和仁慈了。正好相反，巴尔斯图卡（barzdukkai）这个命名——很容易被理解，因为"barzdukkai"这个词和"barzda"（胡须）在语音上很接近——让我们觉得应该对另一个词"barstukai"重新做出解释，在 16 和 17 世纪，几乎所有的作者都提到了这个名称（包括拉斯可基①、斯特里吉科维斯基、苏道尔布赫莱因和哈特克诺刻）。比如拉斯可基谈论说："德国人把'Bastuccas'叫作'Erdmenlin'，也就是地下之神的意思。"在拉斯可基看来，巴尔斯图卡（Bastuccas）是神祇普茨瑟图姆（Putscetum）的仆人；人类经常恳请这位神祇把巴尔斯图卡（Basrstuccae）派给他们，人类觉得如果巴尔斯图卡住在家里的话，会让自己更加富裕。尽管"Basrstuccae"的词源并没有确定，但我们可以认为这是一个由动词派生出来的名词，是"berti"（延伸的意思）和"barstyti"（意为散布，表示反复的动作）的派生，这个词的使用——多少有点隐喻的成分——使我们得以接受"财富的分配者"这个意义。

从伟大的国民宗教时代一直到大众信仰的式微，这个过程中的所有文本都一致证实：

——巴尔斯图卡（barstukai）属于一种级别比较高的神祇；

——拉斯可基之后的文本认为，这个被我们暂且称作"普茨瑟图姆"（拉丁语"Putscetum"）的神祇和巴尔斯图卡（barstukai）一同居住在接骨木（sambucus）下；

——人们给神祇普茨瑟图姆的供奉中包括面包、牛奶和啤酒；

——人们总是恳求普茨瑟图姆把巴尔斯图卡派出并生活在人类附近，以便给他们带来财富和好运。

4. 考卡斯——消费者和提供者

人们所供奉的食物，不论是先呈给普茨瑟图姆，还是直接拿给温顺的考卡斯，其品种都不会有所改变。但啤酒是个例外——众所周知，这是一种礼仪性饮品，它是大地的天然产品，面包是农业产品，而牛

---

① 让·拉斯可基（Jan Lasicius），16 世纪波兰历史学家和神学家。——译注

奶则来源于畜养。总之，上述食物可以被认为是生食或素食，与之相对立的是烧烤类食物（熟食），埃特瓦罗斯以此为生。

考卡斯是素食主义者，同时也是农产品的提供者：考卡斯使谷仓里的小麦和干草不断增加（他们同时也食用面包和牛奶）。

因此，考卡斯的作用就十分明显了，他们在人类与土地相互交流的结构范畴中扮演着中间协调者的角色。

在离我们更近的时代，一般采用"供给者"这种表达法，用以指明考卡斯这类神祇的主要功能，然而这种说法却不怎么令人满意，它只能描述出考卡斯的"行为模式"（modus operandi）。埃特瓦罗斯总是直接为人类提供物质财富，他会将这些财富转移到某一空间，而与之相反的是,考卡斯总是能够确保自己所带来的干草和粮食是取之不尽、用之不竭的。考卡斯带来的并不是物质财富，他们提供的东西被我们称作"充足性"（suffisance），这可以被看作食物的神话特质，即能够保持食物供应的状态，至少能保证食物的消耗是缓慢进行的。

而且直到今天，在立陶宛语中，我们用"skalsus"一词表示"储存的新鲜面包"，其言下之意是我们想吃多少，就有多少，这些面包是享用不尽的。同样，当我们用餐时，有人不请自来，会使用"啊，上帝啊！斯卡尔萨克！"（Skalsink, ô Dieu）这样的语句，这是一种表达愿望的方式：恳请上帝让食物永远不会短缺。我们说，考卡斯就是所谓的"skalsas"[①]，他们本身代表着一种原则，食物因此会保持原状，并且永不会枯竭。考卡斯就像孕育自身的泥土一样，慷慨地给予人类物质财富，不辞辛苦，不知疲倦，所以考卡斯是大自然能量永久性的象征。

5. 考卡斯的神话学框架

我们之前引用的普雷托里乌斯的文本给我们的研究带来了两大困难：一方面，尽管16、17世纪绝大部分的学者已经证实，神祇巴尔斯图卡拥有统一的名称，我们对这个神祇也进行了分析，然而普雷托里乌斯却曲解了这个名称，并提议用"barztukai"一词表示"短胡

---

① "skalsus"和"skalsas"都可以表示"新鲜面包"的含义，在词汇演变过程中形成不同的变体。——译注

子"。另一方面，他还引入并主张对考卡斯（家庭之神）和巴尔斯图卡（bezdukai）进行区分，而巴尔斯图卡指的是生活在森林中的一类神灵。

所有的研究者达成了共识，认为巴尔斯图卡（就是普雷托里乌斯所说的"barzdukai"）和他们的保护神普茨瑟图姆（Putscetus）①都是居住在接骨木下。普雷托里乌斯还补充说，这种木本植物（或者更可以说是灌木）也被叫作"bezdas"，现代词典编纂学确认了这个事实。除此之外，普雷托里乌斯还区分了两种类型的灌木（bezdas）：其中一种叫作"syringa"，散发着一种甜美的味道；另一种称为"sambucus"，是一种发臭的灌木。这两种灌木通常被混淆，被叫成同一个名字。我们只对上述第二类生长在森林中的灌木（即"sambucus"）感兴趣，同时也注意到表示这类植物的派生词：动词"bezdeti"（发臭）和名词"bezdalas"（臭味）更大程度上确认了"sambucus"这类灌木会产生臭味这个特征。

这些资料也考虑到了"bezdukas"这个字眼（字面意思是"放屁的人，发出臭味的家伙"），这个词和"森林中的考卡斯"同义，之所以这么称呼，是由于他散发出令人厌恶的气味。"kaukas"这个词也指一种具有特殊气味的根生果植物，考卡斯的外在形象本来已经被比作一团泥土，这里又被补充了一种新的嗅觉上的特征。

"Putscetus"这个神名也可以叫作"Putscaetus"，我们已经了解到，它是巴尔斯图卡的主人和保护神，然而这两种叫法也给我们带来了困难。根据文艺复兴时期的说法，这位神祇被认为是神圣的树木和木材的保护者，当时这种说法比比皆是，俨然成为老生常谈。不过，到了19世纪，神话学家急于把这个神祇的立陶宛名称辨别出来，即"Pušaitis"。其实，这个词是由词根"pušis"（松树）派生出的名词。

诚然，研究者马莱茨基（Maletius）②让我们从拉丁文"-aet-us"中发现了立陶宛语后缀"-ait-is"，但是这个词的词根却很难与"puš-is"相对应。事实上，"-tsc-"这种写法，后面再跟上字母"e"，可以严格

---

① "Putscetus"这个词和前文的"Putscetum"一词含义相同。
② 马莱茨基（Maletius，1526—1583），波兰神学家和翻译家。——译注

地被读作"-š-"。然而这样一来，就不可能在拉丁文"-etum"中辨认出后缀"-aitis"。或者我们把拉丁文后缀"-aetum"挑选出来，那么字母"c"后面跟上字母"a"就应当发音为"k"，而前面的字母组合"-ts-"就会和音素"š"相对应。换句话说，假如我们用立陶宛语来解释这个拉丁化的名字，那么就只有两种可能：我们上面所谈论的这位神祇只能叫作"Pušetas"或"Puškaitis"。

文艺复兴时期的拉丁文解释给我们带来了困难，除此之外，词源学也显得脆弱无力。既然神祇"Pušaitis"的名字有理由加上"pušis"的后缀，那么我们不太明白，它为何选择居住在接骨木下，况且周围有那么多的松树；同样，松树和考卡斯之间存在怎样神奇的关系，这一点我们也很难想象。研究者斯特里耶科沃斯基（Strijkowski）也注意到了普雷托里乌斯笔下的土地之神，从这时（1582 年）起，我们就觉得他对这个神祇的定义远胜于文艺复兴时期的陈词滥调。斯特里耶科沃斯基给出的定义更胜一筹，因为它与我们试图确定的"考卡斯起源于地下"这种观念相一致。斯特里耶科沃斯基的解释也使我们得以理解拉斯可基文章的后续部分：人类求助于神祇普茨瑟图姆，祈求它把财富供给之神巴尔斯图卡派到自己身边，还恳请普茨瑟图姆安抚马科普卢姆（Marcoppolum）——主管上层人士和贵族的神祇，为的是普通民众不再受上层阶级沉重的压迫和奴役。尽管我们对马科普卢姆只是略知一二，但不难想象，普茨瑟图姆在其中扮演了某种中介的角色，在神祇马科普卢姆面前，他替人类讲话，站在有利于人类的立场上。然而，这位"神圣树木的保护神"为何要参与进来，究竟出于什么样的理由，我们不甚了解。

从假设的角度讲，我们可以提出一个新的词源，如果我们舍弃词形"Pušaitis"（或者"Pušetas"）而保留"Puškaitis"，那么词根"pušk-"就能够与动词"pušk-uoti"（深呼吸）和名词"pušk-as"（发烧时起的水痘）隶属于同一个语族。这样的一个词源就让我们得以把"Puškaitis"（普茨瑟图姆）的外在形象的三个不同特征组合在一起。对于"Puškaitis"（普茨瑟图姆），我们之前考虑到，泥土是他的一种特殊表现形式。根据"bezdai"这个词形，这位神祇吸入和散发出一些气味，还催生出一批地下侏儒精灵："barstukai-bezdukai-kaukai"（巴尔斯图卡-臭味-考卡斯）也只不过是他独有的衍生物而已。

6. 文化契约

巴尔斯图卡-考卡斯具有地下起源这个特征，这两个神祇隶属于森林这个空间，而且他们的生活依赖于普茨瑟图姆。后者同时也是农民阶层的保护神，这多少有点出乎我们的意料。普茨瑟图姆居住在森林，从空间角度上讲，他不仅和自己需要保护的对象相分离，而且和其他的土地之神也不在一起，比如牲畜之神泽梅帕蒂斯（Zemepatis），或者耕地之神劳克帕蒂斯（Laukpatis）。普茨瑟图姆区别于上述两位神祇，通常还基于下面的事实，即他与人类的关系从来都不是直接的，而是间接的：他要么在大贵族的保护神马科普卢姆面前替人类仗义执言，要么就是应人类的要求，把考卡斯——财富的提供者派到他们身边。因此，普茨瑟图姆应当被认为是隶属于"自然"空间（表现为森林）的神，同时，他也是大自然的象征，生机勃勃又乐善好施，尽管也有些粗野。总之，他对于"文化领域"的影响都是通过中介性程序来实现的。

普雷托里乌斯建立起神职人员的完整清单，这些人员可以和宗教的各个层面相沟通。普雷托里乌斯还区分出异教神父，他们使考卡斯具备了文化适应性："考卡斯和巴尔斯图卡能够吸引侏儒精灵（被称为'Kaukuczones'），以便于他们在特定的地点确定自己的住所。"

从拉斯可基（16世纪）提供的材料到普雷托里乌斯（17世纪）的文本，我们可以注意到不少变化：人类与神祇普茨瑟图姆建立起契约关系，人类向他献祭，以此恳请他把考卡斯派送到自己身边。在订立契约的地点或场所，我们注意到，在普雷托里乌斯的文本里，神的形象消失了，取而代之的是作为中介角色的神父，他们会一些魔法咒语，使考卡斯不得不为自己挑选明确的"文化"住所。然而，拉斯可基和普雷托里乌斯两人的描述相互之间并不矛盾，反而相互补充，相辅相成。神祇普茨瑟图姆的存在一点都不妨碍神父的出现，神父使用的是祈祷用语和行之有效的礼仪。对于我们来说，普雷托里乌斯的作品就只有一个不足：它并没有明确告诉我们，究竟是什么样的祈祷用语或礼仪能够暗含考卡斯的居住地点。这使得我们不得不寻求后来的人种志资料的帮助，这些资料可以作为我们研究工作的补充信息。

正如我们所预料的那样，人种志文本是作为"宗教堕落"的证据而出现的：在普雷托里乌斯的文章中，神消失了。与之相对应的是，民间叙事中作为中间角色的神父也不见了踪影。签署文化契约的双方分别是考卡斯和家庭的女主人，因此可以说，对神话活动的详细描述填补了神职人员的空缺。

人种志方面的不少文献都一本正经地对考卡斯被驯化的过程加以描述，事实上，人种志的各种文献的记述一点都不冲突，我们可以认为，这些材料互为补充，构成了针对考卡斯的一系列分析的各个环节。我们把这些可以获得的资料分配在组合轴上，因此构建出考卡斯被驯化的完整叙述。

6.1 对考卡斯驯化过程的叙述

考卡斯第一次出现在农场，人们在一个完全意料不到的、毫不起眼的地方发现了他们，或者简单地说，他们出现在一片"碎木屑"①之中。考卡斯出现的方式与地点意味着一种谨慎的提议，即考卡斯要与人类订立契约：只要农场主接受了这些"馈赠"，最初的契约联系就建立起来了。

意识到自己被（人类）接受以后，考卡斯终于可以货真价实地现身了：他们有时穿得破破烂烂的，有时干脆就赤身裸体。人类能听到他们的哀求和抱怨："我光溜溜的，衣不遮体！谁行行好，给我穿上衣服？"②

于是，对于家庭女主人来说，如果她想要把这些成双成对出现的考卡斯给驯服的话，就必须想方设法给他们穿上合适的衣服。为了做到这一点，她往往选取一个悬挂着下弦月的周四的夜晚，然后着手制作一件亚麻布的衣服。这件衣服——往往只是简单的一个披肩或一件衬衫——必须在周四到周五的这个晚上缝制好。并且，制作衣服需要经历亚麻织品加工的所有程序。一些具有丰富知识的专家指出，农场

---

① 参见《精选集》（*Oeuvres choisies, Basan. RR*），第 365-366 页。
② 参见《精选集》（*Oeuvres choisies, Basan. RR*），第 376 页。

的女主人（或她的女儿）必须用一个晚上的时间纺麻、织布，然后缝制这件衣服。有一些文献资料虽然没有记录女主人缝制衣服的过程，却为我们勾勒出亚麻布料转化为衣物的完整程序：从播种亚麻开始，接着把它收割、轧碎、晾干，然后拿去纺织，最后制成衣服。

以这样的方式缝制的衣服被称为"alga"（报酬，抵押物），它是契约中的一个关键因素，把农场主全家和考卡斯联系在一起。还应该强调的是，订立契约的条件是极为严格的。举例来说，假如某家的女主人在一个晚上的时间内并没有缝制出衣服，那么原本好心肠的考卡斯就会变成"plikasis kaukas"（赤身裸体的、贫瘠的考卡斯），他们就会把谷仓中的粮食和干草全部搬空，然后分发给陌生人。然而如果契约条件被履行过头的话，也就是说，如果某位女主人出于怜悯，请来一位裁缝，并向他订购这件衣服，或者是她在契约所规定的衣物之外，还慷慨地赠送了其他的礼物，那么此时考卡斯就会开始哭泣，开始悲叹自己的命运，并且很快就会消失得无影无踪。

契约的执行意味着互惠互利。考卡斯把"见面礼"（用"skalsa"一词来表示）带到家中：他们带来的干草足够装一小推车，至于粮食，他们带来了大斗大斗的小麦。相应地，家里的女主人必须给考卡斯提供食物，也就是每天晚上给他们留下适宜的植物性食品。

相反，倘若考卡斯所享有的饮食特权被中止的话，或者没有得到满意的食物，女主人反而把干大粪（粪便代指食物的反面）丢给他们，那么双方的契约也就作废了，考卡斯的愤怒也会被发泄出来：他们会报复，在谷仓放火。然而令人吃惊的是，他们自己也会葬身火海。

6.2 对几个关键要素的解读

考卡斯最初借助一堆木屑而出现，这个行为所表明的不单单是这些供给之神来源于森林。尽管埃特瓦罗斯在与人类签订第一份契约时所遵循的方式和考卡斯类似，但是这两位神祇之间还是存在很大的差异。考卡斯宣告自己的到来是借助于一堆木屑，而不是借助于一块煤炭（煤炭是埃特瓦罗斯所借助的东西）。这充分说明，考卡斯的空间属性与埃特瓦罗斯是截然不同的。诚然，无论是考卡斯留下的木屑还是埃特瓦罗斯带来的煤块，都不能算是货真价实的馈赠，而只能是一种

"馈赠许诺"（promesse de don），那么，上述迹象至少表明，两位神祇都能够成为供给者。这样一来，原本的"自然"符号（木屑或煤块）就被转化为"文化"对象。煤块是纯粹的"自然"之物，它经历了烈火的锻造，能够提前洞悉命运，即自己将会转化为"文化"产品，也就是转化为金币，而埃特瓦罗斯把这些金币带给人类；而尽管木屑也是"大自然"的产物，但它毕竟是和农业活动息息相关的，随后，它就被农业消费品（小麦和干草）取而代之，人类的劳动赋予它们文化特征。这使得我们同时得到如下两种（意义）系统：

$$\frac{土}{考卡斯} : \frac{干木屑}{小麦} :: \frac{火}{埃特瓦罗斯} : \frac{木炭（煤块）}{金币}$$

考卡斯赤身裸体的就出场了，那时他们还没有被驯化。人类给他们穿上衣服，象征着他们被吸纳进文明社会。这个过程表明，这份文化契约（即文化适应过程）处在服装文化的同位素性之上，并且从自然状态到文化状态的这一转化过程是基于如下的语义类型[①]：

裸体的 — 穿衣的

这里所涉及的不仅仅是一个驯化过程，它更是考卡斯真正的人性化历程（考卡斯从野蛮到驯化状态的转化过程是基于另一个与服装文化截然不同的同位素性，考虑到这一点，上述关于考卡斯人性化过程的观点就更加成立）：考卡斯一旦穿上衣服，就立即被人类社会所接纳。自此，我们就更加容易理解，为何身份改变的同时性质也起了变化，而且在普雷托里乌斯看来，这一过程还伴随有名字的更改："bezdukas"变成了"kaukas"。我们似乎还可以提出一个疑问，这样的转变是否也伴随着保护神的变化？"bezdukas"原本是由"自然"之神普茨瑟图姆演变而来，那么，当"bezdukas"变为"kaukas"之后，是不是就落入

---

① 我们都知道，列维-斯特劳斯在他的神话学中建立了"生食/熟食""裸体/穿衣"的语义类型。

了某个"文化"神祇的主宰之下？

考卡斯由自然状态过渡到文化状态，如果从内容的深层结构对这一过程进行解读的话，那么就可以视之为一种逻辑转化，而且还要使用诸如"裸体""穿衣"这样审慎的字眼。然而，如果从叙述表层进行考虑的话，那么上述过程就会表现为一系列秩序井然的外在形象，包括准备（亚麻）织物和缝制衣服。

给考卡斯穿上衣服，其含义不单是给他穿上一件孩子的衬衣：这只是一种简约象征①，它实际上代表亚麻织品准备过程中完整而复杂的工序，还有些文献把这些工序叫作"亚麻的激情"。需要对这种激情做整体研究，其目的只有一个：充分展示服装维度在立陶宛文化和宗教中的重要性。事实上，这种激情是由亚麻必须遭受的一系列各式各样的折磨所构成：捣碎，浸泡在池塘的毒水之中，最后成为烈火中的殉道者。这些苦难在文献中相互交织，我们可以通过三种形式来认识它们。

首先，这就如同是一个影射，或者说是隐喻：如果一个人过着悲惨的生活，我们就说这个人"忍受了亚麻的激情"。这种激情会持续一整年，而且每年都会更新，因而和人类的生活挂上了钩。实际上，这样的折磨已经是非人力所能承受，因为"就连魔鬼都耐他不住"。

其次，与亚麻的激情有关的一系列试练都汇集在一起，并且通过叙述的形式展现出来，这种叙述让维尔尼亚斯（Velnias，基督教中的撒旦）粉墨登场。人类向维尔尼亚斯承诺，只要他能通过"亚麻的激情"中的所有折磨，就把自己的灵魂奉献给他。维尔尼亚斯答应了，他先变身为亚麻的种子，但到了以身试火的阶段，他还是熬不住：觉得自己被烤焦了。于是他放弃了跟人类的约定，并且逃之夭夭。我们了解到，"维尔尼亚斯试练"与简单的隐喻无关，事实上正好相反，这是一种复杂的神话操作（opération mythique），指代一种极端的困难。只有来自神界的某一位合适的、能化身为亚麻的代表性角色，才有能力通过这种考验。然而在叙述中，维尔尼亚斯代表的是宗教世界，它与神界极为不同。

---

① "Kaukas"一词的昵称"kaukeliai"指的是"孩子的衬衣"。

　　在大部分情况下，有关亚麻的激情的叙述被纳入另一个更为宏大的叙述之中，并在其中承担十分明确的功能：充当行之有效的魔法咒语，借此就能够阻止对手的险恶行为，而这位对手不是别人，正是维尔尼亚斯。讲述亚麻的激情的人——众所周知，有关亚麻的激情的叙述是没有结尾的，就如同对亚麻的折磨一样，是多样化的，数不胜数的——迫使维尔尼亚斯违背自己的意愿，来聆听这个没完没了的叙述，并因此延缓了维尔尼亚斯对受害者的折磨。结果，亚麻的激情变成一种不间断的和无止境的叙述：作为叙述，它呈现出标准的格式，即被赋予明确的功能，它能够被不间断地讲述，这使之拥有魔力，让维尔尼亚斯因此和大自然鲜明对立；最后，作为无休止的叙述，它能够明确提出一种无穷的距离，从而将自然与文化、裸体与穿衣区分开来。

　　在我们所参考的这组叙述之中，代表着亚麻的激情的魔法咒语具备一种特定的"析取"（disjonction）功能，即亚麻的激情捍卫着活人世界，使之避免维尔尼亚斯的入侵，维尔尼亚斯主宰着死灵魂世界（用"vėlės"一词表示）①。然而，与之相反的是，在考卡斯被驯化的情况下，有关亚麻的激情的叙述表现出"合取"（conjonction）的功能，而且被解释为自然状态向文化状态的一种可能的转化过程，"自然生命"（Nature）转化为"文化生命"（Culture），就像考卡斯一样，一旦他穿上衣服，便转化为"文化的"生灵。

　　从假设的角度讲，上述观察促使我们得出两种结论。正如我们所看到的那样，亚麻的激情要么是对于"失败"的一种叙述，并对其进行了神话操作——变形为维尔尼亚斯，去经历亚麻的考验；或者是第二种可能，即它是一种标准的、具有神奇力量的咒语。同样，仅仅依据字面上的描述，就把"考卡斯的驯化"看作一种有效的叙述，这也是不妥的。应当把它视为一种礼仪性的话语，在某种程度上，这些话语已经有所贬值，不过昔日还是可以让"kaukucionys"（能够让考卡斯来到人类身边的神父）神奇般地完成对考卡斯的驯化。

　　维尔尼亚斯变身为亚麻，企图通过亚麻的激情的试练，最后却以

---

① 请参见《对恐惧的探寻》（"La quête de la peur"），收录于《论意义》（*Du sens*），瑟伊出版社，第 231–247 页。

失败告终。这充分表明，如此这般的亚麻的激情从属于相对自主的宗教范畴,而亚麻(Lin)本身则是代表这一领域的某位神祇的物质化身，这位神祇可以确保话语的神奇魔力，象征着转化的功能。这些话语一般情况下是神父所采用的。不过，当神父不在场时，也可以由家庭女主人来使用。在自然与文化之间充当中介，并且在服装文化层面上出现的神祇恰恰就是维兹冈塔斯，即亚麻之神，拉斯可基已经广泛地描述了与这位神祇有关的节日和习俗。

（二）考卡斯的另一种起源

1. 考卡斯和种猪（verrat）[①]

刚才，我们已经尝试把考卡斯从地下起源开始的全部故事一步步地构建起来。尤其是，多亏了他们名字的多义性，我们才能把他们和泥团或根生果植物联系在一起。在表层方面,他们在森林的地表生活,上文对此已经有所描述。我们还介绍了他们的文化适应过程，这借助于服装文化层面的一系列中介程序。

还有一点同样令人感兴趣，上文我们已经描绘出考卡斯被驯化的过程，然而我们注意到，除了上述形式，还有其他的方式来获得他们，并确保得到他们的保护，比如，借助于种猪的一窝幼崽，我们就可以把考卡斯孵化出来。

在这一方面，尽管人种志资料很丰富，然而模棱两可甚至互相矛盾的地方也不在少数。这一情况自 16 世纪就开始了，还带来一个问题：我们所关注的两大类神祇又被混淆了。然而，我们也注意到，至少这个问题的其中一个层面，即他们的起源，已经被约纳斯·巴萨纳维丘斯（J. Basanavičius）[②]论述并解决了，他最后给考卡斯和埃特瓦罗斯建立起双重的起源机制。我们对约纳斯·巴萨纳维丘斯的理论暂不回顾，只是需要考虑，如果说可以借助一窝猪崽来孵出考卡斯的话，

[①] 种猪，指的是家猪中专门用于繁殖猪崽的雄性猪（种公猪）和雌性猪（种母猪），种猪区别于肉猪（主要用于宰杀取肉）。——译注

[②] 约纳斯·巴萨纳维丘斯（1851—1927），立陶宛民族复兴运动的积极分子和支持者。——译注

那么，对于埃特瓦罗斯来说，情况就很类似了，他是种鸡蛋孵化的结果（据了解，在立陶宛语中，鸡蛋和卵子是用同一个词来表示的）。

这种获得考卡斯（或者有时是一对考卡斯）的新方式相对简单些：在饲养种猪满七周年的那天将其宰杀，切下其卵子并通过一定的方式进行孵化。学者对孵化过程——它对应前文所讲的文化适应阶段——的描述并不一致，也不够明确：有些情况下，据说应当把卵子置于加热的地方（比如放在炉子上）；另一些情况认为应该让公鸡来抱窝（明显和埃特瓦罗斯的起源相混淆）；还有另外的观点——这一点更加有意义——认为，最好是在大门口一边的门槛上凿个洞，布置一窝绒毛，把卵子放在里面，然后再把门上的窟窿堵上，等待新生的幼崽自己叩门，来宣告自己的到来。这最后一种说法就影射到木头了，首先，它以某种方式指明了前文所讲述的"考卡斯的森林起源"；其次，它提到了"大门"，这可以被看作由外及内的转化过程，即由"自然状态"转化为"文化状态"。

2. 种猪和种鸡

考卡斯和种猪之间的关系，我们无法提前判断，只有把它置于双层关系网络之中，才能加以理解。我们一方面要考虑埃特瓦罗斯和种鸡之间的相似性，另一方面，也要考察考卡斯和泥土之间的关系。

选择种鸡和种猪作为"繁殖力的象征"，理由显而易见：种鸡通常是多配偶的，这一点为人所熟知，而另一方面，种猪拥有极罕见的生殖能力。我们还应该说明，立陶宛语中，种猪被叫作"kuilys"，是由"kuilas"（疝气）一词派生而来：这是词汇学方面的补充证据，证实了种猪的生殖力。

然而，更有意思的是，在涉及种猪和种鸡的问题上，我们还注意到了符号的颠倒现象，这在语义层面体现为：雄性/雌性。这种颠倒所要指明的是，有能力诞下神话生命的是雄性而不是雌性，这一切被解释为是对自然规律的否定，同时又是对"超自然"（sur-nature）的肯定。此外，雄性单独产下神话生命，这也是有前提的：一，存在雌性助产者；二，正常的分娩形式也不是不可能，即分娩是雄性要素和雌性要素相结合的结果。

雌性要素的存在似乎也是千真万确的，她们的功能是平衡雄性要素（比如种猪）。从种类上讲，雌性要素涉及的是"土"（terre），也就是考卡斯的诞生之地，我们在前一部分已经指明这一点。此外，我们也能认识到埃特瓦罗斯和"火"（feu）之间的稳固联系，对这一点根本不需要做过多的分析，"火"表现为大自然的构成要素之一。鉴于"火"（ugnis）在立陶宛语中是阴性，而且种鸡与"火"的表现形式密切相连[①]，我们就可以放心地尝试构建如下的语义关联：

考卡斯	：土：ᅟ	种猪
埃特瓦罗斯	火	种鸡

上述语义结构解释了两位神祇（考卡斯和埃特瓦罗斯）的双重起源：他们要么起源于雌性要素，要么就是来自雄性要素。

3. 包含（englobant）和被包含（englobé）

尽管种猪用嘴拱地的形象能给我们不少启发，可依然不足以在种猪和泥土之间建立长久的和补充性的联系。所幸的是，一些词汇学方面的资料再次给予我们帮助。比如，"kaukos"这个单词的语义性质包括"腺体"和"种猪的颈圈"，它有助于我们明确考卡斯的核心形象。对于这个形象，上文通过一些特征对其进行了辨认。这些特征使我们联想到泥团，或者是令人恶心的气味。现在，借助于这最后一种形象（种猪），我们可以再补充一些新的特征：柔软和潮湿。

在单词"kauke"（还有这个词派生出的同义词"kaukore"）中，我们发现了相同的特征。"kauke"的意思是"用来捣碎肥猪肉的砂钵"，或者是"用来盛放猪油或碎肥猪肉的木制容器"。一个诱人的做法就是，对上述情况进行归纳，关注上述词类的能指分布情况。我们注意到，能指的分配很有特点：阴性/阳性、单数/复数的词形对立和"包含/被包含"的语义对立相互关联。叶尔姆斯列夫（L. Hjelmslev）主张一种更为总体的阐释，然而上述语义分布则是一种特例，仅适用于斯拉夫语言中，不过它产生的影响可能会更加广泛。[②]因此，考卡斯的情形很

---

① 公鸡被认为是"火"的隐喻形式。
② 路易·叶尔姆斯列夫，《语言学论集》（*Essais linguistiques*），午夜出版社。

明确，它分为两大类：阳性的考卡斯（kaukas）意为"家庭之神""泥团"和"根果植物"；阴性和（或）复数的考卡斯则表示"孩子们的衬衣"（kaukai）、"种猪的颈圈"（kaukos）和"砂钵"（kauke）。语义分布不仅把两类考卡斯区分开来，还成为一种解读模式，使我们可以了解考卡斯神祇所指代的其他含义：我们可以把"头骨"（kaukole）和"狂欢节面具"（kauke）这样的含义归入"包含的"（englobants）一类，相应地，我们接下来就可以合理地考虑"被包含的对象"（objets englobés）具体有哪些。

上面所讲的是一组新的语义对立，它最终确定了考卡斯的形象轮廓：它仍旧是把考卡斯和埃特瓦罗斯进行对比，这两位神祇也可以给人类带来疾病，现在就从疾病这个角度对两者进行对比。埃特瓦罗斯能够给人带来一种名叫"kaltunas"的疾病，面对瞧不起自己的人，考卡斯也会发火，会让他们的皮肤生疖子。而表示"疖子"这种疾病的单词就是"kaukas"或"kiaul-niezis"（猪身上生出的疮疖）。我们都知道，"疖子"是扁球形的，表现为厚厚的腺体，柔软而潮湿：考卡斯的形象（疖子）从各方面讲，都像一个惹祸精（即考卡斯是个祸害）。

"疖子"柔软而潮湿，这些特征丰富了考卡斯的表现形式，使考卡斯和埃特瓦罗斯两位神祇的对立进一步扩大：我们在一开始就已经注意到，埃特瓦罗斯具有火的外形，是天空中的神，而考卡斯则具有两种宇宙的元素——"泥土"和"水分"。这就使我们得到下面的语义结构：

$$\frac{考卡斯}{埃特瓦罗斯} \quad :: \quad \frac{土+水}{火+气}$$

上述结构是从考卡斯和埃特瓦罗斯的神话情形中提取出来的，这种结构也向我们揭示，为何 19 世纪的学者会把差异如此明确的两位神祇混为一谈。

4. 原始外形的重构

我们把关于考卡斯外形的两种描述——"泥土的孩子"和"种猪的子孙"结合起来，接着就可以构建出考卡斯原始的，或者最起码是早期的形象。这个形象无论如何，都与后期文献中约定俗成的记载毫无关系，特别是 19 世纪的记录，明显受到日耳曼民间故事的影响。考卡斯绝对不是一位"拥有可爱的脸蛋，留着长胡须，还戴着漂亮小红帽"的小矮人。

我们注意到两种词形对立："阳性/阴性"和"复数/单数"，与之相对应的语义分布是"包含/被包含"。接下来，也就可以了解到考卡斯的外形所包含的内容：这种外形由一种柔软、潮湿的实体和泥水混合物所构成。语义呈现出这样的分布状况，或许并不是绝对的，完全有可能存在其他的语义分布模式。然而，上述分布仍然使我们把"kaokas"这个词的众多词义组合在一起。接着就要尝试确定考卡斯的核心形象，也就是要寻找"具有基本特征的一般外形"，找到一般外形之后，才能思考"kaukas"诸多词义的外延部分。这个词具有一系列的转义，考卡斯的表现形式就存在于这些转义的形成过程之中。

（1）扁球状体——关于考卡斯，上文已经熟悉的外形包括"泥团""根生果植物""腺体"和"疖子"。除此之外，我们还可以补充"头颅""脑袋"（kuaukė）这样的形象，这些都是"kauke"（面具）的语音变体，特别是"kaukolė"和"kuaukolė"两个词，前者是转义，后者是本义，二者均指代一种空洞的扁球状体。

"kuaukis"这个词指的是"头戴方巾，露出圆溜溜额头"的女性或男性。"laumės"（仙女）经常使用这样的修饰语，同时也可以暗示出，考卡斯和女性神祇之间可能存在亲属关系。这个修饰语也让我们联想到种猪，种猪和其他动物是有所不同的，因为其他的动物的脖子上没有项圈。而派生词"kaukarikas"和组合词"kauk-delis"意思是"头顶"，这个词义进一步明确了考卡斯扁球状体的外形特征。

（2）扁球状体+长鼻子——"kuaukis"这个词意思是"拥有圆形和光溜溜的前额"，然而这个词同时也被用来表示"具有长鼻子的人"，"kaukas"和"laumė"似乎都具备这一特征。"鼻子"是一种赘生物，出奇地长，呈现出挂钩的形状，附属在前面所讲的扁球状体上。这个赘生物可以帮助我们理解考卡斯几个富有隐喻的名称："kuaukė"（表示木鞋）和"kaukas"（意思是鱼钩）。

（3）扁球状体+长鼻子+细长身子——圆形而不太规则的头颅，外加一个钩形的赘生物，看上去往往会显得有些细长，而且"kuaukė"还表示"像蝌蚪的鱼"。同时，我们注意到，"kaukas"表示一种钓鱼的工具，末端有弯钩。此外，人们把长筒烟斗叫作"kaukis"，而"kaukutis"意思是孩子的玩具陀螺。最后，"kaukarikas"指的是"头颅比较大的孩子"。

上述形象之外，还能够再补充一种："kaukos"（孩子们的衬衣），这样就形成了考卡斯的基本外形结构。从某种程度上说，考卡斯的外形类似于人，但仍旧比较粗糙，还不够完善。考卡斯刚刚脱离土和水两大元素混合的阶段，正走在非人类通向人类的半道上。同时，考卡斯已经准备好要服务于人类了。

（三）考卡斯和韦莱斯（近似于"死灵魂"）

1. 考卡斯和考科（kaukė，意思为面具）

上文我们讲到，考卡斯的外形还不够完善，是一种初级的形象，与"kaukas"写法类似的另外一个词"kaukė"，比较接近这一形象。我们建立起如下的关系：

<u>　包含　</u>　::　<u>　考科　</u>

被包含　　　　考卡斯

与"kaukė"相关的内容并不多，有一个语气强烈的谚语"像圣诞节的面具那样无情"，算是比较久远的例子，令人好奇的是，这句谚语在现代立陶宛语中还很常用。一直到 20 世纪的头几十年，在某些地区，面具都广泛出现于圣诞节和狂欢节的习俗中。可是，"kaukė"这个词很早就被另外两个借词所替代：白俄罗斯语单词"lycyna"和波兰语单词"lerva"。这两个借词的出现，如果说是因为立陶宛和波兰、白俄罗斯在地理和文化上比较接近的话，那么使用这两个外文单词并不是要引入外部的神话语义①：正好相反，尽管这两个借词来源不同，但我们惊奇地发现，它们的语义分布却是一致的。"lycyna"和"lerva"的主要含义也分为两类，表现如下：

（1）两个词共有的意义：

——"面具"；

——"面容"（有讽刺的意味）；

——"无赖""肮脏"。

（2）lycyna："小东西；寄生物，幼虫"；

lerva："发展过程中的最初状态"。

《立陶宛语言大辞典》对这两个词的主要解释分别是"面具"和"幼虫"，这两个词义差别如此之大，以至于词典的编纂者们（给这两个词）设置了两个独立的词条。然而，从另一个方面来说，如果我们承认，上述两个借词拥有一部分共同的语义性质，源自古立陶宛语单词"kaukė"，并且"kaukė"和"kaukas"也属于同一个词类，那么可以说，这两个词所覆盖的语义场显示出同质和协调的特点。面罩被当成一种初级、卑微的面孔，它背后隐藏的是人类低等的畸形状态，带来的是反感和恐惧；它掩盖的是襁褓中的生命，尚不能获得真正的人类身份。

我们对"狂欢节面具"的意指结构不进行广义上的考虑，也不去考虑面具在"动物和畸形"等方面所代表的狭义。然而，在这个过程中，应当指出，在立陶宛和在其他国家一样，"狂欢节面具"与"bergzdines"（字面意思是"无法生育的妇女"，也就是年纪大的女性）一词紧密相连。而且，在狂欢节相关的习俗中，我们也发现了"亚麻的延伸"——乘雪橇在田野中散步，这样就能促进亚麻的生长（亚麻和考卡斯之间的联系我们都已经知晓）。同样，当田地里有蜜蜂飞舞时，就要给亚麻浇水了：只有这样的习俗才能带来土地的肥沃和多产。

2. 考卡斯和考库勒（kaukolė，意思为头骨）

我们已经知晓，面具下所掩盖的生命体代表着一种雏形和萌芽，

---

① 法国著名历史学家马克·布洛赫（Marc Bloch）长期研究这一现象。

它出现在人类真正诞生之前。出于这个原因，我们可以认识到，这些生灵徘徊于生与死之间的中间地带，他们以人类生命的形式暂时出现在泥土的表面，以"韦莱斯"，也就是亡灵的形式存在下去，并且等待灵魂真正地休憩。就因为这样，我们才能理解，为何拉斯可基认为"kaukai"就是"死灵魂"。

这样的观点多少让人有点出乎意料，在某种情况下，它被一些词汇学资料所证实：事实上，令人吃惊的是，"kaukas"这个词具有多义性，它还表示"死去的，而且没有被洗礼的孩子"。在这种情形下，我们可以注意到两种宗教观念的冲突，二者最终还混合在一起。对于基督教来说，未经洗礼的孩子不能算是真正诞生，也不拥有真正的人类生命；并且，这样一个没有经过洗礼的孩子，一旦死亡，就隶属于宗教的另一个范畴，即非基督教或前基督教的范畴。结果就是，这样的孩子演变为具有双重性质的考卡斯。之所以说是双重性质，是因为一方面，孩子还没有真正诞生，另一方面，孩子已经死亡。

拉斯可基的论断当然还需要其他证据的支持，不过，把"考卡斯"认定为"死灵魂"，是充分考虑到"kaukas"另外一个派生词"kaukolė"或"kuaukolė"（头骨）。这就有助于我们理解一种普遍的信仰，即生命的本源位于死者的头颅之中：如果我们不想让"vėlė"（死灵魂）继续以幽灵的形式存在，就必须砍掉死尸的头骨。事实上，夜晚时分，"kaukolės"（头骨）能够从墓穴中溜出来，像个球一样在墓地中滚动，发出声响，使人感觉到一种神圣的恐惧。尽管这种信仰产生的时代离我们不远，然而类似的观念却暗示了某种宗教领域的存在。在这种领域中，死亡有多种表现形式，形成一种网络体系，考卡斯的形象被镌刻在这样的网络之上。

3. 韦莱斯（"死灵魂"）和维兹冈塔斯

直到今天，死亡崇拜仍然很盛行，它包括两种类型的仪式：其一，个体死亡时，在安葬之前，安排葬礼宴会（festin），重复而间隔地举行（拉斯可基认为是在举行葬礼的第三、第六、第九和第四十天举行）；其二，按年度举办的仪式，旨在纪念某一团体（家庭或村子）所有的逝者。

　　对于上述纪念仪式的细节部分，我们就不做介绍了。只是注意到，在葬礼宴会席间，每一位宾客都在桌子下的盘子里丢一些蜂蜜，这是留给亡者的。同时，从餐桌上偶然掉下去的食物都算是留给了孤独的韦莱斯（vėlės），"他已经没有在世的亲人和朋友了"[①]。在宴会结束的时候，韦莱斯就像跳蚤一样把这些食物一扫而光。在同一篇文献的另外一处描述了维里奥纳（Veliona）——亡灵之神，虽然内容和我们上面的引文毫无关系，但是拉斯可基注意到，人们给亡者准备的是特制的圆饼，这些饼都被打碎，并且被丢在四个角落里，被称作"亡灵之神的薄圆饼"（Sikies Vielonia permixlos）[②]。正如文献中，有一个立陶宛语写成的句子，尽管末尾的字迹已经模糊，但仍旧可以被辨认出来。这个句子可以被翻译为"薄圆饼（Sikes）是亡者（Velionis）的食物"。

　　秋天的时候，人们为维兹冈塔斯——亚麻之神举办节日，称为"Ilgės"或"Ilgiai"[③]。文献对节日的第三天进行了描述，其中祭司履行完浇祭仪式（即把酒等液体祭品洒上）之后，再次出现与上文相同的"薄圆饼"（Sykies）。我们都知道，要准备薄圆饼（"sikės"或"sikiai"），就必须用到亚麻的种子，因此我们意外地发现了亚麻之神和亡灵之间的联系：在巴尔斯图卡的文化适应及其转化成考卡斯的过程中，亚麻之神维兹冈塔斯扮演了一定的角色，我们对此已经有所了解。维兹冈塔斯这个神祇以亚麻的形式诞生，经历折磨，然后死而复生。所以我们发现，现在维兹冈塔斯和"灾祸"这个词联系在一起。可以说，这是一个居于次要地位的神祇，人们也给他提供薄圆饼，也就是上文所讲到的，供奉给韦莱斯的特制食品。那么，问题来了：韦莱斯和考卡斯，究竟谁才是维兹冈塔斯的同伴？

4. 韦莱斯和维里奥纳

　　秋天才举办的伊勒格节（Ilgės）有点类似于万圣节，节日长达十天。如果按照拉斯可基的观点，其中的三天都被用来祭奠死者。当节

---

　　① 《萨莫吉西亚众神》（*De diis*），第 51 页。
　　② 《萨莫吉西亚众神》（*De diis*），第 41 页。
　　③ "Ilgės"或"Ilgiai"等同于"sikės"或"sikiai"，是"薄圆饼"复数形式的两种不同写法。——译注

日来临的时候，人们就邀请死者走出墓穴，洗个淋浴，并且饱餐一顿①：这是亡者的宴会，桌上摆满了专门预备的美味佳肴和饮品，四周还配备有餐巾和衬衫，数量和受邀的亡者一致。宴会一旦准备就绪，人们就返回家中，把外面的空间留给亡者。

对于"祭奠死者"这个问题，拉斯可基的分析更为深入，迈的步子更大，然而这一回，他不再关注伊勒格节和"祭奠死者"之间的联系，而是谈到另外一个叫作"斯科尔斯图维埃"（Skerstuvės）的节日——人们在这一天烹饪红肠。我们更加可以说，在这个节日上，人们把肉准备好并腌制起来，以备冬日之需，接着还要拔掉猪皮上的猪毛。尽管拉斯可基没有指明节日举办的日期，但是很明显，它只能是在秋季。拉斯可基的文本中有一句立陶宛语的引文，可以证明这一点，作者随后就把这句引文翻译成了拉丁语（然而，经常出现的情况是，一旦翻译成拉丁语，句子的意思就走样了）。节日期间，人们向神祇埃扎古里斯（Ezagulis）许愿，拉斯可基用拉丁语描述了这个愿望，可是完全走了样。并且，K. 布伽（K. Būga）②把这句话解释为，在维利埃节（Vėliai）期间邀请维里奥纳来参加（亡者的）餐会。为了把这句话纳入"祭祀亡灵"的大背景之下，需要对其进行更加充分的评论。

布伽把单词"velos"解释为现代立陶宛语"veliuos"的复数形式，而"velos"的复数名词形式为"vėliai"（亡灵之节），源自"velė"（亡灵）。因此，斯科尔斯图维埃节（烹饪红肠的节日）和维利埃节（vėliai）就趋于相同了。并且，斯科尔斯图维埃节也被纳入伊勒格节广义的范畴之中。正如上文所讲，人们把这三天用于祭祀亡灵。

如果说邀请众神参加亡灵的宴会并不奇怪的话，那么提供的食物都是速食品，被切成小块，并且都是由猪肉做成的，这些特征就让人捉摸不透了。亡灵和猪肉之间再一次通过考卡斯建立起联系，因此考卡斯同时也成为"亡灵"的一部分，并从种猪的受精卵中诞生。有一份补充证据进一步巩固了这种联系：持这种观点的人种学家 L. 朱斯

---

① 《萨莫吉西亚众神》（De diis），第 43 页。
② 《精选集》（Oeuvres choisies, Būga RR），第一卷，第 516 页。

维薛斯（L. Jucevičius, 1846）①指出，晚上的时候，人们给考卡斯——众所周知，他们是正直的素食主义者——提供猪大肠，外面还用带血的面粉包裹起来。这种不平常的祭品（猪的肠子）只有在罕见的情况下才会出现，比如当人们杀猪（割喉宰杀）的时候，或者适逢秋天的斯科尔斯图维埃节。同时，这种祭献物再一次把考卡斯与猪这个物种联系在一起，而且还和韦莱斯（"死灵魂"）也建立了联系。

　　然而，主要的困难来自"维洛纳"（Vielona）这个神名，也就是亡灵世界的管理者。这位神祇的名字仅仅出现在拉斯可基的文本之中，在其他的文献中并没有得到验证。尽管如此，我们已经对拉斯可基的文本进行了完整的考察，他的文献是建立在引用立陶宛文献的基础之上，并且从更广泛的意义上讲，祭祀亡灵的重要性也一直持续到今天。所以，拉斯可基的文本能够使人们不会怀疑"维洛纳"的存在。

　　第一个困难，在于确定"维洛纳"这位神祇的性别：究竟是一位男性神祇还是一位女神？拉斯可基曾经两次提到这位神祇，这两次都用拉丁文来记录神祇的名字，拉丁文写法呈现出阳性，然而矛盾出现了，我们目前所看到的"Vielona"一词明显呈现出阴性，因为这个单词的最后一个字母是"a"，这是阴性的标志。而且，我们还注意到，历史学家们非常注重这种语法上的论据。事实上，一个毋庸置疑的传统被建立起来，并且一直持续到今天。这个传统判断"维洛纳"（Vielona，恢复立陶宛语的写法）是掌管亡灵的女神。

　　我们不应该怀疑上述观点，尽管拉斯可基使用拉丁语两次提到这位神祇，但是我们注意到，他显然是忽略了神名的立陶宛语形式，我们还可以在同一篇文本中找出他犯的其他错误。同时我们也发现，印欧神话只是主张亡灵之神的存在，但是并没有提及女神。然而，女神"维洛纳"却可以为立陶宛宗教的起源提供有力证据。

　　有鉴于此，我们应该更加仔细地对占有的资料进行重新考察。

　　应当注意，除了"Vielona"这个词（被理解为女神），拉斯可基还给出了另外一个词，和"Vielona"属于同一类。这个词被解读为"velionis"

① 请参见《精选集》（*Oeuvres choisies, Basan RR*），第 365 页。L. 朱斯维薛斯（1813—1846），立陶宛人种学家。

的阳性单数形式，在现代立陶宛语中，它表达的意思是"亡灵，死者"。

　　为了说明"维洛纳"是一位男性之神，拉斯可基不仅使用了拉丁文单词"deus"，还使用了这个词在立陶宛语中的同义词，从而把"维洛纳"叫作"deus Ezagulis"，这个新的名字被解读为"Ezia-gulys"，由两部分构成："ezia"（田野上的犁沟）和"gul-eti"（躺下休息的），连在一起，就是"躺在耕田边上休息的神"。

　　"维洛纳"是一位男性神祇，对于这样的假设，我们还需认真考虑。而"Vielona"这个神名或许是和另外一个词"Veliuona"（"Vielona"的波兰语写法）混淆了，"Veliuona"是一个表示水文的词，指的是萨莫吉希亚河（立陶宛境内的一条河流）。这样一来，就和拉斯可基的神话学资料比较接近了，考虑到下面三个词比较接近，属于同一词类：

　　velė：亡灵

　　velionis：亡者，亡灵之神？①

　　Veliuona：萨莫吉希亚河

上述三个词提示我们，"Vielona"和"Veliuona"互相混淆的可能性也比较大。

　　假如我们认同拉斯可基的观点，即他提出的神名是阳性，"Vielona"因此可以被读作"Velionis"，那么问题依然没有解决："Velionis"是否只是单纯地表示"亡灵"或"死者"？况且，这个词义原本是现代立陶宛语才具备的，却被拉斯可基拿来表示古代的神。众所周知，拉斯可基对于文艺复兴的研究兴趣是无穷尽的，而且他还热衷于对古代的神分门别类，给神的名字列出清单，这一情况不可忽视。然而，亡灵之神的存在再真实不过了，其依据就是人们为这些神灵所精心准备的节日和习俗。从形态学的角度来看，这个名字（"Velionis"）通常表现为名词补语，依据是"velė"（亡灵）和后缀"-ionis"；它似乎和"Velinas"形成同词根的相似词，而另一个后缀"-inas"同样也形成名词补语。剩下要做的就是，把这两个同词根（"velė"）的派生词考虑为可以相互替换的同义词。在同一类型之下，还存在其他的同源

---

① 这里保留了原文的问号，表明作者格雷马斯对此也不确定，他也是根据现有的资料进行推测。——译注

对似词（doublet）①，它们同样属于神话学范畴，比如：

Milz-inas ~ milz-ionis（巨人）

还有一组对等关系也得到了确认：

Vel-inas ~ velionis（亡灵之神）

把女神"Vielona"解释为"Velionis"，并且和"Velinas"相等同，我们所做的这一切无非是在完善神祇"Velinas"相关的文献，同时也让这些文献复杂化。②雅各布森（R. Jakobson）认为，在语音层面上，"Velinas"和"Varuna"是对等的，但杜梅齐尔明确反对这种假设。

如果把"Velionis"判断为男神，还会遇到最后一个困难，这个困难与神祇"Euagulis"有关，他是作为前者的神名和修饰语而出现的。根据居住地点，可以判断"Velionis"睡在田边。似乎正是出于这个原因，长久以来，人们总是把死者下葬，所以才会出现"Velionis"（亡灵之神）和"velė"（亡灵）③。将死者下葬于墓穴是新近才形成的习俗。举例来说，普鲁士公爵乔治·弗里德里希（Georg-Friedrich）1578年12月6日于蒂尔西特（Tilsit）④发布敕令，要求原本"把死者的尸体都丢在田野上"的立陶宛人建造合适的封闭区域，并且把这些尸体集中安葬。如此一来，就打破了生者、死者以及肥沃的土地相互之间的密切联系。

---

① 两个或两个以上在拼写、意义上都不相同的词却有着共同的起源，语言学把这类词称为"同源对似词"。——译注
② 在现代基督教中，"Velinas"的意思是"魔鬼"。
③ 请参见《精选集》（*Oeuvres choisies, Basan RR*），第291页。
④ 蒂尔西特，1945年之后称苏维埃兹克，是俄罗斯加里宁格勒州的市镇。——译注

埃特瓦罗斯

（一）初步评价

1. 缓慢解体

研究一开始，我们就把普雷托里乌斯的文本作为出发点，明确区分出考卡斯和埃特瓦罗斯。前者是地下和水边的生灵，而后者则生活在天空之中，呈现出火的外形。我们认为，这种区分是富有成效的。事实上，我们可以把收集到的众多人种志资料进行分类，因为从 19 世纪到 20 世纪初，对于大部分研究者来说，他们经常对神的名字进行考察，还时不时地混淆神的功能。然而，在 16 和 17 世纪，民族宗教或多或少呈现出没落的状态，而且，民族宗教和基督教的混合①当时尚未形成。结果，这样的没落状态不仅能使人联想到后来的历史发展脉络，还能让我们回溯到神话时代，从而追寻与这种没落状态相匹配的神话系统。所以，我们研究的出发点并不是随意决定的，而是一种策略性选择的结果。

当时，代表主流宗教的人，他们操心的是传教和颂歌，从这个角度来说，他们的态度颇具特点，从而佐证了弱势宗教的存在：

亲爱的立陶宛人民，别再祈求考卡斯和埃特瓦罗斯的保佑了。

（主流宗教的）代表们不得不把位于主流宗教对立面上的所有神祇都集中起来，并且给这些神祇起了一个统一的名字——维利那

---

① 这里的"民族宗教"指的是立陶宛本民族内部发展起来的一种信仰，民族内部形成的信仰后来不可避免地受到基督教的影响，下文所说的"民族宗教和基督教的混合"也就是指基督教对民族宗教的影响和冲击。——译注

"Welina"（意思是魔鬼）。在主流宗教代表们的眼中，"人们所祈求和崇拜的对象只不过是维利那而已"。接下来，他们还列举出五个不同的神，尽管这些神外表各异，但都属于撒旦的表现形式。不难想象，在那个时代，官方教育把人们误导到了何种地步，混淆了宗教的不同领域不说，还把各种观点混杂在一起，形成了大杂烩。而就在那个时代，先前的宗教、崇拜和习俗也正在慢慢失去影响力。

2. "冒牌的"埃特瓦罗斯

我们了解到，从那个时期开始，在解读人种志文献时不可避免地会提前排除掉一些材料。因为在这些材料中，我们能够不费劲地区分出哪些说法与宗教功能有偏差，哪些说法又是对宗教功能的更改。

举例来说，经常会碰到维尔尼亚斯（Velnias，魔鬼）的形象被叫作埃特瓦罗斯的情况，维尔尼亚斯呈现出农场仆人的样子，服务于农场主，通过各种方式为其提供帮助，欺诈和玩弄诡计也是他的拿手好戏。这位"冒牌的"埃特瓦罗斯就这样毫无困难地被纳入广阔的童话故事范畴之中，而在这种情况下，维尔尼亚斯也被认为是人类的朋友。明显可以看出，在这种情况下，埃特瓦罗斯和维尔尼亚斯的功能出现部分交叉，他们都可以为人类提供服务，也使埃特瓦罗斯的活动场所得以扩大。

在其他的文献中，莱玛-达利亚（Laima-Dalia，财富分配之神）的主要功能也和埃特瓦罗斯存在交集，埃特瓦罗斯的功能因此就更加模糊了。结果是，莱玛-达利亚被赋予"人类丰收担保者"的角色。同样，也出现了其他的情形，这也不足为奇。比如，张冠李戴，把埃特瓦罗斯的活动领域算在莱玛头上，还把她的名字改成了"莱米卡斯"（Laimykas）。

埃特瓦罗斯的名字通常被用来指代"一个家庭的男性代表"。而这些男性的代表也拥有另外一个叫法：斯洛古西埃（Sloguciai，意思是让人不得安生的家伙们）。从这种情况来看，之所以出现这样的混淆，是因为真正的埃特瓦罗斯的出现会使家庭女主人的身体状况变得虚弱；而另一方面，严重而复杂的疾病，本来被叫作"卡尔图纳斯"（kaltunas），但同时也被称作埃特瓦罗斯。

还应当在此说明一下埃特瓦罗斯最初的表现形式，他只在杜宾吉埃（Dubingiai）①地区才呈现出这种特有的面貌。在杜宾吉埃地区，埃特瓦罗斯这个名字指代一种功能性的机制，这完全出乎我们的意料：

（1）埃特瓦罗斯表现为考卡斯的对立面，他不但不会给人类带来物品和钱财，还剥夺了考卡斯的食物。

（2）埃特瓦罗斯管理着马匹，负责喂养这些马，而且晚上还骑在马背上外出。正如我们所看到的那样，这种行为范畴是相当特别的。

（3）埃特瓦罗斯诞生时的情形（埃特瓦罗斯是女人所生，但这全部要归咎于男人犯的过失。假如男人在月光下小便，接着一回到屋里便和妻子发生关系的话，那么埃特瓦罗斯就会作为他们的结晶而诞生出来。）使这位神祇来到世上的方式和人类相似②。埃特瓦罗斯是月亮和女人交媾的结果，这种叙述把这位神祇记录在宗教的范畴之下，而实际上，埃特瓦罗斯的活动情况与上面的叙述是大相径庭的。

上文，我们对"冒牌"埃特瓦罗斯的各种不同的表现形式进行辨认，这些表现形式和宗教功能之间出现了偏差，我们根据这些偏差对"冒牌"埃特瓦罗斯的表现形式进行分类。我们之所以要把这些表现形式列举出来，目的就是要把它们从我们的研究范围中排除出去。然而，我们同时还把注意力集中在神话学研究的一个重要方面，这个方面的某些环节——比如对神话及宗教现象历时演变的描述——仍然没有得到充分发展。

3. 神奇的关联

上文，我们把立陶宛的一些神祇都集中了起来，尽管这些神祇的外在表现都与魔鬼有些类似，但是，立陶宛基督教教理最初的讲授者马兹维达斯（Mažvydas）却仍然将这些神做了区分，比如贝尔库纳斯（Perkūnas）、泽梅帕蒂斯或洛克萨尔古斯（Lauksargus），这些神可以说明显就是"冒牌的"，可仍旧享有人们的崇拜。事实上，这几个神所涉及的行为都是"魔鬼般的"（人们把他们和埃特瓦罗斯相混淆）。埃特瓦罗斯和考卡斯与上述"冒牌的神"完全不同，因为后者与人类建

---

① 杜宾吉埃（Dubingiai），立陶宛城市。——译注
② 这里指埃特瓦罗斯也像普通的人一样，是男女交配后的结晶。——译注

立的联系是基于巫术和魔法，在那个时代，人们普遍这样理解。我们
看到，从 16 世纪中期以来，埃特瓦罗斯和考卡斯越来越接近，越来越
被置于同一层面考虑，这毫无疑问导致后来的研究者将二者混淆。然
而，在普雷托里乌斯的时代（17 世纪），埃特瓦罗斯和考卡斯被置于
同一层面的做法还没有被完全实行，人们当时还是对二者进行区分和
比较，所以就产生了一系列的对比。

（二）埃特瓦罗斯的活动范围

1. 埃特瓦罗斯——烹饪文化主宰者

1.1 家庭之神

16 和 17 世纪的研究者们把考卡斯和埃特瓦罗斯相提并论，原因
不仅仅在于二者与人类之间存在特殊而"奇妙"的关系，还因为二者
功能的兼容和重叠。因此，不论是考卡斯，还是埃特瓦罗斯，都被人
类认作辅助者和财富的提供者。基于这一点，我们就能够对二者进行
差异研究，区分出哪些是相似点，哪些是不同点。

1.2 消费者埃特瓦罗斯

于是，我们可以借鉴普雷托里乌斯对二者所进行的区分。在他看
来，考卡斯是生食主义者，这一点和埃特瓦罗斯明显不同，后者是熟
食主义者。说实话，埃特瓦罗斯的食物由两部分构成：一是炒蛋①，这
是"熟"食；二是粥，也是用水做出的熟食。粥是农村家庭的日常必
需品，是一种卓越的熟食。而炒蛋也很引人注意，可以从两个视角来
分析：这是一道常见的菜肴，用于招待客人；同时，这也是一道来源
于家禽的菜肴，突出了与埃特瓦罗斯空中特质之间的关联。

1.3 供应者埃特瓦罗斯

埃特瓦罗斯是一个特殊的消费者，为他准备食物必须有火的参与。
作为供应者，这位神的活动必须遵循同一个原则：考卡斯提供的都是
天然的物品，可以不断生长。相反的是，埃特瓦罗斯带来的食品都是

① 《立陶宛故事荟萃》（*Contes lituaniens divers*），第三卷，第 328 页。

借助火这种要素进行转化的结果，最起码也与火、热量有或多或少的直接联系。从这时起，借助于埃特瓦罗斯所提供的物品，我们就可以把他和考卡斯明显区分开来：

（1）埃特瓦罗斯提供的是"瑟雷"（séré，一种奶酪），而考卡斯带来干草，可以（间接）用来产牛奶①。

（2）埃特瓦罗斯提供面粉，而考卡斯带来的是粮食；埃特瓦罗斯提供的其他物品，清一色的也是通过火来转化。

（3）比如熏肉，被认为是间接的熟食，因为是通过烟熏的方式来获得，与火存在间接关系。

（4）啤酒是经过发酵，也就是内部加热的结果。

1.4　等级问题

由于埃特瓦罗斯具备"家庭之神"的某些特质，所以人们很容易把他和考卡斯进行比较：埃特瓦罗斯和考卡斯一样，与人类维持着亲密的联系。这种联系具有"循环"（circularité）的特征，因为埃特瓦罗斯既是熟食的发送者，也是接收者。不过，埃特瓦罗斯和考卡斯也存在很大区别：考卡斯在沃土和人类之间充当中介的角色，他只确保所提供物品的数量②。而埃特瓦罗斯却在自己的领地上吸收、传送和呕吐自己带来的物品，他不再是中介者，而是这些物品的转化者，因为埃特瓦罗斯本身就象征着人类对"火"的使用：上文所讲到的加热、发酵和蒸煮，正是埃特瓦罗斯在自己的内部空间，借助"火"来完成的。从这个时候起，如果我们把考卡斯看作"给高级别的神——比如普斯凯提斯（Puskaitis）或维兹冈塔斯——充当密使和仆人的话"，那么在神的等级结构之中，和埃特瓦罗斯位于同一级别的就不应该是考卡斯，而是考卡斯的"庇护者们"：因为正像维兹冈塔斯主宰了服装文化一样，埃特瓦罗斯主宰了烹饪文化。

社会等级的差异能够解释16、17世纪的研究者对待两位神祇的不同态度：考卡斯是以复数形式出现，而埃特瓦罗斯则经常用单数来记

---

① 指的是拿干草来喂养奶牛，然后奶牛可以产奶。——译注
② 这就对应了前文所提到的观点：考卡斯是"充足性"的提供者。参见本书第24页。——译注

载；"kaukai"这个单词的首字母是小写，而"Aitvaras"则以大写字母开始。

2 埃特瓦罗斯——贵金属主宰者

2.1 与金钱结缘的埃特瓦罗斯

我们的出发点是分别针对埃特瓦罗斯的两大功能——提供消费品和供应钱币进行分析。我们之所以选定上述出发点，一方面是因为某些人种志文献在埃特瓦罗斯的名下又专门区分出一个种类：与金钱有关的埃特瓦罗斯（在立陶宛的某些地区，这种埃特瓦罗斯甚至还拥有另外一个名字：普基斯"pukys"）；另一方面，也是因为我们注意到，由于埃特瓦罗斯拥有两大不同的功能，使我们在确定他的外形和性格时遇到了不同的问题。

当埃特瓦罗斯在天空中飞行时，他的样子很容易被辨认出来——外形像是一把红色的火钩子——他要么是一团火，要么能让人联想到流星。当人们看到流星时，总说这是埃特瓦罗斯怀揣着金币在活动。

2.2 燃烧的钱币

携带钱币的埃特瓦罗斯呈现出火的形象——他携带的其实是金币，这种形象对应的是燃烧的钱币："我亲眼所见，埃特瓦罗斯在空中飞翔，随身携带'燃烧的钱币'。"此外，"燃烧的钱币"或"燃烧的财宝"这类表达也被用来形容火焰或地面上漂浮的发光的滚珠，而附近则潜藏着珠宝。此外，"当钱币燃起火焰，人们就说钱币在散步"。换句话说，燃烧的钱币只是一种"显现"（manifestation），也就是坚固的金币的一种外在表现。就像蜂蜡一样，可以是凝固态，也可以被熔化，但无论怎样都可以保持其本质。

于是，我们就可以明白，为何埃特瓦罗斯其他的名字，比如"斯韦特利斯"（Svetlis）或"扎尔特维斯卡"（Žaltviksa）都表示"在地面上滚动的一团鬼火"。事实上，这团火焰其实是黄金的气化形式，这使我们把埃特瓦罗斯和"火"的形象联系起来。正如中世纪的炼金士所希望的那样，埃特瓦罗斯所代表的这团火焰能够锻造贵金属。

与此同时，埃特瓦罗斯还能够呈现出"煤炭"（charbon）的形象，从而可以被购买。他往往出现在人类家中，变身为别人赠送的几小块煤炭①。换句话说，埃特瓦罗斯能够以煤炭的形式存在，经历火焰的千锤百炼，被浓缩成矿产的形式。他在烈火之后的灰烬中得到重生，此时，他的外表转化为光芒四射、闪闪发光的黄金。我们慢慢形成如下的印象：就像前文所分析的那样，我们一步一步把埃特瓦罗斯的主要特征积累下来。尽管这些特征还不够完善，但仍然可以不断对其进行补充，推陈出新，使研究工作不断得到更新。这让我们再一次以更加明晰的方式构建出"这只立陶宛浴火凤凰"②的形象。

2.3 不合群的神祇

基于文化及神话学背景，这两种神话形象——烹饪文化主宰者和贵金属（或者说是宝石）主宰者既可以被分开而单独进行分析，也可以被集中在一起来考察。但无论采取何种思路，这两种形象都可以由同一个"行为者"（actant）来指代，从而承担双重的功能。之所以能将这两种神话形象进行混合，其根本原因是对于火的控制。然而，针对上述两种神话形象（烹饪文化主宰者和贵金属主宰者），我们究竟选取哪一种，才能用来解读立陶宛宗教的初始阶段呢？其实我们无须担心这个问题，只需要留意在异端宗教不断式微的过程中，埃特瓦罗斯被归纳为"家庭之神"，身上肩负了两个活动：提供食物，带来钱财。

然而，在形象表达的萌芽阶段，埃特瓦罗斯提供钱财，并化身为"隐秘财富"，至少在一定程度上，这首先与他"家庭之神"的形象发生冲突。要知道，在传统的农耕社会，价值的流通——比如钱财的流通——被认为是一个封闭系统。在同一个社会团体中，假如其中一位成员获得了价值和钱财，那么相应地，一定会有另外一名成员失去同等的价值或钱财。只有这样，价值流通才能得以进行。在这样的背景下，如果出现了流通之外的"隐秘财富"，那就只能被理解为是一种无序的状态。获取"隐秘财富"会不可避免地带来恐惧，因为"隐秘财富"的周围都是形形色色的禁忌。这样的财富是来历不明的，对原本平静的社会生活来说，它意味着一种僭越，会给社会成员带来困扰。

---

① 《精选集》（*Oeuvres choisies, Basan. RR*），第 369 页。
② 上文讲到埃特瓦罗斯在烈火之后的灰烬中得到重生，所以作者这里把这位神比作"浴火凤凰"。——译注

从这个角度来说，埃特瓦罗斯带来的"隐秘财富"具有超验性，埃特瓦罗斯因此基本上表现为一位不合群的神祇。[①]

2.4　对埃特瓦罗斯的最终判断

相对于已经成型的习俗，埃特瓦罗斯的特征在很多文献中显得更加明晰，这些文献都是过去一些信仰和宗教实践的反映。我们要特别考虑一些程序，以便确定埃特瓦罗斯"金币携带者"的身份：一旦看到埃特瓦罗斯，只要"把他衬衫的前领扯破就足够了"[②]。或者是根据其他的说法，"让他瞧瞧光溜溜的屁股"，同时还要迅速躲到屋檐下；如果我们能及时把自己隐藏起来，埃特瓦罗斯就会丢下金币；否则，如果求取金币的人没能把自己隐藏在屋檐之下，那么埃特瓦罗斯就会"赏"给他无法治愈的疥疮。

上述神话操作的基本含义是比较明晰的：在习惯性的、明确的行为面前，埃特瓦罗斯一定会服从人类的意愿，而且也不会伤害人。然而，让人好奇的是，我们发现，冒犯埃特瓦罗斯，比如"给他展示光溜溜的屁股"，或者是"暴露性器官"（这多少有些象征意味），是为了达到如下效果：迫使埃特瓦罗斯服从法律，并且放弃钱财。可如果他发现人类给自己的食物是粪便的话，那么此时他的行为就会和先前大相径庭。人类给他提供粪便，这和前文的"展示屁股""暴露性器官"一样，都是对他的挑衅。然而这一回，埃特瓦罗斯就会终止对人类的服务，甚至会向人类实施报复。埃特瓦罗斯前后的行为显得自相矛盾，然而如果我们承认存在两种类型的埃特瓦罗斯的话，那么理解上述现象也不是困难的事。

上述矛盾的情形——明显而又真实——并不是唯一的。埃特瓦罗斯原本是食物的供应者，却为了报复，而在自己居住的房子上放火。然而，我们也看到，假如人类躲在屋檐下，那么作为钱币供应者的埃特瓦罗斯是不可能报复的。否则，埃特瓦罗斯可能会毫无顾忌地放火。他的报复行为也会显示出极大的不同：比如他还会用疥疮来危害人

---

① "超验"是指人们搞不清"隐秘财富"的来源，而埃特瓦罗斯"不合群"是因为如上文所说，他带来的"隐秘财富"会扰乱社会秩序，给社会成员带来困扰。——译注
②《立陶宛故事荟萃》（*Contes lituaniens divers*），第二卷，第181-182页。

类。

不过，无论如何，都无法否认埃特瓦罗斯和房子的屋檐，或者说和房屋的保护神之间的明确对立。埃特瓦罗斯是不合群的，他是火的化身，所以他和家庭女神——加比扎（Gabija）的关系不怎么好。人们越来越觉得埃特瓦罗斯是一个游离于社会居所之外的神，甚至认为他缺乏文化素养①。

3. 埃特瓦罗斯和贝尔库纳斯

埃特瓦罗斯具备"火"的特征，这个特征轮廓分明，使我们能够用焕然一新的视角评估人类和立陶宛众神之一——贝尔库纳斯之间的关系。贝尔库纳斯是雷电之神，他同样拥有一部分火的形象。然而，电闪雷鸣致使房子着火，这种现象很难和贝尔库纳斯的个性联系在一起，因为他心地善良，是人类的保护者。普雷托里乌斯的一篇文献解释了这个矛盾，根据普雷托里乌斯的观点，人们相信，"闪电落下的地方，无论是否引发火灾，都存在普鲁士的某个神，尤其是埃特瓦罗斯。如果闪电恰好击中埃特瓦罗斯，那么他就会把火灾转嫁到房屋上；如果闪电并没有击中他，那么雷鸣和闪电就不会对房屋造成损坏"。换句话说，贝尔库纳斯和火灾一点关系都没有，罪魁祸首是埃特瓦罗斯。普雷托里乌斯随后还给出论证："埃特瓦罗斯被雷电，也就是被贝尔库纳斯击中，结果他就把火气撒到人类身上。他觉得自己是因为人类才受到惩罚的，所以作为报复，他就把人类的房子点着了。"尽管这种解释有人类中心主义的倾向，然而我们看到，其他的文献，甚至埃特瓦罗斯的身体外形，都能够让我们提出假设：上面的叙述实际上涉及宇宙起源的论争，论争围绕着两大强有力的神祇（埃特瓦罗斯和贝尔库纳斯）。到了19世纪末，埃特瓦罗斯的形象明显得到了归纳，即财物的提供者。然而，就算人们已经不再把他看作人类之敌，可还是将之视为一个记仇的、反复无常的神祇。

---

① 由于埃特瓦罗斯在人类的房屋上放火，所以被视为"野蛮"的神，所以说他缺乏"文化素养"。——译注

（三）埃特瓦罗斯现身

1. 双重化身

有意思的是，我们注意到埃特瓦罗斯能够被两种截然不同的外表所指代，要么是鸟类，要么是空中的游蛇。在前一种情形，他表现为一只公鸡——有时是红色的①，很可能是由于他的本源是一团火，但更多情况下是黑色的。在更为罕见的情况下，他还表现为一只黑色的鹭、一只小嘴乌鸦、一只大乌鸦②，或者更简单地表现为一只令人赞叹的雏鸟。至于后一种情形，很多见证者都声称，埃特瓦罗斯是一条巨大的虫子，像一条游蛇，他的外形还有点类似于火钩子，或者像一根撑杆。他整个身子闪烁着五颜六色的光芒，在树梢上方的天空中舒展开来。秋天的时候，他一般出现在某个傍晚，到了夏天，则出现在日出之前。他身体的前部，差不多对应头的位置，较为粗大，而且燃烧着火焰；而身体后面的部位则更加纤细；他并不是蜿蜒前行，而是忽上忽下，跳跃前进。③我们注意到，尽管这些描述都很精确，但任何一种都没有提及兹瓦尔特维斯卡（Žvaltviska），也就是"鬼火"（feu follet）的外形。

埃特瓦罗斯的上述两大外形具备某些共同的特征，人们尝试给这些特征建立起一个清单，以便将这两种外表合二为一。我们在分析考卡斯的外形时就曾实施过类似程序，考卡斯可以表现为"留着八字须，头戴红帽的矮人形象"，然而这只是古代考卡斯形象的现代版本。对于埃特瓦罗斯，我们同样能整理出类似的清单，从而能把他的两大外形共同的特征识别出来：一，空中的；二，和"火"有关的。同时，我们还能确定一个事实，即拥有两大外形的埃特瓦罗斯"诞生了两次"，第一次由一颗蛋孵化而来，第二次是直接以动物的形象诞生出来④。然而，我们有一种感觉，即这些特征都过于抽象，无法给我们呈现出一

---

① 《立陶宛故事荟萃》（*Contes lituaniens divers*），第四卷，第 78 页。

② 根据原文，这里出现两个词："corneille"和"corbeau"，意思分别为"小嘴乌鸦"和"大乌鸦"。——译注

③ 《立陶宛故事荟萃》（*Contes lituaniens divers*），第二卷，第 130-135 页。

④ 即第一次是卵生，第二次是胎生。——译注

个基本的和具体的外形。特别是埃特瓦罗斯的两大外形有可能出现在同一个叙述之中,叙述者和受述者也不会觉得二者有什么违和的地方。这三种形象(如果我们把"鬼火"这一形象也纳入其中的话)意味着功能的分配:神鸟诞下金币,并且把这些金币藏于枕头之下;游蛇般的埃特瓦罗斯是金币的携带者;而我们也看到,所谓的鬼火,其实也挟裹着金币。

　　两种截然不同却并不矛盾的假设有助于我们理解上述现象,第一种假设具有历史学的特征,我们认识到,在埃特瓦罗斯身上出现的情形具有其特殊性,代表宗教的历史演变过程:对于不少神祇来讲,尽管他们的功能会出现混合或重叠的情况,但这并不妨碍他们保持各自独立的外形。第二种假设具有类型学的特征,我们能够确认,埃特瓦罗斯属于一类特殊的神,因为他可以表现出不同的外形,但本质却是独一无二和长久固定的。从这个意义上讲,埃特瓦罗斯和维尔尼亚斯比较接近,不过二者也存在差异:维尔尼亚斯拥有基本的人形外观,同时他还可以转化为其他的生命形式;然而埃特瓦罗斯不曾拥有类似的稳固外形①。

2. 双重起源

　　当我们考察考卡斯起源的时候,很容易就认识到这种起源的双重性,或者说,人们获得考卡斯有两个可能的方式。第一个可能性是"和原本居住在森林,也就是处于文化空间之外的神灵签订文化契约"。第二种方式,是考虑在家庭范畴,也就是在文化空间内部获取他们,这一过程本身显示出卓越的,或者说神奇的特征:人们利用"种猪"的受精卵来孵化出考卡斯。

　　我们看到,考卡斯诞生的第二种方式与埃特瓦罗斯颇为类似。考卡斯是种猪的受精卵,而埃特瓦罗斯是饲养满七年的黑公鸡所下的蛋。②所以,与考卡斯相类似的是,埃特瓦罗斯的起源也非常讲究和复

---

　　① 根据文意,维尔尼亚斯长期表现为单一的人形,所以作者说他的外形是长久和稳固的;然而埃特瓦罗斯却反复无常,在鸟类和游蛇之间不断变化,所以作者说他不曾拥有稳固外形。——译注
　　② 《立陶宛民间故事》(*Le folklore lithuanien*),第四卷,第 529-530 页。需要指出的是,由于这里涉及民间故事,所以出现了"公鸡下蛋"的情景,这种情景在现实中是不存在的。

杂。不过，仍然存在一个让人好奇的特征，能够把这两位神祇区分开来，即埃特瓦罗斯的出现往往伴随着家庭女主人的长期患病。关于这个特征，我们后面还要具体分析。

在异国他乡，或者是信仰异端宗教的地区，可以通过购买的方式获得考卡斯和埃特瓦罗斯吗？我们暂且不谈这个问题。这里所说的异国或异教地区，最有可能是里加（Riga）和哥尼斯堡（Koenigsberg）[①]两座城市，因为那里不仅信仰新教，还存在汗牛充栋的文献，然而埃特瓦罗斯的出现却没有被解释清楚："在一位名不见经传的农场主家中，埃特瓦罗斯出现了。"[②]要获取埃特瓦罗斯，还有另外一条"正常"的途径，也就是要"发现"他。通常情况下，我们能够发现埃特瓦罗斯的地方都是在半路上，更准确地说，是在一个十字路口，所有的道路都在这个十字路口交汇，外来人士接踵而至，偶发事件层出不穷。一份富有建设性的文献对"发现埃特瓦罗斯的过程"曾给予更为详尽的描述：一位农场主回到自己的家中，发现了埃特瓦罗斯，那是一只"全身湿漉漉的黑色小鸡"，在"野生的梨树下"蜷缩成一团。我们后面还要针对这个叙述进行分析。

综上所述，我们把获得考卡斯和埃特瓦罗斯的两种方式结合起来，如下图所示：

考卡斯	～	种猪受精卵	～	契约
埃特瓦罗斯		公鸡下的蛋		发现

不难看出，为了获得考卡斯，我们实施的是契约程序，也就是社会文化程序；然而在获得埃特瓦罗斯的过程中，我们实施的是兼具冒险性和偶然性的程序。

3. 跨文化因素

用"发现"的方式来获取价值对象，这在神话中是常见的现象。我们借此机会对其进行阐释：按照过去的观念，价值对象"偶然出现"（ex nihilo）的观点似乎是不被承认的。过去人们认为，任何事物的出

---

① 如今，这两座城市均位于立陶宛境内。——译注。
② 《立陶宛故事荟萃》（*Contes lituaniens divers*），第三卷，第274页。

现都源于一个暂不为人所知的"发送者"（Destinateur），这位发送者位于社会空间范畴之外。如果说我们能够发现他，那只能被解释为发送者想要对人类有所馈赠。顺着这种思路，我们就能够认识到，用"发现"的方式获得埃特瓦罗斯，用签订契约的方式获得考卡斯，二者是对称的关系。就考卡斯而言，人类和他交流的时候具有主观能动性，可以决定与之建立何种关系（比如，人类给考卡斯穿上衣服，与之签订契约）；然而埃特瓦罗斯则正好相反，人类在与之交流的过程中毫无角色可言，和埃特瓦罗斯建立关系，所依赖的是不为人所知的中间代理人。

我们已经有机会了解到"隐秘财富"所扮演的跨文化角色："隐秘财富"的发现，意味着社会之外的价值对社会封闭系统的僭越。人们把这样的财富和埃特瓦罗斯联系在一起，因为它虽然有馈赠人类的主观愿望，但往往又容易心血来潮。把"隐秘财富"和埃特瓦罗斯等同的做法也使得我们能够理解寻宝者所要遵循的规则：寻宝者的做法必须和埃特瓦罗斯行为的"反向形式"（forme inverse）相对应。要想寻得财富，就必须两人结伴而行——永远不可能单独行动——也就是要象征性地建立起微观社会的图景。而且，寻宝者之间绝对不可以互相嫉妒：哪怕有一丁点的歹意，都会妨碍他们找到财富，埃特瓦罗斯就是一个爱嫉妒的神祇。这类叙述的版本之一精确地描述道：有一个人选择狗作为他的伴侣，结果就找到了隐秘的财富；然而，叙述者评论说，一旦这个人和妻子结伴同行，事情就朝着相反的方向发展下去。

4. 返回的财富

作为一个专横、嫉妒和反社会的神，埃特瓦罗斯同时还是钱财的主宰者，人们给他起了另外一个名字：帕莱梯尼埃（Pareitiniai），也就是"返回的财富"。这里涉及的事实是：钱财刚刚被花费，就立刻返回原来的主人手中。不仅如此，这位主人还能发现并且给周围的人带来新的钱币。考虑到下面一个事实：钱币流通的基础在于一份默认的契约关系，我们可以想象到，埃特瓦罗斯带来的这些"返回的财富"造成了多大的混乱，同时又给社会秩序开了一个多大的玩笑。

一方面，我们渴望了解这种现象；另一方面，却并不满足于上文过于简单的解释。上述现象可谓是一种"神奇的操作"（opération magique）①。我们试图把"返回的财富"所承担的功能理解为埃特瓦罗斯特有的某种"行为模式"（modus operandi）。于是，在金币的自主流通过程中，我们不可避免地看到埃特瓦罗斯身上显现出"能够做"（pouvoir-faire）这种模态。这种模态使埃特瓦罗斯能够在"对象"（objet）和其选定的"主体"（sujet）之间建立起坚不可摧的关联，同样的关联也存在于"施魔法"和"传播疾病"这两种情形之中。

采取什么样的程序才能摆脱"返回的财富"呢？人们已经知晓，考卡斯经常会给家庭带来好运。然而与之相反的是，人们总是琢磨如何才能摆脱埃特瓦罗斯。沃尔特（Wolter）提出的方法似乎很有意义：在他看来，应该"拿出一些贬值的钱币，它们已经不具备原来的正常价值，不过还是会有人接受它们"②。尽管"返回的财富"意味着对契约关系的否定，然而"否定（的态度或行为）"也能够重构契约关系，"否定（的态度或行为）"通过契约关系的另一种完全不同的形式得以实现。因此，对于契约关系的"否定之否定"（la négation de la négation）就是对它的肯定。

同时，还存在另外一种更为普遍的程序，这种程序也被记录在驱逐埃特瓦罗斯的技法清单之上：在长达三周的时间内，每天都把"返回的钱币"（pièce）丢在街道的十字路口，这些钱币很快就不见了踪影；在很多情况下，只需要丢一次就足够了，但必须"在钱币上拉屎"：这个举动只不过是重复和强化了"在十字路口丢弃钱财的行为"，因为粪便其实只不过是黄金的"反向形式"③。

5. 与词汇学相关的资料

尽管语言学家认为"Aitivaras"④的词源无法辨识或不够准确，然而对于我们来说，毫无疑问，这个单词由三部分组成："ait""i"和"varas"。如果把其中的两大因素分开来考察的话，就容易辨认了。前

---

① 在这个句子中，"这种现象"和"神奇的操作"均指"返回的财富"。——译注
② 《精选集》（Oeuvres choisies, Basan. RR），第371页。
③ 这里的"反向形式"指的就是"事物的反面"。"黄金"拥有很高的价值，而粪便作为它的反面，毫无价值可言，所以说"粪便"是"黄金"的反向形式。——译注
④ 这里的"Aitivaras"是"Aitvaras"一词的变体，二者都指代"埃特瓦罗斯"。——译注

面的名词部分"aitas"意思是"捣乱分子",是一个"小混混",或者说是"不劳而获者"(Herumtreiber):从"世俗"的角度上讲,"aitas"的语义性质与埃特瓦罗斯这位神祇的性格特征相吻合。

乍一看,动词"aitauti"显得有点出乎我们的意料,尽管它是一个非名词的派生。根据《立陶宛语言大辞典》的记载,动词"aitauti"一方面指的是"使平静,安抚和抚慰",另一方面,它还有"弄脏爪子,哄骗"的意思。

至此,我们可以把研究中积累的成果进行总结,我们的研究主要针对埃特瓦罗斯专横、多疑、记恨和捉摸不透的性格。通过研究人类和埃特瓦罗斯之间的关系,我们意识到,动词"aitauti"的两个主要词义与我们所预料的埃特瓦罗斯的两种性格完全匹配。尽管如此,人们还是渴望保留埃特瓦罗斯对人类有利的一面:考虑到他的性格有些过分,反复无常,那么就要尽一切可能来安抚他,使其平静。另一方面,既然埃特瓦罗斯从本质上讲是一个不同寻常的神灵,易怒,又爱记仇,行为好坏都是"看自己的心情",那么就应该不断恭维他,给他"擦脚掌"(讨好和收买他)。人类和考卡斯的关系是建立在公正原则和相互信任的基础之上,而埃特瓦罗斯却让我们充分认识到另一种神祇的存在,和他维持关系必须借助于诡计、虚伪和表面的顺从,这样才能获得好的结果。因此,有必要明确区分出两种类型的神:其中一类是无情、爱记仇和野蛮专横的神,另一类是类似于密特拉(Mitra)①的神,他们是正当契约的庇护者。

(四)埃特瓦罗斯或卡尔图纳斯

1. 埃特瓦罗斯和"纠发病"(plique)②

"东普鲁士有一块原属立陶宛的领土,当地人声称埃特瓦罗斯给大家带来财富的同时,却弄乱了人类的头发,也就是说给人们带来了

---

① 古印度文化中的契约之神。——译注
② "纠发病"一词中的"发"指的是头发,"纠发病"是由于某种疾病或有害生物使头发变得扭曲、粗糙不光滑或结痂的状态。——译注

纠发病"①。于是，埃特瓦罗斯新的活动范畴出乎意料地呈现在我们面前。研究者们的好奇很快就得到了回报，因为他们成功发现，尽管《立陶宛语言大辞典》没有收录"Kaltūnas"一词，但这个词是源自斯拉夫语的借词，它指代的正是古立陶宛语中的"aitevaras"一词。在卢意格（Ruhig）看来，从总体上说，这个词的意思正是神灵和纠发病。

2. 埃特瓦罗斯之病

尽管我们的信息还不太充足，但已经可以确定，这种与埃特瓦罗斯相关的疾病比前文提到的那几位研究者的描述更为复杂：它不单单是头发的疾病，还涉及整个机体。我们还可以说，这是机体内部的一种疾病，而头发的混乱只是其表现形式之一，因为病情发展的时候，它会在表层显现出来。"卡尔图纳斯出现在高处（浓密的头发不仅杂乱，而且拧在一起，盘绕起来），他绝不是偶然出现的。"据某些资料提供者称，"人们大体上区分出三类卡尔图纳斯：表现为头发、指甲和肠道"，尽管最后一种情况并不完全准确。

事实上，根据我们所掌握的资料来看，卡尔图纳斯的外形也不外乎以下三类：

（1）最典型的是表现为头发的卡尔图纳斯："当心别让卡尔图纳斯弄乱你的头发！"当人们咒骂别人的时候就会这样说。

（2）表现为指甲的卡尔图纳斯，这同样是一种骇人的疾病："指甲般的卡尔图纳斯是无法治愈的。"这种疾病还会传染到双手："你的手长满了卡尔图纳斯（裂纹）。"

（3）最后，从上而降的卡尔图纳斯也会波及双目："他的双目充满了卡尔图纳斯"，这句话的意指可以通过下面的例子来完善："你是一个货真价实的卡尔图纳斯（染上卡尔图纳斯之病的人），我们只能透过发髻看到你那熠熠发光的双目。"②

上述分析构成了卡尔图纳斯-埃特瓦罗斯外形的一个完整体系：研究者试图让这种体系可视化，为其勾勒出完整的轮廓。我们把这种体

---

① 《精选集》（Oeuvres choisies, Basan. RR），第 358 页。
② 应当注意，据《立陶宛语言大辞典》记载，这个句子很明显使用了拟人的手法，把卡尔图纳斯比作人，他往往会弄乱人的头发，并遮住人的脸颊，所以"只能看到眼睛"。

系比作一种分叉的树，只有树的顶端遭受了疾病的侵袭。然而，这种观点也考虑到了曼斯卡（V. J. Mansikka）所描述的程序，即对卡尔图纳斯进行诊断。为了做到这一点，人们通过巫术来实施这一程序，把熔化的"蜂蜡"（cire）浇灌到装满水的砂锅里，接着把这个砂锅放在病人的头上。另外，失控的能量爆发也应该被视为埃特瓦罗斯的显现方式之一，能量迸发并贯穿机体的各个部分，直至机体的末端①。

3. 埃特瓦罗斯的双重性

对疾病的感知远非埃特瓦罗斯所独有：这里的疾病指代过去的痛风和现代的癌症，疾病通常情况下被认为是有生命的，它潜伏在人体内部，侵蚀人的肠体，极不安分，窜上窜下，总是想从人体中逃离。感染"卡尔图纳斯-埃特瓦罗斯"，其语义指的正是疾病寄生在人的机体中。这就可以解释乍一看令人费解的现象，即埃特瓦罗斯孵化的时候，家庭女主人就开始患病。

另外一个文本对此做了更为明确的分析，它叙述的是一位德国人在里加城购买了一只埃特瓦罗斯，然后带回家中。人们如果要问，把埃特瓦罗斯买回家之后，该如何与之相处呢？德国人便会给出下面的建议：当你回到家门口的时候，不要急着下车，先把自己的妻子叫来，并且嘱咐她："老婆！老婆！快打开大门，魔鬼要进入你的心窝！"②

这篇文本指明，家庭女主人在此过程中扮演了主要角色。从另一个角度来看，这种叙述的意义至关重要：它清楚明了地把农场认定为家庭女主人的身体，而进入农场大门等同于进入女主人的身体内部，也就是进入她的心窝。事实上，埃特瓦罗斯以双重的外形进入家庭：作为神，它居住在农场、阁楼和谷仓；作为"疾病"，它寄生于农场女主人的心窝。在我们看来，这种双重的现象不足为奇：恶魔附体（指患病），一方面被解释为恶魔无时不在；另一方面，还被解释为恶魔进入人体。这是一种特有的参与式关系，或许可以让我们联想到英国现行宪法：英国女王具有绝对权威，尽管她实际上把所有权力都委托于

---

① 这里，"疾病"被认为是一种"能量"，而人的机体染病，被认为是"能量"在人体中的迸发。——译注

② 《立陶宛故事荟萃》（Contes lithuaniens divers），第一卷，第128页。

议会,而她的至尊权力却一点都没有削弱,她在英国是至高无上的存在。埃特瓦罗斯也一样，他一直保持着自己的本质，尽管其外在形式——卡尔图纳斯-埃特瓦罗斯寄存于人类体内①。

4. 埃特瓦罗斯的马

如今，我们把卡尔图纳斯-埃特瓦罗斯归纳到身心疾病的范畴之中，这种疾病差不多只波及人类；然而，另外一种动物——马和人类"共享"这种疾病。尽管寄生在马身上和人体内的卡尔图纳斯，其外形近乎一致，但二者之间也出现了新的要素。比如，我们注意到，以"混乱的头发"为外形的卡尔图纳斯一旦"不能从上而降"，那么马匹就要染病，接着丧失视力。除此之外，它们的腿脚也跛了，这是第二个信号，表明埃特瓦罗斯拒绝离开马的体内。这两种反常的情形一方面表明卡尔图纳斯-埃特瓦罗斯最终寄生在马匹的内部，同时也指代一种"特殊利益"(un intérêt particulier)。这是一种"反语表达"(expression antiphrastique)，神话学深谙此道：失明的家伙实际上眼力非凡（如果某一匹马视力微弱，或者它只有一只健康的眼睛，那么实际上这匹马的双目拥有令人震惊的力量），同样，跛脚的马匹实际上卓尔不群，奔跑起来速度非同一般（或者说，在运动方面拥有神奇的力量）。上述分析能够明确以下事实：卡尔图纳斯会把人类变得虚弱，然而马匹正好相反，它们感染了卡尔图纳斯之后会更加生机勃勃。

因此，在通常情况下，韦尔尼埃（velniai，意思是魔鬼）会呈现出人类的外形，他的视力总是很微弱，走起路来还一瘸一拐的。埃特瓦罗斯却正好相反，尽管他和韦尔尼埃属于同一种类的神，却化身为马匹，甚至被等同于"不受束缚的骏马"。

5. 埃特瓦罗斯和阿比德美（Apidėmė）

5.1 埃特瓦罗斯和火灾

既然我们已经了解到埃特瓦罗斯的个性及其表现方式，就可以尝试去分析文本，捕捉其神话特征。②这里涉及一则故事：农场主遭遇到

---

① 英国女王把自己的权威委托于议会，而埃特瓦罗斯把自己本质的外形寄存于人体之中，二者是类似的。因此，作者对二者进行了类比。——译注

② 《立陶宛民俗》(Le folklore lithuanien)，第四卷，第539页。

了不幸。当这位农场主回到家中，他在野生梨树下发现一只"黑色的小鸡，全身湿漉漉的，冻得直打哆嗦"，出于怜悯，就把这个小家伙带到屋里。小鸡立即现出了原形，正是埃特瓦罗斯，他带来了土豆、粮食和钱财。结果，虔诚的农场主也没了主意，不知道如何才能摆脱他。然而，"夜间，人们看到农场主的屋后落下一根发光的柱子，就开始嘀咕了，说农场主家藏着一个魔鬼"。当地社区最终决定，要求这位可怜的农场主搬家，放弃藏有埃特瓦罗斯的房子。"于是，他变卖了储藏的小麦及牲口，总之把不需要的东西全丢弃了。接着，他在千里之外为自己购置了一座小房子，开始搬家。当他装满最后一辆马车的时候，房子里已经空空如也，他在屋子的四个角落放了火，嘴里喃喃道，可恶的魔鬼，烧起来吧，把剩下的东西都烧了吧；我还会回来的，回来取走钱财，然后购买新的田地。"

　　主人放弃房屋，还放了一把火，这和人种志的另一个事实比较接近：我们充分了解，卡尔图纳斯在房屋上放火之后，立陶宛人绝不会在原地重新建造住处，他们会迁徙到其他的地点。另一些资料告诉我们，放火的真凶其实并非卡尔图纳斯，他只是紧随自己的宿敌——埃特瓦罗斯，而后者才是火灾的罪魁祸首。[①]

　　在某种程度上，上文所描述的情形与 17 世纪宗教上的解释互相矛盾：据过去的资料记载，埃特瓦罗斯在房屋上放了一把火，迫使房屋的主人搬到其他地方；根据我们上文的分析，是农场主本人接受了村里人的建议，决定放弃房屋，并在上面放火。然而，我们也不难理解，尽管在上述两种叙述中，纵火者有所不同，但火灾的主要原因是一致的，即埃特瓦罗斯出现在家中，他才是火灾的真正元凶，并且导致农场主搬家。

　　5.2 阿比德美和农场的旧址

　　农场主认为，放了这把火，就能把埃特瓦罗斯烧死，然而，这太天真了。事实上，就在农场主把农场点着并准备离开的这段时间中，那只黑色的小鸡就钻到了马车底下，拍打着翅膀，嘴里还哼唱着：

---

　　① 《民俗工作》（*Travaux de folklore*），第三卷，第 194-195 页。

　　从一个角落到另一个旮旯，

　　我们把房屋点着了，从头到脚都烧起来了，

　　我们即将奔向远方，

　　对我们来说，那真是再好不过了。

结果，农场主被迫把埃特瓦罗斯带到他的新家。

　　如果仔细考察我们的文本，就会注意到另外一个细节，乍一看缺乏逻辑，因为在同一个句子中，存在两个关注点，彼此似乎很接近，但本质上却千差万别。首先就是很普通的一句话："可恶的魔鬼，烧起来吧！"接着就是农场主考虑如何把自己保留的土地卖掉。然而，这里的"土地"用一个专有名词来表示："Apidėmė"（即阿比德美），如今，这个词的意思是"两个农场之间的土地"，或者是"居所周围的狭小田地"。在 16、17 世纪用古俄语或波兰语写成的法律文本中，还保留着这个词的立陶宛语形式，因为这个词指代立陶宛所特有的一种事物，我们将其解释为"农场的旧址"。

　　5.3　女神阿比德美

　　令我们十分好奇的是，"Apidėmė"这个词也出现在拉斯可基为立陶宛建立的神谱中，时间也是 16 世纪。在这份神谱中，阿比多姆（Apidome，Apidėmė 的变体）[①]被简单地确定为"mutati domicilij deu(s)"，意思是"被丢弃的房屋中的神灵"。在我们前面所分析的文本中，农场主在一小块土地上建造了自己的房子，却因为埃特瓦罗斯的缘故，又不得不把它丢弃。现在，我们已经明白，农场主用来修葺房屋的那一小块土地叫作"Apidėmė"。而这座房子，以及房子所在的这块土地，都受到女神阿比德美的保护。提供这样的保护显然是必须的，因为神灵栖息在这块土地上，照看在这里安家的人们。这里也曾经是祖先们居住的地方，不对其进行保护是不成的。

　　因此，神祇阿比德美的功能就这样被确定下来。拉斯可基继续阐释农场主放弃家园的原因。从最积极的方面看，拉斯可基也仅仅提供

---

　　① Apidome(阿比多姆)和 Apidėmė(阿比德美)表示同一个神,和前文的情况类似,"Apidome"和"Apidėmė"在词汇演变过程中形成不同的变体。即含义一致,但写法不同。——译注

了一个比较简略的注解，即失明而残疾的动物只是一个表层的符号，暗示人们需要更换居住地，我们不能把这个符号看作做出（搬家）这一重要决定的深层原因。

5.4 埃特瓦罗斯和他的表现形式

然而，我们已经遇到了两个带有预兆性质的符号："失明"和"跛脚"。我们还记得，这两个符号是埃特瓦罗斯作为疾病寄生在人体内的体现，埃特瓦罗斯拒绝从人体内走出（其深层语义是维持自己的"在场"），"失明"和"跛脚"代表了这种状态。所以，我们差不多可以重新组织一系列带有因果性质的事件，拉斯可基也曾简明扼要地提到：正是由于埃特瓦罗斯的在场才导致了一个幼小而残疾动物的诞生——很有可能是一只小鸡；这种残疾——失明或跛脚，反过来又被解释为某种不幸的象征，迫使人们放弃自己的家园，把它们留给女神阿比德美来保护。

放弃住处，并且自愿在农场放火，这并不会让我们感到吃惊。我们已经看到，埃特瓦罗斯呈现出双重的外形：在农场内部，无论他显现为一只鸟还是空中的游蛇，其本质依然是火，这个原则是不会改变的；然而，他同时也会出现在女主人的心窝，并且在这之后，他就使农场女主人患了病。女主人患病、马匹跛脚和火灾威胁都是埃特瓦罗斯"在场"的直接体现。

（五）埃特瓦罗斯——宇宙之神

1. 埃特瓦罗斯词源的语义性质

前面，我们一步步尝试把埃特瓦罗斯的性格特征明确化。事实上，当我们对"aitvaras"进行词源分析的时候，这位神祇的性格也渐渐明朗起来。K. 布伽（K. Būga）①围绕"var-"这个词根搜集了丰富的词汇，这些词汇既属于印欧语，也属于波罗的海沿岸语言。这里，我们只谈后者，把"aitvaras"这个词的主要意指整理如下：

---

① 立陶宛语言学家和文献学家。——译注

（1）指明"过程"（procès）的两大"义位"（sémème）：

a. var-yti "推动"；

b. vir-ti "煮"。

前一个义位表示一种旋转性的运动，这种运动要么是在原地进行，要么是朝向前方；后一个义位表示同一种运动，但伴随着热量的聚集。

（2）指明"主体"（sujet）的义位（vara，vare，"威力""力量"）。

（3）指明"结果"（résultat）的义位（varis，"烤熟"）。

在布伽所搜集的词汇中，只要稍微注意一下几个不太常见的复合词，这些词的第二个成分都是"-var-as"，我们就可以从中勾勒出"aitvaras"的意指结构。

（1）"aiti-varas"①和"aki-varas"（旋风）相比较，"-var-"指代意指过程施动者的"力量"。于是，我们将会注意到下列对立：

表一　两词根的语义对比

aiti-varas	aki-varas
离心力	向心力
外露的力量（排出）	内化的力量（吸收）

（2）"aiti-varas"和下列词语进行对比：

geivaras "筋疲力尽、垂死挣扎的人"

klivaras "疲惫不堪的人"

liovaras "放任自流的人，懒惰的人"

我们已经发现意指过程施动者和意指过程结果之间的对比差异，其中有一点是要单独说明的，即如果说"varis"（烤熟）是意指过程的积极性结果，那么"geivaras"和"liovaras"则是其消极性结果（就如同家庭的女主人一样，埃特瓦罗斯一旦入住，她就生了病）。意指过程的结果具有积极性还是消极性，这完全取决于上述复合词的第一个成分。

2. 埃特瓦罗斯和维亚斯（Vėjas）②

我们对"aitvaras"这个复合词的第一个成分"-ait-as"已经有所了

---

① "aitivaras"为"aitvaras"的变体。——译注

② 风神。——译注

解①：它的意思是"旋风"或"小混混"。从整体意义上讲，这个复合词的第二个成分指的是"向前方移动的向心力"，还应该补充另一个语义成分："持续而毫无秩序的骚动"。因此，借助于一些词源学的资料，我们就可以建立起埃特瓦罗斯的精神肖像。

鉴于埃特瓦罗斯是一个空中之神，那么就把他和维苏拉斯（viesulas，意思为狂风）相比较。况且，在一些固定的词句中，比如"和 aitai 一起离开""走上 aitai 的道路"，意思是"成为无赖"。"aitai"这个词也经常被另外一个词"Vėjas"（意思是风）所替代。"viesulas"（狂风）这个词和"aitai"一样，也拥有"自己独特的道路"："人类正走在路上，如果一阵狂风袭来，那么结果就会被一个 velniukas（小顽童）纠缠"。其实，这一阵狂风被叫作"svodba"或"veselia"，指的是空中某些地位较低的神灵在举行婚礼（noce）。这些神灵一般情况下用"velniukai"来指代，但同时也拥有另外一个名字："pušciai"，他们的主人就是维亚斯（意思是风）。维亚斯通常情况下呈现出人的外形，具体来说，就是一位"老人"的形象，只见他"嘴唇是扁平的"，只需略微抬起那长胡须的一角，就掀掉了人家的屋顶。

维亚斯呈现出人的外形，使我们无法将他和埃特瓦罗斯等同。尽管如此，仍然应该将二者进行对比，尤其是考察二者共同的特征，从而建立起两位神祇的亲属关系。其中一个特征是二者对刀具抱有相同的消极态度。我们还记得，马匹的鬃毛受到卡尔图纳斯-埃特瓦罗斯的影响，剪掉这些鬃毛并不是用一把刀具而是用石器——否则马匹会变成瞎子和瘸子。只有向维亚斯投掷刀具，才能将其杀死，或者起码把他击伤：曾经有一次，人们朝着狂风投掷了一把刀片，伤到了"婚礼"中某个小神灵。另外一次，在谷仓簸扬黑麦的时候，人们受不了大风，把手中的刀片扔出门外。不一会儿，就看到地面上出现了几滴血。沿着血迹，人们在森林中发现了一位受到严重伤害的老人，"他的脸颊被刀片划伤"。和埃特瓦罗斯相类似，维亚斯似乎也属于神的一个特殊领域，从来不把刀具当作战斗的武器。从这个角度来说，维亚斯、

---

① "-ait-as" 是 "-ait" 的变体。——译注

埃特瓦罗斯都与维尔尼亚斯比较接近，后者最大的罪行就是偷窃原本属于贝尔库纳斯（雷电之神）的刀具。

我们也不难发现，埃特瓦罗斯和维亚斯拥有其他的共同特征，这引导我们去思考关于风神维亚斯（梵语写成"Vāju"或者"Vėjopatis"）的复杂问题。我们还会注意到，维亚斯这位"居住在云端的"神祇，除了呈现出人的外形，还拥有另外的，可能也是更为古老的表现形式：它表现为"天空中的猛兽""在脚掌间吹动的风"。因此，维亚斯这位天空之神也被研究者拿来和另一位神祇加维纳斯（Gavėnas）做对比，因为加维纳斯"把自己的刀具磨尖，脚爪间也透着风"。不难看出，关于维亚斯和加维纳斯两位神祇的叙述如此接近，二者互为补充，似乎共同暗示了天空中的风来源于天空中猛兽的脚掌缝隙之间，同时也可以透露，埃特瓦罗斯带来的疾病表现为"裂开的脚掌"。

3. 埃特瓦罗斯和贝尔库纳斯

埃特瓦罗斯的问题和维亚斯交织在一起，这种情形绝不是偶然出现的，而是符合人们的意愿，它更利于划定出每个神各自的行为范畴。这就使研究者能够合理地界定出埃特瓦罗斯特殊的力量、活动和外形。从上述视角出发，就可以把维亚斯的外形解释为天空中的猛兽。我们也因此认识到，在研究立陶宛神祇的本相的时候，超现实的外形——比如动物形象或精神形象（埃特瓦罗斯的疾病）等——都不是个例，而且，与埃特瓦罗斯类似的神祇在立陶宛神谱中也并不唯一。

之前人们以为，众神的主要活动，或者说其主要职责就是照料人类。然而，这种观点是错误的。显然，每一位神都拥有自己所关切的领域，也拥有自己的独特生活。众神之间既存在友谊，也不乏纷争。他们甚至支持无休止的争斗，让人类互相残杀，并通过世界历史表现出来。比如，研究者已经了解到，贝尔库纳斯曾经向埃特瓦罗斯发起斗争，学者们还探讨了其中的部分原因。更有意思的是，我们发现，贝尔库纳斯不仅和埃特瓦罗斯有争执，也不放过维亚斯：相关记录表明，人类对这些争斗是有感触的，即当人们听到雷声的时候，要避免接触穿堂风。这个时候也不能奔跑，以免带来空气的流动。研究者不久后就对这些看法做出了回应，他们把各种观点都混合在一起，结果贝尔库纳斯和维尔尼亚斯的永恒斗争被认为是对神的历史的简化。

　　最后，与最高之神——他们至少是觊觎了某个地区的最高权威——相关的问题不仅涉及神的外形、血统和权力空间的抢占等，还与宇宙要素的统治和管理息息相关。我们不妨拿维亚斯的情况来举例：当他消遣的时候，总是上房揭瓦，以破坏别人的房屋为乐，不过，有些时候，他也去庆祝人家的婚礼。然而，一旦（贝尔库纳斯）给维亚斯的哥哥——我们还不清楚他的名字——戴上"铁圈"①，后者就会头疼欲裂，接着，这位哥哥就开始喘粗气，不仅本人会因此丧命，还"砸碎周围的一切，任何植物，包括树木都抵挡不住他"②。由此我们看到，受到贝尔库纳斯不断骚扰的这些神祇蕴含着多么大的力量，随时都可能制造一起宇宙灾难，这样的威胁难以褪去。至于维亚斯，他也发动了一场针对海王的斗争：海底水域被他呼出的气流所击退，然而，这些水的神灵也进行了报复，把维亚斯的三个儿子溺死了。

　　只有在宇宙之争的大背景下，才能充分理解贝尔库纳斯和埃特瓦罗斯之间的争斗："贝尔库纳斯不断追击埃特瓦罗斯，后者进行了自我防备，有时藏身于山麓，有时又潜伏于深海或湖泊。为了追杀埃特瓦罗斯，贝尔库纳斯返回山间，竭尽全力拍打江河湖海的表面。他把大块大块的泥土扔到水中，想让水底的埃特瓦罗斯窒息而死。贝尔库纳斯掏空地上的泥土，湖泊和山谷便形成了。见状，埃特瓦罗斯吐出大片大片的水，使其充满山谷，而贝尔库纳斯也不甘示弱，他把泥土投向山谷，于是一座座高山拔地而起。"③

　　另一篇类似的文献更加详细地描述了两位神祇战斗的场面："突然起了一场飓风，卷起一大片水和泥土的混合物。原来是贝尔库纳斯正在追击埃特瓦罗斯。两位神祇打得难解难分，只见埃特瓦罗斯吞下又马上吐出一大片水和泥土，接着把水和泥土搅拌在一起，最后晃动着，猛然扔到其他的地点。"④

　　首先应当注意到，这里所描述的大气现象是"vėtra"（飓风）而不

---

① 《立陶宛民俗》（*Le folklore lithanien*），第四卷，第384-386页。
② 《民俗工作》（*Travaux de folklore*），第三卷，第135页。
③ 《民俗工作》（*Travaux de folklore*），第六卷，第113-114页。
④ 《民俗工作》（*Travaux de folklore*），第六卷，第113页。

是"viesulas"（狂风），后者只是游手好闲的维亚斯所主持的"小淘气鬼的婚礼"。其实，这是两位势均力敌的神，凭借各自的力量所进行的宇宙战争：尽管埃特瓦罗斯被追击，而且暂时落败于贝尔库纳斯，但是他根本就没有投降，而且战斗也无限地持续下去。同时，我们也注意到，这是两位天空中的神祇在地面上进行的一场战斗，二者使用的武器是神创造大地时所必需的元素，即土和水。这两种元素不仅仅是战斗的武器，同时也是战斗过程中塑造地形——比如山川湖海——的物质材料。因此，神之间的这场战斗也是世界混沌本源的外形显现，它拥有一个名字"vėtra"。只有在这场战斗之后，世界才得以成形，贝尔库纳斯也才能够使大地女神泽米娜（Žemyna）受孕，从而给大地披上绿色的外衣。

埃特瓦罗斯在立陶宛神谱中的位置一点一点被明确出来：他属于最原始的第一代神灵，这代神灵呈现出巨人、魔鬼或空中神兽的外形。这一代神最后被击溃，意味着最初的世界秩序被建立起来。

第二章　命运及财富之神：奥斯里内和莱玛

奥斯里内

初步特征

在这项研究中，我们想要展示立陶宛文化的一个横切面，比如他们对生与死的观念，还有与之相关的其他一些概念，比如命运、运气、年轻、美和"惬意"（bien-être）。考察这类问题的方法就是要研究人种志文化资料，这些资料以民间故事、大众信仰和习俗的形式得以保存。

在本章的第一部分，我们利用上述方法可以重建女神奥斯里内的形象和活动范围。事实上，尽管这种研究方法较为简单，但它仍然很棘手。我们从成千上万的立陶宛故事中选择一例，接着尝试对其进行解读，把它看作神话叙述，而不是简单的童话故事，并且努力根据其文本表现来阐释深层意指结构。实际上，这样的解读和阐释诗学文本没什么两样，就如同一位精神分析学家想要了解他的病人，或者像是在寻找填字游戏的答案。虽然文本有很多绕弯子的地方，我们可能会在这些地方出差错，而且直觉和"想象"的界限也并不总是那么明显，但是文本之间的"可比性"（相类似或相区别）与"内在协调性"这两大因素足以保证文本所讲述的是"神话事实"（vérité mythique）（而不是童话）。

我们选择的故事来自大卫尼斯·希尔维斯特莱蒂斯（M. Davainis-Silvestraitis）编写的《故事、神话和祷文》（*Contes, légendes et oraisons*），该书 1973 年在立陶宛的维尔纽斯出版。我们选择的故事叫作《太阳与风之母》（*Le Soleil et la Mère des Vents*，第 309-313 页）；这个标题的特征在于，它使解读的两大层次——表层结构和深层结构泾渭分明。

首先我们会完整地呈现这个故事，接着对故事文本进行切分，最后逐段加以分析。

从前，有三个兄弟，其中一位叫约瑟，他亲眼看到天空中有两个太阳（saulė）①，吃早餐时有一个，晚餐时还有一个。然而，在一天中的其他时候，就只能看到一个太阳。于是，他请求两个哥哥允许他去寻找另一个太阳。哥哥们同意了他的请求，并为他祈祷。

他动身前往异国他乡，穿越了广袤的森林。这时，他听到森林中有嘈杂声，不免有些好奇。只见一头狮子、一只雀鹰、一只蚂蚁和一只狼，捕杀了一头牛之后，却不知怎样来分配。突然，狮子闻到了人的气息（认出了人），就吼道：

——勇敢的人类，行行好，帮我们分这块肉吧。

于是约瑟把牛头砍下来，拿给了蚂蚁：

——你最小，连这块头骨上最小的窟窿都能分光吃净！

接着，他又把躯体上的肉分给狮子，把躯干分给狼，把五脏六腑分给雀鹰。

——你们对分到的部分满意吗？

——我们不胜感激。

作为报答，每个动物都拔了几根毛给约瑟。蚂蚁给了他一根触须，雀鹰给了一根羽毛。

——假如遇到麻烦，一定想到这些毛发，可以给你带来想要的东西。

约瑟继续在森林中赶路，肚子饿的时候，他想到了狼，于是就变成了一只狼，捉住了一只羊并饱餐了一顿。当他的脑海中闪过雀鹰的念头，就变成了一只雀鹰，迅速飞抵异邦。他幸运地碰到了风神，跟着他一起回到家中，并且恭恭敬敬地向他问候：

——你在寻找什么？

——我在找第二个太阳。

---

① 在这里，我们要指出，"太阳"在本文中是阴性，是一位女神，可以被比作奥斯里内-晨曦。

——我会抛出一个线团，你顺着这根丝线就可以找到我母亲。

约瑟再次变回雀鹰，把这根丝线叼在嘴中，飞向远方，一直来到风神的母亲居住的地方。风神的母亲让他去看管果园：

——如果你看管好我的果园，那么明天你就会知道，在哪里能够找到第二个太阳。

约瑟接过风神的母亲拿来的一把宝剑，接着就去了果园。半夜，有个人影出现了，双腿跟果树一般高。巨人跨过栅栏，把果树一棵棵拔起来，接着就要带走。约瑟拔出宝剑，砍了他的胳膊，巨人就这样逃之夭夭。过了一个小时，又来了一位巨人，大踏步向前，森林中的树木都被他碾在脚底。只见这个巨人倚靠在栅栏上，准备拔苹果树，约瑟把他的头砍了下来。最后，又来了第三个巨人，约瑟把他砍成两截。

太阳升起的时候，他返回女主人的家中，向她讲述了晚上的经过。他和风神的母亲一同返回果园，三位被杀的巨人赫然入目。约瑟立了大功，风神的母亲赐予他三个苹果，这些苹果价值非凡。

风神的母亲召集她的四个孩子，也就是四大风神（每个方向各一位），并且向他们询问：

——你们见到过第二个太阳吗？

北风回答说：

——那不是太阳。就在今天，我见到了它。在海中央的小岛上，住着一位姑娘，她拥有一座小城堡，这位姑娘的头发就像是太阳的光芒一样。

风神的母亲把自己的线团抛给约瑟，他变身为雀鹰，把线头衔在嘴里，然后飞到海边。

北风赶来向他建议：

——现在等到晚上，姑娘的公牛会从森林中赶回来，后面还跟着三头小牛，公牛会游水过海，直到另一端的海岸。你要紧紧抓牢公牛的尾巴，它就会把你带到海的另一端。接近海岸的时候，你要钻到水里，因为如果公牛看到你的话，就会用牛角戳你。一旦出了水面，你就会在岛上看到桦树的某一条根部。你要藏在这条根的后面，以免公牛找到你。早饭之后，走进府邸，你会在一个房间内发现一位熟睡的年轻姑娘，她趴在床上。你跳到她的背上，就像骑马一样，然后把她的头发缠在自己手上。姑娘会说："滚开，别烦我！不然大地会消失，会变成波涛汹涌的大海。"这时你就回答她："我漂洋过海来到你的身边。"姑娘会把她一开始说的话重复三遍，接着就会改口："你属于我，我也属于你。"这时，你就松开她。

公牛果然从森林中跑出来，后面跟着三头小牛。约瑟紧紧抓牢牛的尾巴，跟随它过了海。接着，他遵照北风的话行事。当姑娘对他说"你属于我，我也属于你"的时候，才松开她。

约瑟和姑娘在岛上生活了好多年，自己也获得了一个下等职位，成了姑娘的仆人。每天清晨，他在海的对岸放牛，公牛也不再攻击他。

一次，约瑟发现姑娘的一根头发挂在一株野玫瑰上，接着还发现了一颗空的榛子壳。他悄悄地把这根头发塞到榛子壳中，然后扔进大海，海底立刻迸发出一道光线，在天空中倒映出一颗巨大的星星。

有一位王子正在海面航行，看到了这一奇观，驾着他的船径直朝这颗星奔来。等到接近的时候，透过望远镜来观察它，终于发现了水下的榛子壳。王子急匆匆地返回家中，他有一位祖母，是个巫婆（ragana）。

——祖母，你说，这根头发到底是什么？

——这头发属于一位年轻的姑娘。

——你能把她带到这里来吗？（为答谢你）我将为你打造一张黄金摇床，让你日日夜夜在那里享福。

于是，这位巫婆变身为一位乞讨者，来到了姑娘家里，巫婆谎称自己是被人遗弃在海边：

——我是一位可怜的乞讨者，我在街头乞求别人带我一起走，可他们却把我丢在这里。姑娘，行行好吧，收留我做您的仆人吧，我将会成为您忠实的侍者。

姑娘接受了她的请求，巫婆在那里待了两周，获得了信任，被认为是忠实的仆人。凡是姑娘所吩咐的事，她都完成得极为出色。有一天晚上，巫婆见了王子，命令他打造一只纯金的小船，并且赶到发现榛子壳的地点，巫婆还要求用白银建造一座桥。

早晨八点钟的时候，姑娘起床并走出她的城堡。这时，她见到了一只崭新的而且从没有见过的船。巫婆见状，就开始引诱她：

——我们去看看吧！

年轻的姑娘光着头就走了出去，她想回屋去找自己的头巾，巫婆却对她说：

——我帮你带过来！

姑娘的丈夫（指约瑟）此时还在熟睡，巫婆拿起一把刀，割断了他的脖子，把他的肺和肝都掏了出来，走出门的时候，就把这些东西都扔到了海中。然而，姑娘完全没有注意到这些，她走向船，看到上面空无一人。而这时巫婆又开始怂恿她到船上看看，姑娘刚跨上甲板，这只船就开足马力离开了。王子出现了，把姑娘带到了自己的领地。

——别害怕，在我家你会生活得比这儿更好。我有一个王国，还有军队。

王子把她带到了自己的王国，想立刻与她结婚。

——一年之内我无法结婚，我父亲刚刚去世，我要为他守孝。

她能做的，就只有拖延婚期。

四位风神此时赶来，把最新的消息告诉他们的母亲。他们发现，在母亲的果园中，所有的苹果都干瘪了。

——母亲，怎么会这样？

——快去看看，为我们守护果园的朋友是不是死了。

四位风神发现他的喉咙被割断了，就立即在水边和水下到处寻找他的肺。突然，他们发现一只巨大的鳌虾正把男孩的肺和肝拽向岩洞，于是就把这些内脏都抢夺回来。北风潜入海底，带回痊愈之水和生命药剂。接着，四位风神把药剂涂在男孩身上，用痊愈之水洗涤他的身躯。约瑟就这样活了过来，毫发无伤。

风神询问他：

——姑娘在哪里不见的？

——不知道呀，我刚刚睡着了。

——有人割断了你的喉咙。

约瑟开始四处寻找，但是不见姑娘的踪迹。他只好再去征求四位风神的意见：

——现在我该怎么做？

北风回答道：

——去她的房间，你就会找到马笼头和马鞍。给公牛套上马鞍，它就会变成一匹矫健的骏马，在整个王国都找不到第二匹。骑在它身上，你会感觉在海上比在陆地上更为方便。这匹骏马会把你带到王国中藏有姑娘的地点，当天，这个王国会举办马市①，国王将会购买你的这匹骏马。交易一开始，你就告诉国王："要是您想买这匹骏马的话，请快一点下手，我没有太多时间。"把这句话多重复几遍，直到你看到姑娘出现。

姑娘走出来，认出了自己的牲畜。她抓住夫君的手，双脚跨上骏马。这匹马纵身一跃就蹿上了云霄，很快就回到了他们的城堡。年轻的国王很伤心，他询问自己的巫师：

——现在怎么办？

——我们无能为力了。

姑娘一返回城堡，就把自己的公牛解救出来。只见这头公牛跪在地上，像人类一样开始讲话：

——把我的头砍下来！

姑娘不忍心，但还是照做了。只见公牛的头一落地，四分之一的海洋就消失了，变成了陆地，而公牛也恢复了原形，原来是姑娘的哥哥。接着姑娘把三头小牛的头也砍了下来，她的姐妹也纷纷恢复了原形。所有的海洋都变成了陆地，"大家"（指所有人）也就开始了新生活。姑娘一直是这片土地的王后，而她的丈夫则是国王。约瑟就是（通过上述方式）接受了惩罚，从而为妻子的兄弟姐妹赎了罪。从此，他们一起幸福地生活下去。

故事到这里就结束了。

---

① 以交换或买卖马匹为主的集市。——译注

（一）是童话还是神话？

从前，有三个兄弟，其中一位叫约瑟，他亲眼看到天空中有两个太阳（saulė），吃早餐时有一个，晚餐时还有一个。然而，在一天中的其他时候，就只能看到一个太阳。于是，他请求两个哥哥允许他去寻找另一个太阳。哥哥们同意了他的请求，并为他祈祷。

在开篇这一小节中，有不少要素和童话故事的标准相符合：

（1）初始阶段出现了三兄弟；

（2）追寻（另一个太阳）；

（3）出发的时候进行了祈祷。

但是这篇文本的其他特征就不太常见了：

（1）长辈的缺席（比如父母或国王），长辈原本可以——直接或间接地——承担发送者的角色；

（2）要求兄长授权，出发去冒险：一般情况下，三兄弟应该结伴同行，或者先后出发；

（3）"约瑟"这个名字也很少见。

上述三个特征都出乎我们的意料，它们可以被看作补充信息，使主人公的身份更加明确，让我们把这篇叙述性文本和类似的童话故事区分开来，同时也赋予这篇文本决定性的神话特征。我们认为，这篇文本所选择的价值对象是不常见的，价值对象也就是主人公所追寻的事物：在这个叙述中，价值对象并不是我们可预见的对于幸福的追求，主人公要追寻的是第二个太阳。于是，一位不寻常的主人公在追寻一个不寻常的价值对象。

显然，第一段文字给我们提供的资料并不多。仅凭这些资料，我们无法着手去寻找根本性问题的答案，并在此基础上对整篇文本进行阐释：到底第二个太阳为何物？直到文本的第四小节，北风才最终为我们揭开谜底。

总的来说，我们已经发现，在这篇文本中，童话故事中存在的民间传说母题和神话资料联系在一起。这增加了解读文本的困难，也使我们给予它更多的关注。

（二）平分

他动身前往异国他乡，穿越了广袤的森林。这时，他听到森林中有嘈杂声，不免有些好奇。只见一头狮子、一只雀鹰、一只蚂蚁和一只狼，捕杀了一头牛之后，却不知怎么来分配。突然，狮子闻到了人的气息（认出了人），就吼道：

——勇敢的人类，行行好，帮我们分这块肉吧。

于是约瑟把牛头砍下来，拿给了蚂蚁：

——你最小，连这块头骨上最小的窟窿都能分光吃净！

接着，他又把躯体上的肉分给狮子，把躯干分给狼，把五脏六腑分给雀鹰。

——你们对分到的部分满意吗？

——我们不胜感激。

作为报答，每个动物都拔了几根毛给约瑟。蚂蚁给了他一根触须，雀鹰给了一根羽毛。

——假如遇到麻烦，一定想到这些毛发，可以给你带来想要的东西。

约瑟继续在森林中赶路，肚子饿的时候，他想到了狼，于是就变成了一只狼，捉住了一只羊并饱餐了一顿。当他的脑海中闪过雀鹰的念头，就变成了一只雀鹰，迅速飞抵异邦。

1. 乐于助人的动物

第二小节采用了童话故事通常会包含的母题，即乐于助人的动物，其实还涉及典型的"迁徙母题"（motif migratoire）[1]。

然而我们还应该注意到，假如"迁徙母题"得到充分发展的话，那么在主人公的帮助下脱离困境的每一个动物，反过来都会变成主人

---

[1] "迁徙"一词指主人公外出冒险。——译注

公行动的"辅助者"（adjuvant）。这些动物在合适的时间点出现，留下自己的印记，从而带来独立的场景，故事结构也因此趋于平衡，依据的是"礼尚往来"的原则，这一切建立在"隐含契约"（contrat implicite）的基础之上。

在叙述中，针对登场的四个动物，叙述者只需要创造出唯一的辅助者，使之介入故事后续发展之中：雀鹰帮助主人公进行神话空间的转换。在解读叙述文本的过程之中，我们应该实施一定的方法论原则。在此基础上，无论是整篇文本还是其中的每一小节，我们都应该从它们的结尾处（而不是开头）着手进行分析，这才更有利于我们确定第二小节的主要叙述功能之一，即从文本的整体叙述结构来看，约瑟为几个动物平分食物的场面，其主要功能只是促使主人公（也就是约瑟本人）寻找到必要的辅助者。

可以明确的是，我们选中"公平分配"这一场景是为了在文本中引入雀鹰这个动物，并使之转化为一个辅助者。然而这种做法既不是唯一的，也没有体现出"经济性"（économique）特征。因此，我们就可以提出一个问题：为何在我们的故事中，需要借助于"公平分配"这一母题引入一个"乐于助人的动物"？

2. 主人公的资格

叙述逻辑，或者说对叙述结构的识别，有助于我们理解"公平分配"这一场景的功能性意指结构。"公平分配"这一场景是一种反复出现的"迁徙母题"。

有助于我们理解文本的首要因素是"空间"（espaces）的分配模式，事实上，立陶宛故事和日耳曼或斯拉夫故事相类似，都会涉及一个"超乌托邦空间"（espace paratopique）①，穿过这个空间就可以进入"乌托邦世界"（monde de l'utopie）②，在"乌托邦世界"中会发生严肃而确定的事件。在我们的故事中，"超乌托邦空间"通过"森林"（forêt）这一外形表现出来，它位于"文化世界"（le monde culturel）的边界之

---

① "超乌托邦空间"是考验主人公的场所，主人公在这个空间中获得自身的"能力"。——译注

② "乌托邦世界"又称"乌托邦空间"，主人公在这个空间中和追寻的价值对象实现合取。——译注

外。一般情况下，针对主人公的初次"考验"（épreuve）会发生在"超乌托邦空间"之中，主人公通过这一考验才能获得资格，以便完成未来的冒险。

文本援用上述模式，使我们不难看出，"公平分配"是主人公必须完成的一项任务，其功能具有多样性，可以考验主人公的能力和机智等。根据任务的特征，听众-读者不但可以判断出主人公真正的"属性"（nature），还可以判断出"发送者"（destinateur）的属性，因为正是发送者把任务委托给主人公。

在叙述模式的框架下，我们很容易就可以对文本中引入的"公平分配"这一场景进行解读。经过考验，主人公具备了"能力"（compétance），也就是说他掌握了"技能"（savoir-faire），接下来就可以执行正当决策。然而与此同时，我们也可以明确主人公的能力范围：这就是杜梅齐尔所提出的"密特拉的地盘"（le territoire de Mitra），它指的是契约权限。

3. 主人公的形变

这一小节中的契约结构是清楚明了的：在动物们的要求下，约瑟进行了不偏不倚的分配工作，并且让动物们极为满意。作为回报，约瑟立刻就获得了每个动物馈赠的"毛发"，从而也给自己未来的活动增添了不少辅助者。

需要明确的是辅助者的身份：在特定文本中，辅助者可以通过独立"施事者"（acteur，人类、动物或具有魔力的物品等）的形式显现出来。然而，尽管辅助者的外形是相对独立的，但是从本质上来说，它们却是主人公自身状态不可分割的一部分。换句话说，为主人公分配一个或多个辅助者，只是一种形象化步骤，以便于表现主人公自身状态的主要特征。

因此，在我们的文本中，获取"狼的皮毛"或是"雀鹰的羽毛"，只是表明主人公已经拥有了狼或雀鹰才具备的素质。

3.1 普洛卡斯（Plaukas）

在我们的文本中，词语"普洛卡斯"（plaukas，等同于"毛发""毛皮"）并不完全对应于它在词汇学上的定义，即人或动物的外皮上长出的类似于丝线的东西。我们注意到，这个词还表示蚂蚁的触须和雀鹰的羽毛。因此，这个词本质上是指动物身体外部的一个部分，当然完全属于这个动物：这是一种"换喻"（métonyme），能够代表整个身体。于是，"毛发"一词其他两种不同的潜在含义就这样显现出来。

身上有一根别人的毛发（比如爱人、孩子或父母的毛发，存放在圆形或椭圆形的颈饰之中），这决定了一个事实，即毛发携带者和毛发原来的主人之间存在永久的关联，二者不可避免地被维系在一起，一种世俗且等级化的形式借助于毛发而建立起来。此外，在童话故事中，"携带毛发""想象自身所属的状态"①，一般来说这两种行为都意味着自身状态的"现时化"（présentification），这两种行为承担的功能很类似，只不过二者在稳固性和效果方面存在级别上的差异。在我们的故事中，雀鹰馈赠了自己的"羽毛"，如果获得这样的羽毛，或者"脑海中闪过雀鹰的念头"，主人公就可以决定自己的出场方式。当然，雀鹰作为一种飞禽，也可以让主人公坐在自己的背上，然后将其转移到其他空间。

在我们的文本中，"毛发"的功能是多样化的。显然，两位施事者（主人公和对应的动物）借助于毛发建立起稳固的关联。此外，如果脑海中"闪过狼或者雀鹰的念头"，也可以使主人公变身为狼或者雀鹰。因此，这种情况就涉及神话思维的显现方式。从换喻的角度来说，"毛发"是代表每个生命的"身体形式"（forme corporelle），也就是生命在"现象平面"（plan phénoménal）的显现。然而，这样的解释也远未让人满意，在"公平分配"这一场景的另一个版本中②，主人公为狮子、蚂蚁和隼这三种动物分配桦树的树干，之后作为报答，他从每个动物那里都获得一份"运气"（laimė），就像我们的文本所描述的那样，他可以变身为其中的一个动物。研究者对这里的"运气"提出质疑，认为它就是上文我们所分析的"毛发"的同义词或替代品。然而，我们觉得这种解释也存在不足，原因是我们严格地保留了"躯体-灵魂"的

① 比如在故事中，主人公"脑海中闪过雀鹰的念头"，就变成了一只雀鹰。"闪过雀鹰的念头"就是在"想象自身所属的状态"。——译注
② 《立陶宛北方故事》（Contes de la Lituanie du Nord），第184-188页。

传统两分法："前途"（laimė-dalia）应该被认为是由身、心所构成的二元"实体"（entité），是"个性结构"（la constitution de la personnalité）的组成部分。"前途"可以把人类的躯体当作栖息地，也可以与之相分离，从而把自己投放于其他的寄体，比如位于天鹅或羊羔的躯体内，某个人的"前途"甚至会选择待在这个人配偶的躯体内。"前途"问题是理解立陶宛人世界观的关键，针对这一问题，我们很快就会展开进一步的研究。前文刚刚对"毛发=运气"进行了表层的解读，事实上，这已经有助于我们理解文本的其中一个重要场景，即姑娘的头发使得天空中显现出星辰（参见第六小节）。

3.2　雀鹰和狼

需要注意的是，我们的故事并没有针对所有的"形变"（métamorphose），而只是选择了其中的两种——让主人公变身为狼和雀鹰。

选择雀鹰，这很好理解：从叙述平面讲，这对应一种可预见的功能，把主人公从"超乌托邦空间"（森林）传送到"乌托邦空间"（天空）。"获得辅助者"可以理解为是对主人公身份的丰富，使其具备新的个性特征。主人公变身为雀鹰，这赋予他中介者的身份，从而在人类世界与神的世界之间建立起联系。从神话平面上讲，雀鹰要么被认为是"杜鹃"（coucou）的配偶，要么是"杜鹃"在冬季所显现出的外形①。另一方面，杜鹃也是一种可以决定命运的神灵，它同时也从属于密特拉的神话范畴。于是，我们的主人公履行的"中介者"的功能得到强化和补充，这种功能使主人公可以识别出某些路径，进而与神的世界进行对话和交流。那么，从这个角度来考虑的话，化身为雀鹰的主人公可以寻觅到一条道路，从而遇见风的母亲，并且还得到她的热情接待，这个场面就不足为奇了。

更为困难的是需要确定狼的功能，如果说在"形变程序"（la procédure de métamorphose）中，（主人公）变身为狼和变身为其他动物（比如狮子和蚂蚁）存在区别的话，那么这份区别主要体现在以下

---

① 这句话的意思是，杜鹃在冬季的时候会变成雀鹰的样子。——译注

两点：其一，和雀鹰相比，主人公变身为狼的目的性（狼可以吃掉羊羔）并不十分明显；其二，从叙述的角度来说，主人公变身为狼的积极性也比不过（变身为）雀鹰，因此我们看到，狼的出现是个特例，而且在故事里仅此一例。换言之，尽管叙述者保留了狼这个神话外形，却没能准确理解这个外形的意指结构及模式内涵。在立陶宛神话中，狼——用铁或铜铸造而成的狼的塑像——总是以出人意料的方式露面：狼要么代表极具魅力的情人角色，可以说服年轻女孩们拒绝和亲兄弟之间的乱伦生活；或者它还能成为主人公的辅助者，跟随他一起到异国他乡寻找"年轻姑娘"或"公主"。在上述两种情况中，"狼"都是近亲结婚的反对者，它是新型家庭结构的创建者，新的家庭结构建立在异族通婚，即婚姻契约关系基础之上。我们的主人公能够变身为狼，也能够变身为其他的动物，尽管后者的相关资料尚待发掘，我们对其还缺乏了解，但相关叙述却能够证实它们的存在。我们后面会清楚地看到，主人公真正所要寻求的是建立在爱情基础上的契约关系。

我们有必要重新回到狼的形象上来（参见第三小节）。

（三）奇异的果园

他幸运地碰到了风神，跟着他一起回到家中，并且恭恭敬敬地向他问候：

——你在寻找什么？

——我在找第二个太阳。

——我会抛出一个线团，你顺着这根丝线就可以找到我母亲。

约瑟再次变回雀鹰，把这根丝线叼在嘴中，飞向远方，一直来到风神的母亲居住的地方。风神的母亲让他去看管果园：

——如果你看管好我的果园，那么明天你就会知道，在哪里能够找到第二个太阳。

约瑟接过风神的母亲拿来的一把宝剑，接着就去了果园。半夜，有个人影出现了，双腿跟果树一般高。巨人走进栅栏，把果树一棵棵拔起来，接着就要带走。约瑟拔出宝剑，砍了他的胳膊，巨人就这样逃之夭夭。过了一个小时，又来了一位巨人，大踏步向前，森林中的树木都被他碾在脚底。只见这个巨人倚靠在栅栏上，准备拔苹果树，约瑟把他的头砍了下来。最后，又来了第三个巨人，约瑟把他砍成两截。

太阳升起的时候，他返回女主人的家中，向她讲述了晚上的经过。他和风神的母亲一同返回果园，三位被杀的巨人赫然入目。约瑟立了大功，风神的母亲赐予他三个苹果，这些苹果价值非凡。

1. 老生常谈的母题和逻辑错误

从叙述角度看，这个片段也使用了两个老套的"迁徙母题"：

（1）指路的线团；

（2）奇异的果园。

这两个母题是必不可少的，根据这种程式，主人公就可以在文本空间中完成自己肩负的任务：

（1）找到通往目标的道路；

（2）获得价值对象，也就是苹果。

然而需要注意的是，在这个简短的小节中，我们至少可以发现两处重大的逻辑错误。叙述者似乎仅仅满足于寻找约定俗成的母题，以便拓展情节，却忘记了故事的神话学目标，叙述者不再关心是否能够保留神话人物的外形和本质。我们能够把这一小节看作一个极好的例子，用来阐明神话如何降格为普通的童话故事①。

第一个逻辑错误在于风神的母亲出场过早，而在标准的童话故事中，我们预计会在同一位置发现某一个动物辅助者。在我们的故事中，主人公的行为发生在"国外"，所以就很难引入动物形象，取而代之的是，我们预计会看到低级神灵的出现。当某个角色嘴里说出"你会到达我母亲那里"这句话时，我们就会预料到，这里的辅助者可能会是一位女神。然而，到现在为止，在立陶宛语境中，尚未遇到任何一位女性风神——除了风神的母亲能和女性挂钩，但也疑点重重。辅助者

---

① 这里涉及神话与童话的区别：神话一般指人们对世界起源和自然现象的原始性理解；而童话则是人们通过丰富的想象和夸张来塑造形象，反映生活。——译注

的形象因而显得不太明确，然而所幸的是，下文没有过多地谈论任何辅助者的角色。

第二个错误在于巨人的数量和最后留下的尸体不太对等：第一个巨人的胳膊被主人公砍了下来，之后，这个巨人就逃走了，然而第二天，风神的母亲却发现了三具巨人的尸体。叙述者似乎出现了混乱，他使用童话中常见的"三重性程序"（la procédure de triplication）①来描述主人公和巨人之间的战斗：故事中引入了三个（而不是一个）巨人，使得主人公最后的获胜显得更为重要，尤其是叙述者强调，第一个巨人被砍断了胳膊，第二个被砍了头，而第三个直接被砍成了两截。然而，叙述者接下来就任由情节发展，他只是针对自己偏爱的文学类型进行操作，最后造成的结果是：原本可以代表巨人群体的人物被抹去了痕迹，巨人们变成了果园的"破坏者"，这项功能体现为"被砍断的胳膊和尸体"。

然而需要指出的是，在同一篇文本中，"狼"和"断臂巨人"这两个神话形象都只出现过一次。

2. 果园

沿着抛出的线团所指示的道路，主人公来到风神的母亲那里，这样的叙述并不涉及特殊的问题。相比之下，令我们更加感兴趣的是：在寻找第二个太阳的过程中，选择了风神的母亲——或者说选择了风神一家——来承担辅助者的角色。

2.1 具备受精能力的风

在风神母亲的住处，有一座神奇的果园，拥有"无与伦比的价值"。类似于果园这样的母题，其象征意味普遍存在于所有的印欧神话中。在这种情况下，我们能够做的就是考察这个母题在立陶宛语境下的表现，从而对这个母题进行补充和完善。

风神的母亲承担有"果园主人"这个角色，这种安排绝非偶然。根据立陶宛的信仰，风拥有让苹果树受精的能力："风不断摇动苹果树，开始噼里啪啦作响，人们会说，这个季节使果园具有繁殖力。过不了

---

① 指故事中，经常出现三个敌人或阻碍者。——译注

多久，苹果树就会开始嘎吱作响，是因为它结出了沉甸甸的果实。"①
在普鲁士统治下的立陶宛地区，人们常常认为，"如果在路上发现绊索
或一段绳子，就应该把它捡起来并悬挂在果园里的果树上，这样的话，
果树就会多产"②。人们了解到，在路上捡到的绳子"既不是亚麻织物，
也并非纤维制品，绳子既没有被卷起来，也没有被编织，它只是与风
神之间的联系（vėjo ryšiai）"③。

2.2 天堂的花园

神奇的果园可以被认作天堂的花园，是"位于国家东北部的一个
星座。在冬季的天空中，这个星座显现出车轮的形状，同时它们指向
东方。星座中的群星都非常耀眼，上了年纪的人会了解一些事实，但
他们不会把其中的秘密告诉所有的人"④。由于我们缺乏立陶宛语境下
"有关天空形象"的系统化资料，所以目前要确定天堂的位置似乎就
比较困难了。然而，在果园和星座之间建立起稳固的联系，这就涉及
圣诞夜所进行的预言活动：如果圣诞的夜晚满天星辰，这就是苹果大
丰收的预兆。

我们可以通过天堂的另一种表现来完善上述资料，而新的表现带
着些许基督教的意味（因为天堂等同于死者的住处）："人们说，天堂
位于东方……是一个非同一般的果园，那里生长着各式各样的果树，
结出的果实是令人赞叹和美味可口的（果树的枝叶是金子，果实是钻
石，等等），而且在天堂中，时间是永恒的。"⑤"天堂花园"这种表现
形式和我们的文本比较接近，而且这座花园由两位巨人所看管：奥斯
特拉（Auštra）照亮道路，维亚斯（Vėjas）利用自己呼出的气息，驱
赶配不上这座天堂的灵魂；而在我们所分析的文本中，苹果园同样引
来了巨人。

2.3 苹果的象征意义

巴萨纳维丘斯对立陶宛神话中苹果的象征意义进行了研究，其成

---

① 《民俗工作》（*Travaux de folklore*），第三卷，第 17 页。
② 《民俗工作》（*Travaux de folklore*），第三卷，第 17 页。
③ 《立陶宛民俗》（*Le folklore lithuanien*），第四卷，第 583 页。
④ 《故事、传奇和祷文》（*Contes, légendes, oraisons*），第 42-43 页。
⑤ 《论"魔鬼"的生命和"死灵魂"》（*De la vie des « diables » et des « âmes mortes »*），第
29 页。

果是相当完整的。现在，我们对他的研究成果进行总结，使其更符合我们的要求。

巴萨纳维丘斯把民谣当作主要的研究素材，他首先关注的是这些民谣之间普遍存在的共同特征。比如，在民谣中，"年轻人在他们的果园中散步"，"年轻的女孩在路边的小花园中溜达"。我们看到，上述歌谣十分类似。而从这个时候起，爱情开始的标志往往是"溜达"或"抛苹果"，年轻人的爱情往往得到风神的协助：

> 我会摘到两个小苹果，
> 把它们献给我的最爱。
> 我不会独自享有，也不会送给其他任何人，
> 在南风的吹拂下，我把它们传送出去。[①]

然而，最终为了吸引到一个女孩，这位年轻人承诺给女孩一个幸福的家庭生活：

> 没有劳累的工作，
> 不需要收割丘陵上的小麦，
> 你只要在果园里散步，
> 去摘下那美丽的果子。[②]

于是，我们明白过来，在普鲁士统治下的立陶宛地区，"摘果子"拥有一个较为明确的意义："调情"和"做爱"。

我们注意到，苹果是爱情的象征，而且，它还拥有魔力。所以，根据巴萨纳维丘斯所研究的例子，我们可以总结出苹果的主要特征：

（1）苹果唤起爱的渴望；

（2）苹果可以让性别转变（女性变成男性）；

（3）一旦食用爱情的苹果，人就会变得美丽；

（4）苹果让病人恢复健康。

爱、美和健康（还不算性别转化，它虽然和"爱、美和健康"属

---

① 《精选集》（*Basan. RR, Oeuvres choisies*），第 402 页。
② 《精选集》（*Basan. RR, Oeuvres choisies*），第 403 页。

于同一个语义场，但是却构成其他的问题），这些都是人们所追求的主要事物，人类需要借助于"神奇的苹果"来获得或传递这三种事物。在印欧神话的框架下，这三种事物在大多数情况下代表着杜梅齐尔所提出的"神的第三种功能"①，分别置于几位女神（阿弗洛狄特、芙蕾雅，等等）的管理之下。

3. 维亚帕蒂斯②及其家庭

应当回归我们的文本，回到风神的母亲居住的府邸，以便更全面地掌握风神家庭的相关资料。

能结出神奇的爱情之果的果园是受风神的母亲所庇佑的，在我们看来，这似乎是自然而然的，而且风神能让果树受精。然而，果园的出现也带来了不少问题。我们知道，拉脱维亚的神话在讲到女性之神的时候总是很冗长的，这些女性之神统统被称为"母亲"，其中，研究者自然会找到一位叫作"维亚斯玛特"（Vėjasmate，意思是风的母亲）的女神；乌克兰童话中也存在"风的母亲"这个人物，她和月亮之母、太阳之母一同出现，这些母亲都会分发神奇的苹果。然而，在立陶宛宗教中，只有"普通的"女神（泽米娜、奥斯里内、莱玛和拉佳娜③）可以在其他的印欧神话中找到对等的人物。此外，男性之神在立陶宛宗教中仍然占优势地位，风之国的支配者并不是风神的母亲，而是维亚帕蒂斯（统领风的爵爷）——普雷托里乌斯把他等同于另外一个神邦戈普提斯（Bangpūtys，能带来暴风雨的神）。研究者并未考虑另外一种可能性，比如维亚帕蒂斯或许拥有一位配偶，这位配偶属于"风神"之外的神话范畴。因此，应该更为谨慎地考虑"风神的母亲"这个母题，甚至可以用质疑和辩证的目光来看待这个角色。

立陶宛人所熟知的风神的家庭，由维亚斯、维亚斯遭受苦难的哥哥以及维亚斯的四个儿子——里提斯（Rytys）、皮埃提斯（Pietys）、瓦卡里斯（Vakaris）和希欧里斯（Šiaurys）所组成。维亚斯的这四个儿子是神话研究中不可或缺的要素，他们代表了四个基本的地点和方向，

---

① 神的第三种功能就是掌管"物品的流通"。——译注
② 掌管风的神，在拉脱维亚语境中写作"Vėjasmate"。——译注
③ 外文名分别是"Žemyna""Aušrinė""Laima"和"Ragana"。——译注

但实际上，这四个风向上的风并不是按照平衡的原则来分配的。这方面的研究还很欠缺，只有一些零散的词汇学资料对此还保留一些关注和兴趣，着重强调了以正南正北为基准，方向呈四十五度角的风。比如说东北风，被叫作奥斯特里尼斯（Auštrinis）或奥德尼斯（Audenis），西南风被叫作奥洛克斯（Aulaukis）或奥兹尼斯（Ožinis），当然还有东南风。这样一来的话，就可以把文本中的北风和奥斯特里尼斯的名字稍微联系在一起，况且这样的一种对等也和奥斯特里尼斯所代表的东北风向有些接近，并且指出了"海洋姑娘"的住处。此外，"Auštrinis"这个词汇家族中的每一个神名都很类似（试比较"Auštrinis""Auštra""Aušra"和"Aušrinė"）。在这份资料中，我们还可以补充一点，用于证明奥斯特里尼斯的治愈功能："头疼的时候，面向东北风，过不了多久就会恢复。"

为了更好地理解我们的文本，需要注意风神家族的某些补充性特征。其中一个特征是这个家族的好奇心：维亚斯的四个儿子都渴望在海洋底部进行勘探，用呼气的方式将海水驱赶开来，于是，就引发了地面上的洪水。我们的文本也涉及地理甚至宇宙方面的深层知识，这都是维亚斯的儿子拥有好奇心的直接后果。一位男子一心想搞清楚巫师到底把神秘的财宝藏于何处，于是他依次求教于太阳、月亮和水，哪知这三位神互相推诿扯皮，最后水对这名男子说："我也不太清楚，但是我可以告诉你谁知晓问题的答案。看到那边的森林了吧，到那里去，你就会发现一棵巨大的橡树，维亚斯就住在橡树里。"[①]到了维亚斯的家中，这个人果然获得了必要的信息。

从上文可知，维亚斯身上的一个重要的特征就是知悉整个世界。似乎大地上的所有道路——尽管维亚斯有时也会迷路，但总能回想起这些道路之间的"关联"，甚至水中和天上的道路也归他控制。尽管风神的母亲拿给主人公一个用于指路的线团，但是最终向主人公说明第二个太阳具体位置的却是维亚斯的儿子——北风希欧里斯。

4. 巨人的种族

我们必须注意，文本中的主人公到达风神的母亲家的时候，他本

---

① 《立陶宛北方故事》（*Contes de la Lithuanie du Nord*），第 204 页。

人并没有引发风神和巨人之间的争斗，他只是发觉双方正处在"持久的战争状态"之中。在文本中，主人公要寻找的是爱情，正是在这个名义下，他才去击败代表武力和暴力的巨人。讲得更确切一点：主人公所照看的神奇的苹果并不是冲突双方要争夺的价值对象。换言之，巨人的目的并不是要摘苹果，而是要把果树连根拔起，并且毁坏果园。因此，巨人——不仅在我们的文本中，而且在整个神话世界中——都被认为是"阿乌拉韦里亚伊"（Ažuolaverčiai，把橡树翻倒的家伙）、"埃格拉劳亚伊"（Eglaraučiai，把冷杉连根拔起的家伙）（《立陶宛语言大辞典》）、"卡尔纳韦里亚伊"（Kalnaverčiai，山脉的破坏者）和"盖尔马基艾"（Geležminkiai，让铁器变形的家伙）。我们知道，在洪水到来之前，巨人这个种族蜂拥而至："他们身材高大，不计其数，而且没有一个是好东西，他们互相憎恨，互相伤害。"①

有一项工作是描述这类巨人愚蠢的所作所为，我们能够从中辨认出波吕斐摩斯（Polyphème）②在立陶宛语境下的表现。这是一位驼背的巨人，眼睛被人用木桩刺瞎。而巨人维尔尼亚斯凭借自己的嗓音就可以让树木的所有枝叶在 11 月纷纷落下③。还有一群瘦长条的巨人，是魔鬼导致女孩们怀孕所生④。众神和人类一起，与这些"代表暴力"的巨人进行了斗争，因为这些家伙不把自己的智慧用在正经的地方。我们要注意，狼（或者是狼群）也和巨人们进行了斗争。疲惫不堪的巨人纷纷坐下或跪下，群狼把他们的脚趾咬掉：巨人的脚趾就和阿喀琉斯⑤的脚后跟一样是致命的，于是这些巨人就这样纷纷死去。

狼能够杀死巨人，这个场景很有意思，我们能够把它和主人公的活动场面联系起来。当巨人出场时，主人公可以毫不费力地变身为狼，并且向巨人发起攻击。但是主人公并没有采纳这种可能性，因为他还没有充分利用自己获得的苹果，这是他守卫果园所得的报酬。总之，

① 《故事、传奇和祷文》（*Contes, légendes, oraisons*），第 205 页。
② 波吕斐摩斯（Polyphème），希腊神话中吃人的独眼巨人，他是海神波塞冬的儿子。——译注
③ 《立陶宛民俗》（*Le folklore lithuanien*），第三卷，第 590 页。
④ 《论"魔鬼"的生命和"死灵魂"》（*De la vie des « diables » et des « âmes mortes »*），第 282 页。
⑤ 希腊神话中的英雄，参加了特洛伊战争。——译注

上述可能性（变身为狼）在众多故事中，至少在我们所选的故事中并没有得到进一步的研究。

（四）这不是太阳，而是海里的年轻姑娘

风神的母亲召集她的四个孩子，也就是四大风神（每个方向各一位），并且向他们询问：

——你们见到过第二个太阳吗？

北风回答说：

——那不是太阳。就在今天，我见到了它。在海中央的小岛上，住着一位姑娘，她拥有一座小城堡，这位姑娘的头发就像是太阳的光芒一样。

风神的母亲把自己的线团抛给约瑟，他变身为雀鹰，把线头衔在嘴里，然后飞到海边。

1. 双重外表

文本终于给我们带来了期待已久的答案，即主人公所追寻的非凡事物的真实身份。然而作为目击证人，北风的回答并不直接，只是否定了女主人公就是第二个太阳，即便他同时也证实女主人公是真实存在的一个独立的个体。

同时应当注意，这个不寻常的人物显现出两个不同的外表。首先，她呈现出人类的外形，以"年轻姑娘"的身份居住在海岛的城堡中。尽管如此，姑娘和太阳仍然无法区分开来，因为太阳也呈现出人类的外形，证据就是太阳的光线和姑娘的头发类似。此外，姑娘也呈现出星辰的外形，因为在故事开始的时候，男主人公约瑟亲眼见到早上和晚上都会出现"第二个太阳"，就好像是太阳的复制品。"双日并存"的现象是令人信服的，只要我们充分理解，在天体这种外表之下或许隐藏着具有人形的生命，值得主人公花费气力去寻找，因为这个生命也可能变成"爱的对象"。在神话思维下，这种情形不存在任何矛盾之处：外形的变化不会改变事物的本质。

2. 奥斯拉（Aušra）

奥斯拉和奥斯里内两位姑娘的头发具有相似性，当她们同时出现的时候，就很容易地让我们识别出"第二个太阳"：在介绍奥斯拉女神（拉丁文献中写成"Ausca"）的时候，拉斯可基把她定义为"代表夕阳光线的女神，也会从地平线升起"①；这里的"夕阳光线"指的正是奥斯拉的头发。

识别出"第二个太阳"，并将其确认为奥斯拉或奥斯里内，这样的研究工作使我们的文本更加清晰，同时也使得文本中所涉及的某些事件更加明确。例如，在大众基督教的阐释中，奥斯里内被认为是一名圣洁的处女，这样我们就不难理解，为何那位出发去冒险的主人公拥有一个不太常见的名字：约瑟②。同样，我们也可以理解，为什么只有北风（而不是他的兄弟）知道姑娘的住处，并且还去拜访她：她的住处位于东北方向，根据其他版本的解释，她在自己的住处"每天早晨都为太阳点燃火焰"③，并且为阳光"开道"。

3. 太阳和奥斯里内

太阳和奥斯里内本来是比较接近的，但是在立陶宛神话中，二者长期的对立构成了一个引人注目的事实，并且一直没有得到令人满意的和系统性的解释。梅奴里斯（Mėnulis，即月神）爱上了奥斯里内，这在神的世界中似乎是一个极其悲惨的事件：

> 梅奴里斯孤独地行走着，
> 他爱上了奥斯里内。
> 然而贝尔库纳斯火冒三丈，
> 用宝剑把他砍成两截：
> 你为何抛弃索勒（指太阳）？
> 为何又爱上奥斯里内？
> 为何独自行走？④

---

① 《萨莫吉西亚众神》（De diis），第 40 页。
② 约瑟是耶稣十二门徒之一雅各（Jacob）的儿子。——译注
③ 《立陶宛民俗》（Le folklore lithuanien），第一卷，第 177 页。
④ 《立陶宛民俗》（Le folklore lithuanien），第一卷，第 175 页。

这个文本似乎对应一个爱情故事的结尾，而它的开端则是奥斯里内的诞生。其中一个故事对梅奴里斯的问题进行了解释，我们已经搞清楚为何在接下来的两天两夜中，他并没有升上天空："那是因为……在大地上，在一个遥远国度的贫困家庭中，诞生了一个女孩，具有世间罕有的美貌，任何人都没有见过比她更美的人。一看到她我就混乱了，无法到达天空。"[①]另一篇文本的讲述稍有不同，登场的并不是梅奴里斯，而是索勒（指太阳），她"三天都没发光"，"有一个美丽的公主诞生了，看到她之后我不禁惊呆了，愣了好久"[②]。或者，在这篇文本的另一个版本中："海中央有一位年轻的女孩叫作阿莱娜（Alena），比我更漂亮更耀眼，我被她吸引了，老是盯着她看，三天都没回到空中"。这些文本在一个观点上是一致的：这位刚刚出生的女孩可谓"美之王后"，我们不难猜出，她给对手带来了怎样的情感冲击。

这篇文本的另外一个新的版本提出了一个问题，采取的视角稍有不同：我们在问题中要询问的是，为何在一般情况下，索勒（太阳）每天晚上都会隐去光辉。那是因为"海底有另外一位女孩，力量比我强大，每天晚上，当她从海里走出并升上天空的时候，我就只能敬而远之"。于是我们看到，在文本不同的版本之中，"漂亮女孩的肖像"这个观点被确定下来：开始是一位"漂亮的女孩"，接着转变为"美丽的公主"，比太阳"更加漂亮和耀眼"；她甚至被认为——对于我们来说具有决定性——比天空中的太阳"更具力量"；从水中腾空而起，这个女孩显现为一颗夜间的天体。所以在我们看来，"海中的年轻女孩"和奥斯里内相对等，这一观点就这样被固定下来。

最后一个版本和我们上文描述的情形比较接近：主人公去拜见神，并向他询问："为什么白天变得如此昏暗？"他了解到，是因为"有一位女士在海中溺水了"。事实上我们看到，主人公很快就又照亮了世界，他把奥斯里内头发的映像抛向空中。

---

① 《故事、传奇和祷文》（*Contes, légendes, oraisons*），第 204 页。
② 《故事、传奇和祷文》（*Contes, légendes, oraisons*），第 89-90 页。

（五）"你属于我，我也属于你"

北风赶来向他建议：

——现在等到晚上，姑娘的公牛会从森林中赶回来，后面还跟着三头小牛，公牛会游水过海，直到另一端的海岸。你要紧紧抓牢公牛的尾巴，它就会把你带到海的另一端。接近海岸的时候，你要钻到水里，因为如果公牛看到你的话，就会用牛角戳你。一旦出了水面，你就会在岛上看到桦树的某一条根部。你要藏在这条根的后面，以免公牛找到你。早饭之后，走进府邸，你会在一个房间内发现一位熟睡的年轻姑娘，她趴在床上。你跳到她的背上，就像骑马一样，然后把她的头发缠在自己手上。姑娘会说："滚开，别烦我！不然大地会消失，会变成波涛汹涌的大海。"这时你就回答她："我漂洋过海来到你的身边。"姑娘会把她一开始说的话重复三遍，接着就会改口："你属于我，我也属于你。"这时，你就松开她。

公牛果然从森林中跑出来，后面跟着三头小牛。约瑟紧紧抓牢牛的尾巴，跟随它过了海。接着，他遵照北风的话行事。当姑娘对他说"你属于我，我也属于你"的时候，才松开她。

1. 技术性特征

为了更便于解读这个片段，我们应当把注意力放在叙述结构的某些特征之上，尤其是这些特征还被用于口头文学。

第一个特征是存在一个双重性，即我们首先介绍主人公行动的详细计划，接着又讲述了计划的实施过程。和主人公的行动相比，神话学思维把更多的重要性赋予到主人公的能力之上，似乎具体行动只是对个人能力进行毫无意义的重复展示。因此，"就这样实施了"这句简洁的话语就把主人公的全部行动都概括了。从理论上讲，解读人种志文本并不要求两种方式（潜在的和现时的）存在绝对区别。

需要强调的第二个特征是女主人公内心执念的"三重性"：海岛姑

娘三次强调外人的威胁①，并且让人感觉到她是尽最大能力来抵挡陌生人的攻击。不过接下来她还是让步了，意识也平静下来。

2. 空间问题

我们看到，到现在为止，主人公在森林中成功地通过了对其能力的"考验"，从而转变为强有力的"中介者"（intermédiaire），维系和"天空"这个空间的关联。主人公自我转移的能力是和他变身为雀鹰以及使用神奇的线团联系在一起的，然而这些能力在他到达海边的时候就全部耗尽了。"海岸"代表着北风力量所能达到的极限，此时就连北风他自己都需要新的转移方式。因此，我们可以明确文本中关于空间的分配，将其分为四种小型空间：

/大地/ → /森林/ → /空气/ → /水/

之后，读者的意识不再跟随叙述者的脚步：原本我们认为，主人公变身为雀鹰之后会飞上高空。而且，穿过风神所支配的天空中的大气层之后，主人公就应当抵达神的领域，并且找到奥斯里内。其实，这样理解起来也没有太多错误：主人公确实抵达了某种"天空"，更确切地说是抵达了一个乌托邦世界。在立陶宛神话观念中，这是一个水的世界。立陶宛洪水神话认为大地是维亚斯和旺多欧（Vanduo，水神）投放的一个巨大的盘子，这个盘子占据了各个方向。尽管这样，最终它还是被波涛所吞没。从这个观念来看的话，大地在各个方向上都被水域所包围，这似乎是很明显的：人类的上方存在着水——否则雨水从何处来？人类的下方同样存在着水——否则每天晚上太阳落到山川峡谷之后又在哪里休憩？因此，海洋不仅是一个水域世界，还是乌托邦和神的世界。

然而，水域世界通过与人类无关的方式呈现出来的可能性很小。于是我们在故事中看到，海中央升起了一座小岛，上面矗立着奥斯里内的城堡（或者说是海洋姑娘的宫殿），她的家畜也一同出现，每天早

---

① 指的是姑娘把她一开始说的话重复三遍。——译注

晨这些家畜都会被带到牧场。

在这个空间，新的游戏规则生效了，主人公不能在公牛的帮助下继续他的旅行。因此，主人公到达姑娘身边的过程是困难而复杂的，分为三个阶段：

（1）游泳阶段，把自己绑在公牛的尾巴上；

（2）潜水阶段，以免公牛的牛角戳伤自己；

（3）藏身阶段，当公牛寻找自己时，藏在桦树的树根下。

我们不得不认识到，这一小节似乎已经被过分总结和浓缩，反而让我们觉得它并不是特别的清晰，只能寄希望于新的关于信仰的文本分析资料，以便增加我们在这方面的知识。在这一小节中，公牛承担的角色也很有价值，它以"姑娘的辅助者"和"小岛守卫者"的姿态出现，在并非自愿的情况下，协助男主人公（指约瑟）跨越了海洋，这与海洋姑娘的行为方式颇为类似：起初姑娘也是极力抵制男主人公约瑟，后来才顺从了他。作为奥斯里内中了魔法的哥哥（第十一小节），公牛的角色是令人不快的，它给可能到来的营救者施加压力，还对其进行抵制。然而必须承认，桦树的树根也是约瑟的辅助者，这一特征对于我们来说是隐晦的。

3. 奥斯里内的公牛

我们发现公牛承担的角色是海洋姑娘的守卫者，这并不使人感到意外：从神话层面上讲，公牛并不是一种水中的生物，公牛之神"鲍比斯"（Baubis des Taureaux，通常也写成"Bubalis""Baubaušis"和"Baublys"）是牧场里羊群的保护者，这位神祇居住在水中或沼泽中，有时呈现出公牛的外表，有时却呈现为一只鸟，不过这只鸟能够像公牛一样发出哞哞的叫声。移动的湖泊伪装成彩云的形式，被公牛带到预先设定的地点，甚至湖泊被直接等同于公牛，二者被视为同一种事物。如何给这些移动的湖泊命名呢？据猜测，原本给公牛起的名字都被分配给了它们。

上述观点并不是主张把公牛之神鲍比斯等同于我们文本中的公牛：仅仅是为了强调公牛与水的关联，进而考虑公牛和奥斯里内的亲属关系，因为奥斯里内显然就拥有自己的牲口，即公牛。在另一篇类似的文本中，"世界上最美的女孩"被找到，并且被挟持到皇宫里。女孩答应去皇宫，但是也提出了要求：把她的母牛及十二只牛崽也一同带过去。另外，在一些谜语中（谜底是单词 rosée，意为露珠），奥斯里内被认为是一位年轻的女孩，"她会去放牛"，或者是"让牛去吃草"①。

我们在另一组故事中发现了同一个主题，即前文已经开始分析的"寻找海洋姑娘"。年轻女孩的牲口是"铁质母牛"（Vache de Fer），其数量在各个版本中都有所不同（从 1 到 25 只不等）。这样的铁质母牛——或者简单地说就是这些母牛——被带到国王的宫殿中，国王自然是想娶年轻的女孩。然而，国王首先要经过考验：这些铁质母牛产的奶被煮沸，要在沸腾的牛奶中沐浴，这样能使国王变得既年轻又英俊。于是，国王就跳入沸腾的牛奶中，然而却因此丧命。不过，主人公约瑟发现并带走了年轻的公主，他接触到同样沸腾的牛奶，却变得更加帅气。约瑟因此得到了年轻女孩的垂青，并理所当然地继承了这个王国的王位。

显然，和上面这一组故事的情节类似的是，奥斯里内和她的牲畜被统一在一起，因此奥斯里内拥有上述故事中出现的同样的特征：奥斯里内是美之女神，主人公约瑟给她提供了神奇的苹果，使得她年轻而美丽，但是母牛产的奶也具有使人变得年轻和美丽的魔力。"铁质母牛"这个形象在立陶宛语境中和在大多数印欧神话中所承担的功能是等同的，可以说"铁质母牛"（我们前文已经对其进行解读）这个母题一下子提高了奥斯里内这个神话人物的分量。

为了更加准确地介绍印欧比较神话学所采用的方法论，研究者做出了不少努力，这促使我们对杜梅齐尔的神话分析进行研究。更为确切地讲，杜梅齐尔对同一则神话的三个不同版本——印度的、罗马的和爱尔兰的进行了比较，而我们正是要研究他在比较过程中采用的方法和步骤。②杜梅齐尔把"皇家母牛"（Vache royale）的神话形象看作当地民族主权意识的其中一个特殊要素。印度人都认识一种"丰腴的

---

① 《立陶宛民俗》（*Le folklore lithuanien*），第五卷，第 463-464 页。
② 《比较神话学》（"La mythologie compare"），收录于《论意义》（*Du sens*），巴黎，1970年，第 117-134 页。

母牛"（Vache d'Abondance），加冕仪式刚结束，国王就应当把母牛抓来，用它的奶来哺育百姓，抓捕母牛是对国王能力的考验。类似的角色也出现在罗马城，落在"帝国母牛"（Vache d'Empire）的身上：这是一个象征，代表了罗马的力量，也表明帝国能够给民众带来财富和各种福祉。在爱尔兰，"木质母牛"（Vache de Bois）扮演了相反的角色：国王没有恰如其分和全心全意地款待和尊崇宫廷里的诗人，结果他丧失了统治者的资格，还不得不给木质母牛挤奶；国王喝了有毒的牛奶之后死去。我们看到，这个神话故事的立陶宛版本和爱尔兰版本很接近：在立陶宛版本中，铁质母牛提供煮沸的牛奶，国王在里面沐浴，却失去了统治者的资格，因为他和主人公相比，还不具备足够的知识，而主人公则通过了所有的考验。这似乎表明，王位并不是传给有血缘关系的继承人，而是属于主人公约瑟，他选择的才是"正道"，凭借自己的优势获得了这一切。

因此，奥斯里内展现出一个我们未曾预料到的、全新的且独一无二的特征：她不但是美的化身，在某种程度上，还把美分配给人类。在某种意义上，她还参与最高权力的分配。

还要注意，有些神话版本引入的并不是铁质母牛，而是一只"海洋母马"（jument des mers），或者是普通的母马（这种情况更罕见），就如同在某些文本当中，出现的并不是公牛，而是马或者是"银质马"（cheval d'argent）。海洋生命呈现为动物的外形，而且在不同的版本中出现了上述混乱，但我们很快就会发现混乱并不是偶然的。

4. 奥斯里内——海洋母马

我们所研究的这一小节主要讲的是"主人公如何征服奥斯里内"，约瑟根据北风的建议，遵循一种极不寻常的程序来"征服奥斯里内"。在这一行动中，北风承担的角色具有决定性，他充分了解奥斯里内的性情，还拥有必要的知识来控制她。北风之所以具备这样双重的知识，完全是因为他了解奥斯里内的本性中可能隐藏着的秘密，比如奥斯里内同时也是海洋母马："跳到她的背上，就像骑马一样，然后把她的头发缠在自己手上"，这是北风给约瑟的建议。只有承认"奥斯里内是母马"的假设，文本的脉络才真正变得清晰。于是，当年轻姑娘威胁说要把大地变成海洋的时候，约瑟说道："我漂洋过海来到你的身边。"叙述者还忘了补充一点，在年轻姑娘的住处还存有马笼头和马鞍，关于这一点我们稍后（第十小节）就会详细分析。

　　奥斯里内的这个新的外形不会让我们感到特别的意外，因为这个外形从一开始就已经出现。因此，在其中一个故事中，有一位王子来拜见梅奴里斯（月神），向他询问通往年轻姑娘住处的道路，王子还说年轻姑娘居住在"牛奶河、甘美森林后面很远的地方，在一座谷仓的顶端，上面坐着一只天鹅"。梅奴里斯同意帮助他："我知道她住在哪里，和我同一个方向，我可以带你去！"梅奴里斯给他提供了一匹质量上乘的马，协助他跨越牛奶河及甘美森林。一看到姑娘居住的那座"三层"的高大城堡，这匹马就给王子提供了最后一些建议。此时，叙述者介入故事中，向听众解释说，"这匹马其实就是梅奴里斯变的"。[①]梅奴里斯呈现出双重的外形：人和动物，这对于神话思维来说是不成问题的。一个很知名的谜语确认了这一点："周三和周六，这匹'神奇的马'诞生了，戴着金质马笼头和银质脚掌（谜底就是梅奴里斯）"。

　　到现在为止，我们就可以为奥斯里内建立起可能的外形模式，不同的外形对应不同的空间：

奥斯里内　～　<u>年轻姑娘</u>　～　<u>星辰</u>　～　母马
　　　　　　　　大地　　　　　天空（空气）　水

在这种视角下，我们的叙述就变得比较明显了。年轻姑娘的威胁是："滚开，别烦我！不然大地会消失，会变成波涛汹涌的大海。"把大地变为海洋的同时，奥斯里内本身也将会变为母马。如果主人公得到北风启发之后还是不了解这一点，或者主人公约瑟不能提前得知这匹母马（奥斯里内变成的）出现的地点，那么姑娘的威胁就有可能带有危险性。

---

① 《故事、传奇和祷文》（*Contes, légendes et oraisons*），第51-56页。

5. 你属于我，我也属于你

关于主人公的叙述似乎已经耗尽，戛然而止：他寻找第二个太阳的行动完成了。在行动的第一阶段，他获得了神奇的苹果，可以使他获得爱的渴望和能力。眼下，他刚刚捕捉到他的最爱，也就是与价值对象实现了"合取"（conjonction）。

"你属于我，我也属于你"，这句话成为一种标准的语句[①]，我们经常在仿古的文本中发现这样的特征：这句话意味着新型夫妻关系通过契约的形式得到巩固。

（六）对奥斯里内的颂扬

约瑟和姑娘在岛上生活了好多年，自己也获得了一个下等职位，成了姑娘的仆人。每天清晨，他在海的对岸放牛，公牛也不再攻击他。

一次，约瑟发现姑娘的一根头发挂在一株野玫瑰上，接着还发现了一颗空的榛子壳。他悄悄地把这根头发塞到榛子壳中，然后扔进大海，海底立刻迸发出一根光线，在天空中倒映出一颗巨大的星星。

1. 奥斯里内的仆人

我们觉得，在某种意义上，这个小节可以被当作文本的结尾部分：因为在这个小节之前，我们主要是叙述，但是从这里开始就转换成了对于情形的描述。标志性的一句话是："约瑟和姑娘在岛上生活了好多年"，这句话强调在冒险事件之后，安静与和平的状态被建立起来。

这个新的状态实际上就是婚姻：约瑟和奥斯里内成了一对夫妻，但是在社会层面，奥斯里内是海洋公主，而约瑟则处在仆人的位置上。这不是一桩门当户对的婚姻，它似乎对应苍穹中两颗星辰在宇宙中的情形：耀眼的奥斯里内出现在天际，后面跟随的是她的仆人，显得比她要小，"（奥斯里内）是一颗启明星（aušra＝晨曦）"；奥斯里内的光线比第一缕阳光先一步抵达天空。上了年纪的人仔细端详着她，因为

---

① 《立陶宛故事荟萃》（*Contes lituaniens divers*），第 178 页。

她总是和自己的"塔尔奈提斯"（Tarnaitis，意思是仆人）一块出现在天空。老农们都说，如果塔尔奈提斯首先到达天空，走在奥斯里内的前头，就会预示一个瑞年！塔尔奈提斯走在奥斯里内的前头，这表示农场主在后面追着众人，想要雇用他们（当然，众人也向农场主要求丰厚的报酬）。然而，假如看到奥斯里内后面跟着她的仆人，农夫们也会十分高兴：仁慈的神啊，仆人们应当向我们鞠一次躬，而不是我们向他们鞠躬①。这里是把奥斯里内和塔尔奈提斯之间的关系与农民生活中至关重要的"农时"联系在一起。与此同时，我们的文本还呈现出一种追根溯源的叙述，它揭示了奥斯里内的仆人（塔尔奈提斯）及其职责的起源，即每天早晨跨越海洋/天空到牧场放牛。

2. 天空中的奥斯里内

然而，我们的文本并没有完成对塔尔奈提斯起源的解释：原本稳定的情形由于新事件的出现而变得混乱不堪，新事件使主人公给自己的整体活动赋予一种意义。乍一看，新事件的启动被置于偶然的符号之下：第一次，主人公"发现"了一根头发，第二次发现的是榛子壳。某些人种志学者会把主人公的被动看作叙述的单薄和空缺，恰恰相反，主人公在命运范畴内的活动反倒让我们觉得这正是叙述具有仿古特征的证据。

"头发"的含义也是同样的情况，主人公发现的这根头发是奥斯里内的化身。然而，为何这根头发要和野玫瑰联系在一起，我们不甚了解。

至于榛子壳，简单说就是一个空壳，里面并没有内核，缺乏胚胎。少了这个胚胎，动植物和人类就不能够成长。所以，榛子壳的象征意义没有任何问题。然而我们不应该忘记，在大洪水之后，人类之所以能存活下来是多亏了榛子壳：当上帝看到最后两个年迈的巨人溺水的时候，他正在啃着榛子，出于怜悯，扔下一只榛子壳给这两位可怜的人，让他们可以死里逃生。不久后，在地球上便诞生了第二代种族，也就是人类。"橡子壳"（le coque de gland）能够起到和榛子壳同样的

---

① 《故事、传奇和祷文》（Contes, légendes et oraisons），第 163 页。同时，"仆人们向农夫们鞠躬"意味着农夫们获得了大丰收，需要雇用自己的仆人来完成农活。——译注

功能：即使女神里尤博热尔达（Liubegeldae）①的名字对研究者来讲还是个谜，尚未得到解释，可是她的活动却已经被拉斯可基详细确定下来，其中有一句立陶宛引语，经过对原句的修改，可以将其翻译为："里尤博热尔达利用橡子壳，越过大海将谷物传送过来"，这句话也被另一句拉丁文评语所验证："在橡子壳里"（In putamine glandis）②。谷物、人类以及天空中群星的起源，都与水有着不解之缘，而在这一过程中的媒介便是榛子壳或橡子壳。

因此，主人公只需要把象征奥斯里内的那根头发放在榛子壳中，接着将其抛入海底，奥斯里内就可以发光，并且在天空中倒映出来，呈现出星辰的形象。因此，我们就可以看到奥斯里内是如何"升入天空"，又是如何呈现出星辰的形象，我们对这一程序做了详尽的描述。某些神话学家论及"天的身体"，或者是构建出一类独立自主的"天神"：例如根据立陶宛宗教的观点，天空中发生的一切都只不过是深海生活的反映。从更广义的角度来讲，形形色色的表层形象所表现的也只不过是多种多样的深层实质。

从叙述平面来讲，奥斯里内升到空中，这是男主人公所促成的，这既是对男主人公的最后一次考验，也是对他的奖赏，因为奥斯里内显然给男主人公带来了荣耀。我们发现，标准化模式的颠倒显得意味深长：男主人公对于"自我地位的确认"毫不在意③，然而他却竭尽全力向整个宇宙宣示心爱之人的美丽和荣耀。

我们文本的第一部分④不仅表现为一种完整的神话，同时也表现为一种"双重"的穷本溯源的神话，这主要体现在：其一，塔尔奈提斯——作为奥斯里内的仆人——的出现；其二，对奥斯里内（星辰）升入天空的探讨。

---

① 这里的女神是复数形式，她们都被称为"里尤博热尔达"。——译注
②《萨莫吉西亚众神》（De diis），第 42 页。
③ 指男主人公心甘情愿做女主人公的仆人。——译注
④ 这里所说的"第一部分"，指的是"从约瑟出发去冒险，直到他和奥斯里内结婚"。——译注

（七）另一个世界

有一位王子正在海面航行，看到了这一奇观，驾着他的船径直朝这颗星奔来。等到接近的时候，透过望远镜来观察它，终于发现了水下的榛子壳。王子急匆匆地返回家中，他有一位祖母，是个巫婆（ragana）。

——祖母，你说，这根头发到底是什么？

——这头发属于一位年轻的姑娘。

——你能把她带到这里来吗？（为答谢你）我将为你打造一张黄金摇床，让你日日夜夜在那里享福。

于是，这位巫婆变身为一位乞讨者，来到了姑娘家里，巫婆谎称自己是被人遗弃在海边：

——我是一位可怜的乞讨者，我在街头乞求别人带我一起走，可他们却把我丢在这里。姑娘，行行好吧，收留我做您的仆人吧，我将会成为您忠实的侍者。

姑娘接受了她的请求，巫婆在那里待了两周，获得了信任，被认为是忠实的仆人。凡是姑娘所吩咐做的事，她都完成得极为出色。有一天晚上，巫婆见了王子，命令他打造一只纯金的小船，并且赶到发现榛子壳的地方，巫婆还要求用白银建造一座桥。

1. 一则神话还是两则神话？

我们有这样一个印象，即似乎从这时起，作者就开始讲述一个完全不同的故事，将另一个主体，或者说一个"反主体"（anti-héro）推向前台，比如这位王子。这里所涉及的到底是一则神话还是两则神话偶然组合到了一起？我们暂不考虑这个问题，只是首先在两种叙述之间——相当明显地——努力构建一种平衡性：

约瑟发现了奥斯里内	王子发现了奥斯里内
（以第二颗太阳的面貌）	（以星辰的面貌）
约瑟想要找到她	王子想要把她带走

约瑟的辅助者是北风	王子的辅助者是巫婆
约瑟的战斗是光明正大的	王子的战斗是不正当的
（借助力量）	（借助诡计）
约瑟留在奥斯里内家中	王子把奥斯里内挟持到自己家中
赞美奥斯里内	奴役奥斯里内

主体（约瑟）和反主体（王子）所涉及的叙述程式是相似的，而且二者的经历遵循同一个行为者模型，然而约瑟和王子这两位人物的行为方式、各自的辅助者，以及他们与价值对象（即奥斯里内）的关系却是截然相反的。鉴于二者的行为是发生在神的世界而非人的世界，通过考察主体、反主体各自行为的"操作方式"（modi operandi）以及他们的辅助者类型，就可以（至少在某种程度上）预料并确定这两个人物形象所从属的特定的神话范畴。

2. 巫婆（Ragana）

为了帮助约瑟，风神一家都自发地到场了，王子选择的辅助者和他有血缘联系，即他的祖母，也就是巫婆"拉佳娜"（Ragana）。此外，虽然祖母对孙子的协助显得比北风更为自然，因为后者对于约瑟来讲是完全陌生的存在，但是王子之所以能获得巫婆的帮助却是基于一个许诺：给她打造一个纯金的吊舱式摇床，也就是说，二人之间依据的是交换和付报酬的原则。此外，巫婆的行为方式是隐瞒和欺骗，"乔装打扮成乞讨者"，并没有显示出其本来的面目，而是通过其他的外形现身，这样的言语、手势或体态交流被叫作"谎言"（mensonge）。上述两个特征①足以勾勒出"魔鬼王国"（royaume du diable）的要素，而魔鬼王国在立陶宛语境中是广为人知的。

自从 17 世纪以来，人们就把"拉佳娜"和"梅代娜"（Medeina）并称为森林女神②——"拉佳娜"存在于大量的立陶宛故事中，表现形式五花八门，有的时候她象征着堕落："拉佳娜-巫婆"（ragana-sorcière）在 19 世纪立陶宛的大众信仰中无处不在。尽管如此，拉佳娜仍旧可算是

---

① 两个特征，其一是巫婆与王子建立了交换关系；其二是巫婆的行为方式是隐瞒和欺骗。——译注

② 《萨莫吉西亚众神》（De diis），第 40 页。

一个神秘的存在，她的神话学轮廓还远未剖析。"ragana"（拉佳娜）这个单词的词源（paraguone"预测未来的女性"，pa-redzet"预测未来"①）和这位巫婆的具体行为存在着不小的距离。更有意思的是，我们的文本强调了拉佳娜的主要特征：她知识丰富，不仅通晓未来，还可以利用自己的技能来左右未来。文本中的王子只是在榛子壳内看到了一根普普通通的头发，而王子的祖母，也就是巫婆，却了解这根头发背后所隐藏的本质；同时，拉佳娜可以组织未来的发展程序，她不仅能够合理安排自己的行为，连奥斯里内的所作所为都逃不过她的眼睛。她的操作模式有点类似于"术士"（magicien）的活动，在王子的身边有大量的术士，他们和神是截然相反的存在，神只是预测未来，而术士则企图依据自己的意愿来引导未来。

在神话世界中，尽管形形色色的特征都可以勾勒出巫婆的活动，但我们只关注与文本内在价值的形象体系直接相关的特征。第一个也是最重要的特征是巫婆的活动范围和水的世界是毫不兼容的：据直接的信息称，巫婆缺乏"水上"功夫；为了保障孩子免遭巫婆的拐骗，人们把孩子们放在一艘小船上，并且推着它在水中前进，而巫婆则挖空心思地诱导小船靠岸。关于这个主题我们还可以举出其他例子，很明显，巫婆所代表的神话空间和奥斯里内的水中王国是截然相对的。

巫婆被动地承担着对水的恐惧，然而也不应该忘记，作为奥斯里内的仆人，女巫的活动之一就是让牛奶"变质"。这项活动表面上是针对奥斯里内的牛群，但我们也可以理解到，从更普遍的意义上讲，这种具有危害性的活动构成了对奥斯里内及其代表的价值观的隐形攻击。

3. 卡勒维里斯（Kalevelis）②

我们努力遵循一项原则：主人公的身份通过自身的行为来确认。然而，王子似乎没有什么行为可言，他的行为是"缺位"（absence）的，这一点很明显。王子的行为只在一个领域体现出来：向祖母允诺，给她打造一张纯金的摇床，过了不多久，又根据巫婆的指示，建造了纯

---

① 《精选集》（*Oeuvres choisies, Būga RR*），第二卷，第 257-258 页。
② 波罗的海地区的锻造之神。——译注

金的船和纯银的桥；因此王子是贵金属的锻造者，即金银匠。

　　我们不禁要把王子的形象和立陶宛古代的一位神祇联系在一起，即"锻造之神"卡勒维里斯，人们于 1261 年证实了他的存在（是根据马拉拉编年史中"Teliavelis"一词的拼写重构出来的）①。在吉·杜鲁高茨（J. Dlugosz，15 世纪中期）所编纂的罗曼语注解中，这个神名和乌尔卡纽斯（Vulkanus）相对应。但是与卡勒维里斯相关的文献不太完整：在拜占庭编年史中，我们只注意到他锻造了一颗太阳，并把这颗太阳挂在天空。我们还补充了一些信息，都是从人种志资料中所获得的。

　　维尔尼亚斯（受到基督教贬低，说他和"魔鬼"是同类）②和铁匠之间的联系，以及铁匠和魔鬼世界之间的联系，在我们看来都是令人确信的了。在解读《毫不畏惧的让》（Jean sans peur）这个故事的时候（有研究者从别的角度研究过这个故事），我们在某个片段中遇到了真实的维尔尼亚斯——此时他并不是魔鬼，也没有准备让人反胃的碎肉——他和故事中的主角打赌，用锤子把铁片深深地埋入地下；更让我们注意的是，打赌的双方在更为广阔的地下铁匠铺同时出场。还有一个形象被称作"乌尔松"（Ourson），他是熊和神界的一位女性所生的儿子，"他被流放到地下，却发现了另一个世界……他找到了铁匠铺，走进去之后看到铁匠正在工作。铁匠在铁片上捶打一下，就出现（或锻造出）一只小魔鬼"。乌尔松发现这一切，感到很惊奇："这个世界太有趣了！"③如果一个人擅长施诡计，我们就会说这个人是"被铁匠锻造出的小魔鬼"。

　　维尔尼亚斯成了"能锻造出魔鬼的铁匠"，这个形象极富内涵。然而，似乎是多亏了"锻造之神"卡勒维斯（Kalvis）④的帮助，铁匠铺的秘密，即铁匠能锻造出小魔鬼（铁匠因此被认为是地狱的魔鬼），才可以被知晓。然而，从这时候起，维尔尼亚斯和卡勒维斯的关系也变

---

　　①《立陶宛故事》（Contes lithuaniens），第一卷，第 188 页。
　　② 在立陶宛文化中，维尔尼亚斯被认为是地狱之神。——译注
　　③《故事、传奇和祷文》（Contes, légendes et oraisons），第 97 页。
　　④ 卡勒维斯（Kalvis）即上文提到的卡勒维里斯（Kalevelis），也就是"锻造之神"，他的名称在演变过程中的两种不同叫法。——译注

得模棱两可。然而，据说死后的卡勒维斯把地狱所有的魔鬼都抓了起来，上帝不得不把卡勒维斯接到天空中，才能把魔鬼重新放回地狱；另外一次，故事中的主人公和维尔尼亚斯打赌，告诉他自己的铁匠兄弟居住在天空，结果让维尔尼亚斯产生了恐惧。以上两种情形，可以显示出卡勒维斯有能力镇住魔鬼。最后一个故事似乎和前几个有些矛盾，但也提及铁匠，他在自己的铺子中放置了维尔尼亚斯的肖像，并且不断地嘲笑他。维尔尼亚斯进行了报复，结果铁匠被绞死。卡勒维斯和维尔尼亚斯之间模棱两可的关系至少表明，在某种程度上，卡勒维斯有能力保留自己的神话形象，尽管人们对他的信仰不断贬值。

目前，我们很难说王子的形象是否和神祇卡勒维里斯等同，不过这根本不是我们研究的意图。我们的研究只是想通过维尔尼亚斯和卡勒维里斯这组对立的形象来阐明立陶宛神话的范畴：维尔尼亚斯和卡勒维里斯之所以被联系在一起，是因为二者与拉佳娜存在亲属关系。

（八）奥斯里内的视角

早晨八点钟的时候，姑娘起床并走出她的城堡。这时，她见到了一只崭新的而且从没有见过的船。巫婆见状，就开始引诱她：

——我们去看看吧！

年轻的姑娘光着头就走了出去，她想回屋去找自己的头巾，巫婆却对她说：

——我帮你带过来！

姑娘的丈夫（指约瑟）此时还在熟睡，巫婆拿起一把刀，割断了他的脖子，把他的肺和肝都掏了出来，走出门的时候，就把这些东西都扔到了海中。然而，姑娘完全没有注意到这些，她走向船，看到上面空无一人。而这时巫婆又开始怂恿她到船上看看，姑娘刚跨上甲板，这只船就开足马力离开了。王子出现了，把姑娘带到了自己的领地。

——别害怕，在我家你会生活得比这儿更好。我有一个王国，还有军队。

王子把她带到了自己的王国，想立刻与她结婚。

——一年之内我无法结婚，我父亲刚刚去世，我要为他守孝。

她能做的，就只有拖延婚期。

1. 叙述组织

"反主体"的引入和新的叙述程式——诱拐奥斯里内的发展都使叙述者面临更为复杂的工作。一方面，必须持续关注主人公（指约瑟）的命运，同时还要展开第二情节。从叙述技巧上来说，必须承认，叙述者相当出色地完成了任务，他编织的不同场景实际上从属于两大（叙述）程式。这些场景分布如下：

一、诱拐（吸引）奥斯里内；二、谋杀主人公；三、诱拐（劫持）奥斯里内；四、主人公死而复生；五、解救奥斯里内。

简洁性原则使我们不再去考虑上述话语的"变体"（variations）：一方面，把第一场景和第三场景组合起来；另一方面，把第二场景和第四场景也组合起来，我们就得到了两组同质的叙述片段。

2. 奥斯里内的主显节①

在前面的小节中，我们看到，巫婆命令王子建造了纯金的船，还有一座纯银的桥：尽管这个命令的主要含义——渴望把奥斯里内吸引到船上，然后挟持她——是比较明确的，但这个诡计的外形仍然有待解释。在两位对手——主体和反主体之间建立的相似性有助于我们理解这种内涵。主人公（指约瑟）赞美奥斯里内，想要把她安置在天空，反主体（巫婆）从自己的角度出发，也为奥斯里内提供了别出心裁的舞台，目的也是恭维她：一艘纯金的船，一座纯银的桥，金发美人走上桥头——这种诱惑是任何女性的心灵都无法抵挡的，于是奥斯里内现身了，清晨的时候，她缓缓地走了出来。

另一个叙述中出现了类似的情形，即使它的语境和我们的文本极为不同：海洋姑娘被挟持并不是因为对方不道德，而是恰恰相反，理由非常充分，挟持者正是主人公本人，因为主人公肩负着一个使命，

---

① 在希腊文中，"主显"一词指的是"神的出现，使得人可以用肉眼看见"。而在文中，"纯金的船"吸引了海洋姑娘（也就是女神奥斯里内），使她得以现身，所以称为"主显节"。——译注

就是把姑娘带给自己的君主。这里涉及的只是叙述者特意选择的视角，是从教化的角度对事件进行描述。然而，尽管同一批人物出现在这里，可这些人物所承担的功能却通过另外一种方式进行了分配：作为主人公的辅助者，卡勒维斯这位铁匠杀掉了追捕他们的巫婆。不管怎么说，当主人公到达海边的时候，他骑的那匹卓越的小马要求把自己开膛破肚，然后把肠子取出来，秘密地埋在地下。同时，把马的肺部也取出来，扔在海面上，坐上去穿越大海。到了海中央，小马的肺部变成了一艘纯金的船，接着就把海洋姑娘吸引到了船上。不过，从海中央返回的时候，这艘"纯金的船"又回到了原始的状态，也就是小马的肺。故事还在继续：年轻的姑娘很是气恼，她把脖子上戴着的项链抛到海中。我们了解到，项圈上的珍珠正是奥斯里内散落的一滴滴露珠。主人公必须随即返回大海，把珍珠捡回，这样才能带回这匹公马和九头母牛，接下来才能沐浴在牛奶之中，使自己变得更加英俊，最后和年轻的姑娘结婚。

我们差不多完整地总结了这个故事，从而阐明"纯金的船"这个母题（motif）是出现在一个普遍性的主题（thème）①框架之下。尽管文本有所改变，但是这一主题大体上并没有改变。同时我们还得以阐明，小马的肺部转化为小船，这一事件的主要功能就是促使海洋姑娘现身。

（九）死亡和重生

姑娘的丈夫（指约瑟）此时还在熟睡，巫婆拿起一把刀，割断了他的脖子，把他的肺和肝都掏了出来，走出门的时候，就把这些东西都扔到了海中。然而，姑娘完全没有注意到这些，她走向船，看到上面空无一人。而这时巫婆又开始怂恿她到船上看看，姑娘刚跨上甲板，这只船就开足马力离开了。王子出现了，把姑娘带到了自己的领地。

——别害怕，在我家你会生活得比这儿更好。我有一个王国，还

---

① 这一主题在民间故事中普遍存在，即"主人公经历冒险之后，一般可以娶到美丽女子"。——译注

有军队。

王子把她带到了自己的王国，想立刻与她结婚。

——一年之内我无法结婚，我父亲刚刚去世，我要为他守孝。

她能做的，就只有拖延婚期。

四位风神此时赶来，把最新的消息告诉他们的母亲。他们发现，在母亲的果园中，所有的苹果都干瘪了。

——母亲，怎么会这样？

——快去看看，为我们守护果园的朋友是不是死了。

四位风神发现他的喉咙被割断了，就立即在水边和水下到处寻找他的肺。突然，他们发现一只巨大的螯虾正把男孩的肺和肝拽向岩洞，于是就把这些内脏都抢夺回来。北风潜入海底，带回痊愈之水和生命药剂。接着，四位风神把药剂涂在男孩身上，用痊愈之水洗涤他的身躯。约瑟就这样活了过来，毫发无伤。

风神询问他：

——姑娘在哪里不见的？

——不知道呀，我刚刚睡着了。

——有人割断了你的喉咙。

1. 死亡

我们将要考察的这个小节由两个场景构成，分别描绘主人公的死亡和重生。

应当把死亡过程分成三个不同的阶段：

（1）割喉；

（2）把肺和肝浸入水中；

（3）把这两种器官传送到螯虾的洞穴中。

死亡远远不是要构建一个状态的转化过程，而是一个复杂的程序。我们可以借助算法的形式来表现它，这种算法在符号学矩阵上实施两种逻辑操作：

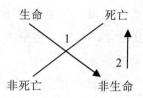

图一　有关生命和死亡的符号学矩阵

下文我们将明确分析上述图示的含义。

1.1 肺

在立陶宛民族的人类学思维中，肺和肝都被认为是人体最重要的器官，关系到人类的健康和力量。从广义上讲，也关系到生命本身。这里就有个例子，我们在一个故事中看到父亲怒气冲冲地对小儿子发火，命令儿子"把自己（也就是父亲本人）带到森林里去，切碎并且埋起来，然而还要把自己的肺和肝再带回家中，以此作为执行自己命令的证据"①。不过，肺和肝作为死亡的证据仅仅对人类有效，不适应于高等的具有神力的生命体，比如巫婆：于是，有一天，我们成功地用麦秆烧死了巫婆，"烧得只剩下肺部和腹部（可能是肝脏）"；因为肺部和腹部继续漂浮在池塘上，人们将其叫作"Plaučiabalė"（漂着肺部的池塘）。另一个故事为我们描述了一个更加不可思议的事件，这个故事的主人公是一位年轻的姑娘，她懂得如何跟踪并抓住自己的三个"死灵魂"（vėlės）。她身边的男主人公非常疲惫，接着就睡着了。姑娘的巫婆母亲割断了他的喉咙，掏空了他的肺和肝。姑娘赶紧回到家，看到她的巫婆母亲已经把男孩的肺拿走了，她一把夺过来，把肺放回原处，然后把小伙子的身体重新缝合。男主人公像没事人一样，继续熟睡（这一过程持续了三次）。巫婆不惜一切代价，想要把男孩的肺扔到一锅沸水之中。而姑娘把男主人公从死神那里拉了回来，也证明了自己"能在半路抓住死灵魂"（所谓死灵魂，指的就是肺部，或者是身体中的灵魂）。

这个文本特别有意思，把肺和"灵魂"等同在一起，揭示了"形

---

① 《故事、传奇和祷文》（*Contes, légendes et oraisons*），第 126 页。

体灵魂"（âme corporelle）的前基督教观念，这种观念尚未经历灵魂和身体的二分法。此外，它还准确地定义了"死灵魂"（vėlė）的概念：离开躯体之后，这种灵魂踏上了"死亡的道路"，就如同被巫婆带走的肺，最终"跑到"沸水之中，然后消失。"vėlė"表现为"气息""气味"或"蒸汽"的形式，而它的生命本源存在于肺部之中，同时就像我们的文本所讲述的那样，灵魂的存在终结于水中。

我们还要注意，上文把生命的本源等同于"死灵魂"，这种本源也可以表现为其他的形式，比如"dalis"（运气或命运）。我们了解到，对于"bedalis"（不走运的人）而言，他的运气可能会降临到自己的配偶的身上，甚至降临到一只羊或一只狗的身上，标志就是这些人或动物都获得了礼物。此外，运气（dalis）也可以从一个生命体转移到另一个生命体。下面我们就针对这一转移过程进行描述，一头母牛被宰杀，它的运气就被转移给人类："妇女把肺和肝，还有一些其他的东西都放到平底锅中，开始加水煮沸。当锅里的东西有点熟了，就把它们切成小块给孩子和丈夫吃，自己也品尝了一小块；突然，人们看到她的孩子、丈夫以及她自己都拥有了各自的运气。"[①]"dalis"和"vėlė"是一回事吗？我们暂不考虑这个问题，因为要解决这个问题就需要另一份研究。但是应当注意，"laimė-dalis"（命运-运气）本源的所在之处被定位于肺和肝。

1.2 肝

我们看到，肝（kepenys/kepsniai 或 jeknos/jaknos）和肺是不可分离的，特别是描述人类生命本源的时候。如同词源（kep-enys "肝"，kep-ti "蒸煮"）所揭示的那样，肝是热量的生命中心："当我们和灾祸打交道时，肝就发热了。"但是，肝同时也构筑了情绪的显现空间："我的肝开始发热了（=我发火了），因为他不断地戏弄我。"（《立陶宛语言大辞典》）人类的力量源泉存于肝脏之中：动词"jaknintis"指的是"力图，不惜力，跨越"，肝这个词同样隐含着健康：当人们谈论一个虚弱和生病的人时，就会说"臭虫从肝脏中掉出来"（《立陶宛语言大辞典》）。

---

① 《立陶宛故事》（Contes lithuaniens），第一卷，第 117-118 页。

最后，肝脏还转化为道德价值的所在地，成为"意识"（conscience）的同义词："你给我造成的命运也将会落到你的肝脏上，也就是注入你的意识中。"（《立陶宛语言大辞典》）

1.3 维兹斯（Vėzys）①的王国

"维兹斯"，我们的文本中将其认定为"大螯虾"，其他的文本把它叫作"螯虾的国王"，它在海底拥有自己的王国。它把主人公的肺和肝拉回到自己洞穴之中，从而把这些器官带到了真正的死亡地带，北风勉强把它们从灾难中拯救回来。"维兹斯"虽然败退，但它的目光仍然盯着活人的世界，把死者的灵魂（这个词的词源，"vež-ti"，意思是引导）拉回到死亡地带，并且把这些"死灵魂"打造成死亡之国的理想卫士。

在与海洋姑娘有关的其他叙述之中，我们在"维兹斯"身上发现了和前文类似的角色："男主人公骑着一匹矫健的马，这匹马命令这位头脑简单的人（指男主人公）割断自己的喉咙，并且把自己身上的一块马肉扔到大海中；维兹斯就会来寻找这块肉。趁这个时候，（主人公）可以抓住维兹斯，要求它召集所有的螯虾，然后从海中拿出公主的保险箱和嫁妆。""维兹斯"是海洋姑娘嫁妆的守护者，或者至少是保险箱钥匙的守护者，巫婆就把年轻的姑娘关在这个保险箱内。受"维兹斯"控制的还有一颗蛋，有了这颗蛋，就可以给海岛上的玻璃山浇水，从而使整个王国复苏②；另一颗蛋保存着"国王的灵魂"。我们之后会分析这颗蛋的形象。

一旦进入了这个死亡的世界，就无法返回。死亡国度和生者的世界是严格分离的，一旦了解死亡之地的秘密，就不得不进入永恒的死亡状态。这个规则不但对人类有效，也同样适用于神：维亚斯的儿子想要掏空海水，以便探寻海底的秘密，结果在波涛中丧命。死亡世界和生命世界之间，存在一个中间区域，那里活跃着不少生灵，可它们既不是真正的"生者"，也并非"死者"，这就是死灵魂、巫婆（她们

---

① "Vėzys"对应的法文单词是"écrevisse"，意思是大螯虾，然而在立陶宛语中，这个词是阳性。

② 《立陶宛故事荟萃》（*Contes lithuaniens divers*），第一卷，第 142 页。

的"肺"和"肝"耐不住火）、幽灵和维尔尼埃（velniai）①的世界。

通过以上的分析，我们能尝试勾勒出立陶宛人在"死后生活"这个问题上所持有的观念。

2. 复活

我们看到，谋杀主人公包含两个阶段：首先要割断喉咙，接着把灵魂——也就是肺和肝——丢到大海中，一旦到了"维兹斯"看管的领地，这一状态就不可撤回了。因此，很自然的，主人公的复活也由两个部分构成：首先要找到"灵魂"并且把它再次放回到躯体内，接着就试着让这个"身心的结构"再次活跃起来。

2.1 治愈之水和生命之水

为了让死者复活——或者情况没那么严重，比如让病人痊愈，或者让残废的人复原——我们需要两种用于治疗的水：

（1）治愈之水（立陶宛语：gydantis）；

（2）生命之水（立陶宛语：gyvasis 或 gyvuonis）。

基于其明显的神话学特征，针对"治愈之水寻求者"这个角色，我们的文本引入了一个神话人物，即北风。其他的一些叙述和童话更加接近，因为这些叙述采用了治愈之水或生命之水这一母题（这一点和童话类似），大多数情况下这类叙述的主人公是一位容易上当受骗的人，为生病的父亲寻求治愈良药。根据这类叙述的要求，主人公的神话性质和他的辅助者会联系到一起。在这类情况中，我们首先注意到的是"蓝色的牛"（boeuf bleu），它平躺在海边，并且指出能够在"海的对岸"找到这种（治愈的）水。另一个辅助者是"一匹狼"（loup），它把主人公运送到"另一个王国"，或者是这匹狼往往以杀死一只燕子的幼崽来做威胁，迫使燕子——为了让主人公复活——去寻求并带回治愈之水或生命之水。除了这些第一等级的辅助者之外，我们看到，叙述逻辑也引出整一系列的、起到次要作用的辅助者，比如这里的鸟类（除燕子之外，我们还能发现乌鸦和前文所讲的雀鹰）：所有这些形象都通过空中途径，把寻找到的治愈之水带回来。

---

① 死亡世界中的女神。——译注

在需要仔细研究的这一组故事中,治疗之水的行为主要表现如下:

（1）治愈病人（故事开端的总体方式："父亲病了"）;

（2）重获美丽（国王的头上冒出了难看的脓包）;

（3）恢复年轻（年老的父亲重新焕发出青春,"健康而年轻,快乐而有活力"）。

除了上述的治愈行为,还应该补充:

（4）视力的恢复（主人公被戳伤的眼睛恢复了）,其实这个环节属于另一组故事①。

2.2 斯维卡斯（sveikas）和吉瓦斯（gyvas）

我们的主人公一旦涂了治愈之水,就变得"斯维卡斯"（sveikas）和"吉瓦斯"（gyvas）了,从字面意思上讲,就是"健康而具有生命"。这种刻板的模式,如今已经被应用到日常问候语之中:"Sveikas gyvasm Jonai!"（"你好!"）这些问候语内涵很丰富,但乍一看是意识不到的。

为了理解"死者复活"的神话学程序,首先应该实施一种方法论规则,它建立在"越贪心,越得不到"的原则之上,针对这项原则,同一篇文本会拥有好多不同的版本。某些文本应当被我们视为参照性文本,因为它们所提供的事实可以用最为明确的方式来分析。在本书的语境之中,病人的恢复或身体缺陷的愈合都是"返老还童"这个意指程序的具体显现方式,它使上了年纪的父亲重归"健康和年轻"。

同时,我们也能更加明白,为了返老还童,人类首先要"被切成小块",而且只有涂上治愈之水之后,这些小块才能被重新组合起来,从而重新变得"健康而强壮"。人类被切成小块,通过烟囱被抛到外面,这样的母题对于欧洲各地的民间故事来说均不陌生②:这里涉及维尔尼亚斯（Velnias,地狱之神）能力表现的特征化步骤,作为"施事者"（acteur）,维尔尼亚斯位于我们上文已经了解到的"非生非死"的区域,而事实上,维尔尼亚斯能力的"表现阶段"（performance）同样被记录在这一区域,表现阶段意味着把身体切成小块,再把它们重新粘在一起。

---

① 《立陶宛故事荟萃》（*Contes lithuaniens divers*）,第三卷,第 75 页和第 106 页。

② 请参见我们在《论意义》（*Du sens*）一书中的研究,第 231-248 页。

说到立陶宛人对于健康的观念，就应该保留"斯维卡斯"（sveikas）一词的主要词义之一，它首先被解读为"全部，整体的"（整数和分数是相对立的）。准确地说，治愈之水的功能就在于重建病人的"健康"，也就是重建病人的整体性，从而确保他作为"人"的身份。

然而，在我们所研究的"程序"（procédure）中，人体仅仅拥有"斯维卡斯"（健康和完整）是不够的，人体还应当被复苏，重新变为"吉瓦斯"（gyvas，意思是拥有生命的活人），这里就涉及生命之水的功能。我们因此看到，生命原则和健康原则不能混为一谈。

我们文本中所使用的"gyvuonis"一词，在别的版本中通常被"gyvasis"（活力之水）这个词所替代，然而二者的意指并没有改变：生命之水并不是一种治疗的方式（用于治疗的是上文的"治愈之水"），也不是给予健康的良药。正好相反，"生命之水"的本质是生命，或者可以直接说它就是生命本身。"生命之水"的表达层面是"水"，内容层面是"生命"，它可以把生命重新注入已经"斯维卡斯"的躯体之中。

2.3 森林里的睡美人

在故事的后续发展中，主人公为生病的父亲寻找治愈之水和生命之水。这个行为通常引入"森林里的睡美人"这一母题。而且，通常是在睡美人的身边才找到所需之水。然而，取到水之后，主人公并未满足于此，"这个傻乎乎的人，决定满足自己的需要，留在姑娘身边"①。结果往往是姑娘生了个儿子，而且中了魔法的王国从海底复苏。

"获取生命之水"和"新生命"同时出现，这种现象远非巧合。"森林里的睡美人"这一母题可以被看作约瑟与海洋姑娘二者达到合取状态吗（即二者结婚）？我们暂不去考虑这个问题。在此，我们只需要记录下面的事实：新生命的出现和所有与诞生相关的神话学资料——在立陶宛人的世界观中——都等同于获得生命之水，而且这两种现象（指新生命的出现和获得生命之水）都从属于同一种神话空间。

2.4 铁质母牛

在上文，我们曾经介绍过一个故事，故事中的主人公受国王的委托，去寻找并带回海洋公主。结果，主人公把铁质母牛也带了回来。

---

① 《立陶宛故事荟萃》（Contes lithuaniens divers），第三卷，第170页。

国王在滚烫的牛奶中沐浴，结果丢了性命。然而，国王的辅助者，也就是主人公，走出浴盆之后却显得非常英俊，不仅娶了公主，还继承了王国。

　　我们重申这个故事是想要把大家的注意力吸引到一种无可置疑的类比上来，上文的"生命之水"和"铁质母牛所产出的牛奶"这二者之间就存在这种类比："生命之水"和"牛奶"这两个母题可以相互替代，进一步明确了二者的同质性。这类故事的其中一个主人公，把海洋公主带回给国王之后，又被派遣去执行新的任务，因为他知道，"在某个地方存在一种神奇之水，如果国王拿这种水擦脸，他就会变得更加年轻。如果把这种水涂在王后的脸上，那么她的美丽也会成倍增加"。于是，故事中的主人公便启程去到海边，他强迫乌鸦潜入海洋深处："去给我装一瓶海水，它会让死者复活；要是我们用这种水去擦拭某人的面孔，他会变得英俊无比，比原来强很多倍。"[①]

　　叙述者把"神水"的功能汇聚在一起，但对于我们来说，重要的是"治愈之水"这个母题被引入我们所遇到的故事之中，在其中占据一个位置。而且，这个母题拥有大约 15 个不同版本。同时，"牛奶"这一母题的内涵也比较固定，它可以让人返老还童。如果我们把这两个母题看作两个并行不悖的神话学操作模式的话，那么它们就应当隶属于"奥斯里内及其牲畜"这个神话范畴。

2.5　健康与生命

　　生与死，健康与疾病，这些问题也存在于"英雄和恶龙战斗"的相关叙述之中。对于这类叙述的性质及起源问题，我们暂且放在一边，也不去考虑"反面人物"走向衰亡的过程。我们只需要打开与恶龙相关的资料，并且仅从叙述分析的视角对这些资料进行思考。

　　无论故事中的英雄追寻什么样的目标，他们在这一过程中总会遇到恶龙。要想打败战无不胜的恶龙，关键就是要找到它的弱点，即恶龙的阿喀琉斯之踵。而这个所谓的弱点，恰恰就是恶龙的"健康"（sveikata）和"生命"（gyvastis）的所在之处。

---

① 《立陶宛民俗解读》（*Lectures du folklore lithuanien*），第一卷，第 50-70 页。

年轻的女孩被恶龙劫持，前来营救的英雄要求女孩耍个计谋，巧妙地询问恶龙：

——去问一下恶龙，它的"健康"在哪？

恶龙不小心露了马脚：

——我的"健康"，就在我兄弟所居住的第二王国。如果有人杀了我的兄弟，我的"健康"也就不复存在了。

显然，英雄杀死了恶龙的兄弟：从恶龙兄弟的五脏六腑中掉下来一颗蛋，这颗蛋就是除掉这只恶龙的关键。

在"失去灵魂的国王"这个叙述中，也有类似的情节，英雄必须寻找到国王的灵魂才能把他杀死。国王的灵魂藏在一个湖泊之中，湖中有一块石头，石头里住着一只野兔，野兔体内还有一只母鸭，而母鸭的肚子里有一颗蛋，这颗蛋就是国王的灵魂。①

另一只恶龙也被询问道："你的生命（gyvastis）藏在哪里？你那么强大，没有人能把你杀死。"恶龙回答说："我的生命藏在一个遥远而深邃的地方。海中央有一座岛屿，上面有一只牛，牛的体内有一只鸽子，鸽子的肚子里有一颗蛋，而我的生命就在这颗蛋中。"②另一个故事中的主人公是"飓风"（vėtra）的儿子，他被赋予的使命是去杀死海洋之王。这位英雄在"红海的岛屿上"发现了端倪，橡树下有一只大箱子，箱子内有一只母鸭，母鸭的体内藏着一颗蛋，这颗蛋就可以杀死海洋之王。③"杀死恶龙"这个叙述还有其他的神话学版本，而且更有意思。年轻女孩询问恶龙，后者回复了一系列的谎言：第一次，恶龙说自己的生命藏于一杯水之中；第二次，恶龙声称它藏在有夜莺歌唱的椴树上（我们都知道，椴树是献给"财富"女神的）。显然，这件事的真相是复杂的：如果我们能吃下 12 头牛，饮下 12 桶水，那么就可以尝试和恶龙较量；在战斗的过程中，一只母鸭从恶龙的身上逃走，把母鸭的身体刺破，从中掉出一颗蛋，有了这颗蛋，就能杀死恶龙。和其他许多故事相似，上述复杂的程序表明了生死规律的深奥，

① 《立陶宛北方故事》（*Contes de la Lithuanie du Nord*），第 189-192 页。
② 《立陶宛故事荟萃》（*Contes lithuaniens divers*），第四卷，第 153 页。
③ 《立陶宛民俗》（*Le folklore lithuanien*），第三卷，230-232 页。

要参透其中的奥秘并不简单。而上述叙述的结尾部分也出乎我们的意料：“恶龙一旦被杀死，海洋便消失了，让位给封闭的大地。”①这样的结尾和我们所分析的“海洋姑娘”的故事结尾极为类似。

　　所有的例子都与恶龙或海洋之王有关，也就是说，种种叙述都是针对与水有关的生命：由于这类生命存在共同的特征，所以针对它们的叙述之间没有根本的差异。然而，似乎可以区分出两大类型的灵魂，它们都呈现出“蛋”的形象，一种是和“健康”有关，另一种和“生死”有关。

　　相对来说，“健康”的概念表现得更为清晰。比如，我们都知道，某个人打了个喷嚏，这时如果没有人对他说“百岁，健康”的话，那么这个人的“灵魂”就回归到了维尔尼亚斯那里②。人们假设，打喷嚏时，人类的灵魂就从肺部飞了出去，飞到了自由的空气之中。此时若想把灵魂留住，就必须恢复那人的精气神，或者是喊那人的名字。无论如何，这个“灵魂”是受维尔尼亚斯所控制的，而且就算人类失去了“健康”，暂时也不会因此丧命。还有一个类似的情节，有三只具有诱惑性的乌鸦，紧紧窥视着走入庭院的人类，并且对他们说：“为了你的健康！”此时，如果这个人打喷嚏的话，他就可能被乌鸦给迷惑③。另一种观念同样意义深远：人们认为，已经“变身为狼”的人类（即狼人），当他们救助其他人的时候，会发出“健康”（sveikata）这个词的音，同时把自己“狼人”的“特性”传递给同伴，后者在这种情况下只需说声“谢谢”就足以获得健康④。

　　“健康”这个复杂的概念被阐释为个体的完整性，这样才能保证“灵魂”的持久性，人们了解到，类似于“为了您的健康”这样的说法不仅是一种祝福语，它还是一种表达尊重的用法（M. 多可萨，1599；S. 多康塔斯，19 世纪中期⑤）。还有一种方言如今还在使用，是用“你”这个称呼替代“您”这个敬称，即“你”这种说法也具有祝福和尊重

---

① 《立陶宛北方故事》（*Contes de la Lithuanie du Nord*），第 83-89 页。
② 《立陶宛民俗》（*Le folklore lithuanien*），第四卷，第 501 页。
③ 《立陶宛民俗解读》（*Lectures du folklore lithuanien*），第一卷，第 26 页。
④ 《立陶宛故事荟萃》（*Contes lithuaniens divers*），第一卷，第 291 页。
⑤ 两位研究者的外文名分别为 M. Daukša 和 S. Daukantas。

的意义。

上面所分析的文本都说明，生与死是同一种现象的两个层面，这两个层面可以相互转化。

2.6 生与死

我们似乎偏离了主题，但表面上看似离题，实际上对下面的分析很有帮助，它使得"健康和活力"（sveikas gyvas）这个老掉牙的词组的意义焕然一新，取而代之的是一种稀松平常的含义："日安"（labas）。同时，研究者们还形成了一个确切的观念，即在立陶宛文化语境中，上述逻辑严密的价值体系影响了（立陶宛）哲学思维的基本领域。更加明确地说，我们可以提出一整套二元对立的观念，事实上，这些观念在上文都已经分析过，我们按照一定的原则将它们列表如下：

表二　关于健康和活力的二元对立的观念

词位（lexème）	健康的	活生生的
概念	健康	生命
外形（figure）	治愈之水	生命之水
身体表现	肺（灵魂）	肝

在神话言语之中，健康和生命的原则通过抽象的方式被表达出来，并且我们看到，它们和"蛋"的外形联系到一起。从深层形象的角度来说，健康和生命通过与宇宙起源相关的四大元素之一，也就是"水"表现出来。从生命的身体层面来说，生命等同于人体的肺部和肝部，而鳌虾之神正试图把肺和肝拖回到海洋深处，那是真正的死亡国度。

因此，可以看到，这一价值体系在多个层面同时展开，我们在此基础上还可以增加爱、美和健康这几个价值维度，这些维度的外形是神奇的苹果和铁质母牛的牛奶。分析至此，对奥斯里内及其全家所涉及的神话范畴，我们就可以得到一个近乎完整的面貌。而这个神话范畴是作为一个语义编码而存在的，它贯穿于我们所解读的文本的全篇。

2.7 黄色的泉水

在结束这个场景之前，我们还要简要地介绍最后一个故事，以便向大家表明，我们前面一步一步建立起来的语义编码如何让"立陶宛故事空间"更加明晰。

这个故事本身也很出名：国王在前线作战的时候，他的孩子相继出生。然而，国王的姐姐们对王后产生了嫉妒之心，于是她们向国王打小报告说，王后生了一窝狗和猫。我们注意到，就是这样一个场景，虽然以出乎意料的方式被添加进来，却引起了研究者的兴趣：这里也涉及一个关于"追寻"（quête）的叙述，主角是国王的孩子们，两兄弟和一个妹妹。这几个孩子被秘密抚养，他们去寻找"会讲话的鸟，会唱歌的大树，还有黄色的泉水"①。两兄弟（被魔法）变成了铁柱，妹妹出发去找两个哥哥，"会讲话的鸟"向她指明了一处水源，那儿的水可以让她的哥哥重获生命。最后这只鸟还帮她找到了这处黄色的泉水："在那里，稍远的地方，存在这样的黄色泉水，在阳光的照射下闪闪发光。去吧，带上一个瓶子，只需一滴水落到你的瓶子上，整个瓶子就可以被水充满。接着，一回到家中，你就到花园中打开瓶子，整个花园都会被照亮。"

接着先前的分析，就不难把这股流动着的，并且在阳光下熠熠生辉的黄色泉水等同于我们的女主人公奥斯里内。前文，我们已经了解到，奥斯里内拥有好几种外形变化，而除此之外，我们还可以注意到，这位海洋的公主也可以变化为一匹海洋中的母马。同时，多亏了她那一头的金发，才使其最终呈现为天空中的一颗星星。于是，我们现在可以见证，星星可以等同于泉水：只需落下一滴黄色的泉水，它即可变化为一颗星星。此外，我们也得知，露珠也是一种神圣之水，因为它正是奥斯里内所散落的珍珠项链；因此，我们就可以明白，在一年当中的某个时节，滚动的露珠为何具有治愈的功能，并且可以保护人类免受各种疾病的侵扰，尤其是皮肤方面的疾病②：不要忘记，奥斯里内所提供的苹果，她的宠物牛所产的牛奶，二者具备同样的特性。所以，在另一个故事中，一个心地纯洁的人，眼睛被哥哥戳瞎了，需要乌鸦用翅膀采集几滴露珠，并且涂在他失明的眼睛上，这样他就可以立刻重见光明。

---

① 《立陶宛北方故事》（*Contes de la Lithuanien du Nord*），第 220 页。
② 《立陶宛民俗解读》（*Lectures du folklore lithuanien*），第二卷，第 39 页。

2.8 最后几个注意点

文本中还剩下几个情形需要考察。

第一个就是风神母亲的果园中的苹果掉落了，这意味着主人公的死亡。这也是作为一种叙述手段，在立陶宛民间故事中是一个常见的母题。它在任务发送者和执行者（即主人公）之间建构起一个交流机制，此时，这个机制出现了中断：任务发送者得知，主人公遭遇了不幸，比如，他放置在玻璃杯中的水变成了红色①或者插入墙中的刀子开始流血②。这些情况和前文的苹果掉落是一回事，均为作者所选定的外在形象。从借喻的角度来说，这些外在形象代表的正是主人公本身。而且，主人公状态的转变也和他的借代物息息相关。借代物也不是随随便便就选定的，就像上文所分析的头发一样，它所代表的要么是主人公的身体，要么是主人公身上独有的特征。所以，在我们目前所分析的这个故事中，神奇的苹果代表着主人公的身份和资格，它确认主人公成为爱的追寻者和捐赠者，而苹果掉落则是一个"自然的"信号，意味着危险的出现。

我们看到，馈赠苹果构成了一个引入性的场景，从属于文本叙述的第一部分，这个场景对主人公的资格进行考验。而我们目前所考察的小节给文本叙述的第二部分赋予同样的功能，第二部分针对的是解救奥斯里内。基于上述分析，我们有理由思考以下问题：主人公的资格体现在何种领域？在此情况下主人公是否还获得了其他附加性的特征？文本的叙述者首先为我们提供了一个表层的答案，在解释文本最后一小节的时候，他指出：主人公是为奥斯里内的兄弟姐妹所犯下的错误赎罪。然而，神话学视角下的赎罪和基督教不是一个概念——二者的意识形态是极为对立的。针对这个问题，我们在分析文本的最后一小节的时候会深入考察。

第三个注意点是主人公的"睡眠"：我们文本中的主人公和类似情形中的其他主人公没有太大差异，在生死攸关的时刻，主人公"陷入深深的睡眠之中"。

---

① 《立陶宛故事荟萃》（*Contes lithuaniens divers*），第三卷，第75页。
② 《民俗工作》（*Travaux de folklore*），第四卷，第223-224页。

诚然，我们不应该把立陶宛民间故事中的主人公都看作昏昏欲睡的角色；当主人公执行任务、建立功勋的时候，他们是根本不会打瞌睡的；然而，当涉及生死问题时，他们居然睡过头了。事实上，睡眠是另一种形式的生命，这种生命活跃在睡眠的过程中，人们通过残留的梦境而对其留有印象。从此，人们了解到，"睡眠中的生命"和"死后的生命"从根本上来说没有什么不同。正像一句耳熟能详的西班牙谚语所指出的那样："生命就是一场梦。"需要注意的是，这里的"梦"在古代立陶宛语中就是"睡眠"的意思。它对应拉丁文的"somnis"一词：这种睡眠中的"新型生命"丝毫不逊于"正常的"生命。于是，我们就可以理解，为什么一涉及生死时刻，很多故事就让主人公陷入深深的睡眠之中，因为那也是一种生命，而故事的叙述也因此进入另一个层次。

（十）解救

约瑟开始四处寻找，但是不见姑娘的踪迹。他只好再去征求四位风神的意见：

——现在我该怎么做？

北风回答道：

——去她的房间，你就会找到马笼头和马鞍。给公牛套上马鞍，它就会变成一匹矫健的骏马，在整个王国都找不到第二匹。骑在它身上，你会感觉在海上比在陆地上更为方便。这匹骏马会把你带到王国中藏有姑娘的地点，当天，这个王国会举办马市，国王将会购买你的这匹骏马。交易一开始，你就告诉国王："要是您想买这匹骏马的话，请快一点下手，我没有太多时间。"把这句话多重复几遍，直到你看到姑娘出现。

姑娘走出来，认出了自己的牲畜。她抓住夫君的手，双脚跨上骏马。这匹马纵身一跃就蹿上了云霄，很快就回到了他们的城堡。年轻的国王很伤心，他询问自己的巫师：

——现在怎么办？

——我们无能为力了。

海洋骏马的出现

针对这个环节的评论并不多：读者似乎和神话研究者一样，已经习惯于阅读这类文本，结果是相当一部分评语都显得千篇一律，毫无新意。因此，我们在这一部分，只挑出其中几个富含深层意义的神话情形加以分析。

从这个环节的组织结构上，我们可以识别前文已经考察过的叙述程序。具体来说，一方面要对主人公的潜在行动方案和潜在行动程式进行介绍，另一方面，还要描述主人公的实际行动过程，二者的地位往往是旗鼓相当的，然而，有的时候，前者在叙述中所占的比重甚至要高于后者：从地位上讲，北风给主人公提出的意见，其重要性要大于主人公本身的冒险行动。事实上，故事的叙述程式并不复杂，可以归结为一个双重的位移。简单地说，主人公的"往返活动"所描述的仅仅是对姑娘的解救，和其他一些情况相类似的是，在我们所分析的故事中，主人公出场的次数并不多，反而把舞台让给了它的辅助者——风神和公牛。

奥斯里内的劫持者（即王子）所拥有的王国是什么样子的？几个细节就可以大致勾勒出这个王国的面貌。一般情况下，在许多故事中，解救人质的那一天都会出现集市。然而，解救奥斯里内的时候，我们所见到的并不是一般的集市，而是马市，马匹的买卖或贸易因此就和铁匠联系在一起。王子试图购买一匹骏马，购买的过程对于他来说，主要就是讨价还价。我们都知道，对于立陶宛人来说，周四最适合做生意，这一天也被叫作"讨价还价之日"或者是"维尔尼亚斯日"。结果通过"购买骏马"这个行为，王子间接地进入维尔尼亚斯①的神话范畴之中，并且和我们的主人公处于冲突的地位，因为后者拒绝讨价还价："如果您想买的话，请快点，我没有太多时间。"事实上，这样的一种拒绝可以促使海洋姑娘出现在集市上。另外，王子这个形象也隶属于"魔鬼"的神话范畴，这一点在最后一个场景中得到确认，即王

---

① 维尔尼亚斯（Velnias），立陶宛神话中掌管死亡的神，地狱之神。——译注

子在自己的宫殿中向女巫征求意见。

从神话学角度看，另一个有意思的情形也必须强调，即公牛变身为骏马。在故事情节中，这种转变是借助于大家所熟知的一个程序来完成的——给马戴上了马笼头（或者是戴上马鞍），公牛的新外表（指转化为骏马）也具有它的内涵。我们看到，海洋姑娘可以拥有人的外形，所以可以在岛上生活，在平坦稳固的陆地上生活。但同时，她也是海中的母马，因为当陆地变为海洋的时候，她不得不变化为海中母马的形态。这种外形变化也发生在公牛的身上：公牛是奥斯里内牲畜的统领者，它生活在岛上的牧场里。与此同时，它也作为海洋中的骏马，奔跑在水中和天空之中。文本的最后一个小节向我们展示，这种海洋骏马也可以拥有人类的外形，因为它是奥斯里内的哥哥。因此，针对同一个生命体，神话思维可以明显区分出多种外形，这会给普通的读者带来一种混乱的感觉：正如前面所看到的那样，铁质母牛、母马、公牛和骏马，这些外形在不同版本的故事中不断转化，你方唱罢我登场。

（十一）新时代的曙光

姑娘一返回城堡，就把自己的公牛解救出来。只见这头公牛跪在地上，像人类一样开始讲话：

——把我的头砍下来！

姑娘不忍心，但还是照做了。只见公牛的头一落地，四分之一的海洋就消失了，变成了陆地，而公牛也恢复了原形，原来是姑娘的哥哥。接着姑娘把三头小牛的头也砍了下来，她的姐妹也纷纷恢复了原形。所有的海洋都变成了陆地，"大家"（指所有人）也就开始了新生活。姑娘一直是这片土地的王后，而她的丈夫则是国王。约瑟就（通过上述方式）接受了惩罚，从而为妻子的兄弟姐妹赎了罪。从此，他们一起幸福地生活下去。

故事到这里就结束了。

1. 斩首

在文本的最后一个小节中，最具有意义的情形就是借助于"斩首"程序而实现了转化（即公牛转化为人）。紧接着，奥斯里内的牲畜都转化为人形，而且成为她的家庭成员，此时海水也转化为坚固的陆地。

"斩首"程序本身并没有让读者感到意外，因为故事也没有给予这个场景更多的关注：因为这是"形变"故事中经常被使用的步骤，目的是让中了魔法的生命体恢复原状，让它们重新获得人形①。这当然是一种神话程序，它和现实世界中的法则和经验是不相符的。然而或许可以说，上述程序和另一种情形——与蟾蜍接吻并没有太多区别。这个吻也是作为一种先决条件，只有这么做才能拯救"中了魔法而变成蟾蜍的公主"。一般情况下，这是"关乎到命运"的一种建构要素，也是完成使命的一种形式：命运赋予生命体一种状态或形式，只有通过外界偶然事件的介入，这种状态或形式才得以改变。

然而，我们的文本似乎继续对"形变"进行了更为复杂的阐释。"我们被诅咒了，直到有人砍下我们的头颅"，这种解释是远远不够的：斩首程序可以被实施，它可能会起到作用，但前提是主人公"已经为中了魔法的受害者赎了罪"，或者说，已经为他们所犯的过失付出了代价。因此，一方面是命运的受害者，另一方面是这些受害者所委托的人，双方之间建立起某种形式的契约关系，可以把这种关系比作一种逻辑话语"如果……那么……"：主人公必须获取并传送某些价值，而这些价值正是他的委托人（即中了魔法的人）所缺乏的。这些价值最终被弥补的标志就是中了魔法的人获得新的外形。

因此，可以对文本的逻辑进行唯一可行的阐释：砍头、奥斯里内一家恢复人形，这和他们获得新的价值密切相关，新的价值是他们获得健康和生命的源泉，也成为奥斯里内的兄弟姐妹将要具备的特征。

2. 世界开始复苏

在描述海洋姑娘无限魅力的那个场景中（也就是第五小节），我们能够看到，奥斯里内大声威胁，声称要把陆地变成海洋：她已经表现

---

① 《立陶宛民俗》（*Le folklore lithuanien*），第四卷，第 372 页，三匹中了魔法的小马恳求人们砍下它们的头。

出这种能力，她不仅本人可以变形，还可以让大自然中与她密切相关的元素进行转化。因此，在我们的文本中，公牛是向奥斯里内提出请求，要她砍下自己的脑袋，尽管她是一位女性，但这个行为也不足为奇——这和其他常见的故事有所不同，在那些故事中，一般都是主人公来完成这项工作。和蛇女王艾格勒（Eglė）类似，奥斯里内一个人就掌握着所有形变的能力。

因此，奥斯里内一家就恢复了他们本来的人形，然而这种形变和"海水转变为坚实陆地"的情形是紧密联系在一起的，这两种自然元素（即水和土）对应神的两种外表：

$$\frac{动物外表}{人的外表} \sim \frac{水}{土}$$

因此，大地及人类的存在、神呈现出人的外表，二者是密不可分的。

同样，海洋转化为陆地的过程也具有固定的特征：海洋被分为四大部分，这个数字和需要变回人形的动物的数量（公牛和三头小牛）一致。在实施"斩首"操作的同时，海洋的四大部分都在缓慢地转化为陆地，这种情形具有其深刻的意指："所有的海洋都消失了，变成了陆地"。正如同一位被砍成肉块的人——这种情形也是大家所熟知的母题——当人们给他涂上了治愈之水，这个人就"恢复了健康"，身体也完好如初了。同样，大地将自身的各个板块重新调整和组合，从中诞生出全新的陆地。因此，下一句引言也不可或缺："大地重生了。"人体的碎片由于涂了治愈之水，从而重获健康。大地同样如此，多亏了生命之水，它才得到重生，也就是说，大地上有人类生息繁衍。所以，对于"陆地–人类"（terre-humanité）这个复杂的术语来说，"有人类栖息的土地"是其意指不可缺少的组成部分：陆地的存在是货真价实的，因为有人类居住在上面。

我们可以继续扩展上述观念，并选取另一个神话当作例子：人类是巨人种族和地球种族直系后代结合的结果①。我们之后还会对这个观点进行分析，因为它涉及立陶宛的大洪水历史，并且和另一位女神——财富女神莱玛（Laima）密切相关。但是目前，我们只需要明确这个场景的一个固有特征即可：奥斯里内一家和"陆地-人类"这个双重概念完美地切合在一起。女神奥斯里内一家获得了人形，这就意味着他们不仅要照料陆地，同时还要关心陆地上出现的居民。因此，我们暂且不管奥斯里内的兄弟姐妹到底是谁，只考虑她的家庭是隶属于陆地之神泽米尼凯（Žemininkai）的神话范畴。

奥斯里内家庭内部的等级关系可以被明确固定下来：尽管家庭的每一位成员——奥斯里内及其兄弟姐妹都拥有陆地的一部分，然而奥斯里内却是"整块陆地的女王"。因此，就难以确定她丈夫，也就是我们的主人公约瑟的社会地位。尽管在文本中，主人公从"仆人"被提升到"国王的地位"，但我们还是会提出疑问，即主人公和海洋姑娘相对有些滞后的结合，这是不是标准的叙述图示进行操作的结果？叙述图示预先考虑到两人的结合和"幸福的生活"，并将其视为叙述的标准结局。不可忽视的是，在一些著名的诗歌文本中，年轻的神梅奴里斯爱上了奥斯里内，结果在神的世界中引发了家庭伦理悲剧。不过，这个故事也有一些其他版本，认为梅奴里斯是海洋之王，也是奥斯里内的父亲。基督教把奥斯里内认定为"神圣的处女"，这似乎确认了她"单身"的境况。我们发现，无论如何，奥斯里内的问题对理解整个立陶宛神话都至关重要：因为假如不对梅奴里斯进行介绍的话，我们就无法真正结束对奥斯里内相关文献的考察。当然，我们也希望有新的更加深入的研究来切入这个问题。

针对最后一小节的分析即将结束，上文主要尝试对奥斯里内家庭成员的外形进行阐释，力图完善对立陶宛神话整体问题的分析。

3. 普鲁士诸神的三元性

对波罗的海地区的宗教进行重构，主要工作之一就是建立普鲁士诸神的清单，并且搞清这些神各自承担的功能。这个问题引发了较大

---

① 《故事、传奇和祷文》（*Contes, légendes, oraisons*），第五十卷，第 206 页。

的争议，在普鲁士及立陶宛神话的研究中都占有重要的地位，也会影响到其他一些补充性的研究。对于这个问题，研究者首先保持了一段时间的乐观主义，接着是带有浪漫色彩的宽容主义，最后才过渡到实证的怀疑主义。因此，波罗的海地区诸神的全貌渐渐浮现在人们面前。J. 布荷维尔（J. Puhwel）①在这方面进行了意义重大的尝试，他积极捍卫普鲁士诸神的真实性与可靠性。

　　研究者对普鲁士古代宗教的了解在很大程度上建立在西蒙·格拉瑙（Simon Grunau）②提供的证据基础之上：普鲁士古代宗教被认为是一种严肃的历史记事，或者是斯堪的纳维亚地区的神祇披上了普鲁士的外衣。西蒙·格拉瑙认为普鲁士的众神由三位主神——帕特里姆帕斯（Patrimpas）、帕图拉斯（Patulas）和贝尔库纳斯（Perkūnas）所统领。由于斯堪的纳维亚地区也存在三位主神，所以西蒙·格拉瑙对普鲁士诸神所进行的三元建构曾被认为是不可靠的，并引发争论。

　　对上述问题的争论本来已经慢慢被人淡忘，然而有一天却重新回到研究者的视线之中，这都要归功于杜梅齐尔针对印欧神话所做的新的比较性工作，他为印欧神话中主神的功能建立了三元性的模型。由此，这种三元建构成为印欧宗教共同的结构特征，而拥有三位主神的普鲁士神话则证明了自身宗教的悠久。

　　根据格吕瑙③编年史的描述，帕特里姆帕斯的形象经常出现在旗帜之上，旁边还有其他两位神祇。帕特里姆帕斯拥有年轻男子的外表，没有胡须，脖子上戴着很多麦穗。他是一位兴高采烈的谷物之神。他还拥有第二个外表，镌刻在神庙的墙壁上：他旁边的一个神坛之上摆满了成捆成捆的麦子，小麦上面有一条蛇，修女们用牛奶喂它。而帕特里姆帕斯被描绘成战斗中的或其他活动中的机遇之神。

　　我们注意到，作为三大主神之一的帕特里姆帕斯，其词源似乎把他和水的主题联系在一起，我们思考如下：

　　（1）由于涉及"小麦"和"牛奶"，帕特里姆帕斯被看作农业和畜牧业的保护神；

---

① J. 布荷维尔，加州大学洛杉矶分校，《波罗的海诸神的印欧结构》。
② 普鲁士历史学家，是普鲁士第一部综合史《普鲁士历史》的作者。——译注
③ 奥地利城市。——译注

（2）他的旁边有一条蛇，于是他也可以被认为是健康和生命之神；

（3）综合上述两个方面，帕特里姆帕斯最终也可以被认为是运气之神。

提到帕特里姆帕斯，他首先是最高契约之神，这是赋予他的首要功能和地位，也使得他被看作普鲁士的"密特拉神"。然而除此之外，似乎还能够为其增加另外的功能，即他也表现为最高的保护之神。这种假设——如果说立陶宛的神话资料证实这一点的话——显示出波罗的海地区宗教所包含的特点，即波罗的海地区的宗教是印欧神话的来源。

4. 立陶宛的三元式

能提供主要神祇清单的古代文献材料主要分为两大类：一方面是13世纪的俄罗斯编年史；另一方面是15到16世纪的波兰历史。我们将首先从中提取出一个简明扼要的表格，前面我们思考了杜梅齐尔提出的"第三种功能"，而这里我们把与之相关的问题暂时搁置一边，请看下表：

表三　印度、普鲁士和立陶宛资料中三位神的对应关系一览表

印度	英德拉（Indra）	瓦卢纳（Varuna）	密特拉（Mitra）
普鲁士	贝尔库纳斯（Perkūnas）	帕图拉斯（Patulas）	帕特里姆帕斯（Patrimpas）
以下为立陶宛的材料			
马拉拉（Malala，1261）	贝尔库纳斯（Perkūnas）	卡勒维里斯（Kalevelis）	安多亚斯（Andojas）
海帕修斯（Hypatius，13世纪）	蒂耶乌·里科斯（Dievų Rykis）	卡勒维里斯（Kalevelis）	安多亚斯（Andojas）
德吕郭茨（Delugosz，15世纪）	朱庇特（Jupiter）=贝尔库纳斯（Perkūnas）	乌尔卡奴斯（Vulcanus）	埃斯科拉庇俄斯（Aesculapius）
斯特里耶科维斯基（Striykowski，16世纪）	贝尔库纳斯（Perkūnas）（>圣斯塔尼斯拉斯 saint Stanislas）[①]	"永恒之火"（>大炮铸造厂）	"一片昏暗的森林"

如表三所示，我们首先注意到这两类材料的一个共同特征：二者

---

① 符号">"意思是"大概等同于"。——译注

都保存有暴风雨之神的名字——贝尔库纳斯，在立陶宛文化中，这位神祇承担的功能和印度文化中英德拉承担的功能对等。如果说，在海帕修斯编撰的历史资料之中，贝尔库纳斯被"众神的管理者"蒂耶乌·里科斯所替代的话，那么我们可以把"这种字眼"（即众神管理者）看作一种迂回的说法，它的目的只能是确认，而不是隐藏贝尔库纳斯这位神祇的功能。根据斯特里耶科维斯基所标注的事实，若盖拉大公（le grand duc Jogaila，波兰语写成 Jagellon）使当地的主权和宗教发生改变，他为波兰之神圣斯塔尼斯拉斯建造了教堂，从而取代了贝尔库纳斯的地位。他这么做，也是为了确认圣斯塔尼斯拉斯的主神特征。

　　而立陶宛语中的瓦卢纳，其职能对应普鲁士文化中的帕图拉斯的职能，也就是地狱之神。虽然在用西里尔文字（cyrillique）记载的过程中，其神名有所改变，但二者均得到辨认，并通过卡勒维里斯（Kalevelis）①，即"锻造之神"的形象展现出来。德吕郭茨对此进行了罗马式的阐释，他把瓦卢纳称作"乌尔卡奴斯"，将其确定为地下世界的神和火神。而斯特里耶科维斯基认为这个神代表了对永恒之火的崇拜，这种崇拜源于立陶宛神话中的第一位主神斯旺塔拉吉斯（Šventaragis），而且早在维尔纽斯这座城市被建造之前，这种崇拜就已经得到实施。这再一次确认，所谓的"永恒之火"和"大炮铸造厂"（见表三）都是为了强化锻造之神在"三元式主神"中的地位。

4.1 帕特里姆帕斯和安多亚斯

　　事实上，对契约主神的重构和阐释带来了几乎难以克服的困难，这种状况甚至持续到今天。不过，就在近期，有研究者提出一份具有说服力的词源清单。"Andojas"这个神名中，"oj"这个后缀如今被看作拉丁语的方言，意思是"水"，安多亚斯因此被认为是水神，或者更确切地说，他是一位来自水中的神祇，它代表的是立陶宛宇宙起源观念中最基本的元素之一——水。而在普鲁士语之中，"Patrimpas"一词中的词根"-trimp-"也同样与水有关。

　　到了罗曼语之中，德吕郭茨对这位神祇的阐释又加入了立陶宛人

---

① 《精选集》（*Oeuvres choisies, Būga RR*），第一卷，第 188 页。

所遵循的"蛇崇拜"观念。于是，根据当时的约定，安多亚斯也成为健康和疾病之神。斯特里耶科维斯基描述了维尔纽斯城被建造的情形，其中包含了对礼拜场所的三元分配，从而佐证了德吕郭茨的阐释。根据斯特里耶科维斯基的分析，戈狄米纳斯大公（le grand duc Gediminas）是首都（维尔纽斯）的建造者，为了对点燃圣火的传统之地（指首都）表达敬意，他还另外建造了两个新的礼拜场所：除了前面提到的贝尔库纳斯的雕像之外，大公还为众神献上一片"昏暗的森林"，并且根据异教的风俗，在森林中配备了祭司，负责为统治阶层祈祷。德吕郭茨引入了"蛇崇拜"的相关叙述，在此基础上，斯特里耶科维斯基又为这个神话领域增添了崇拜死神和泽米尼凯（Žemininkai，大地之神，"Žemė"是泥土的意思）的相关叙述。同时，人们把泽米尼凯认作"家庭之神"。

因此，我们或许可以得出结论：不需要进入细节之中，也无须寻求完美无缺的对等，因为我们很容易就可以认识到，（立陶宛）诸神是处于立陶宛的密特拉神①的管理之下。与此同时，在很大程度上，这些神的属性和能力都和普鲁士帕特里姆帕斯神的活动范畴相对应。这些相似点并不是偶然操作的结果，也不能被解释为相互之间简单的仿效。必须认识到波罗的海沿岸的这两个地区：立陶宛和普鲁士，两地的宗教存在相同的特征，而且诸神的第三类功能②从属于最高的契约空间。

4.2 神祇梅奴里斯

不少研究者力图弄清立陶宛的密特拉神的面貌，然而首先应当注意到的是迪耶纳斯神（Dievas），这个名字如今被基督教的神所采用。事实上应当承认，基督徒的做法也是符合逻辑的。他们从众多的异教神名中选择了这个最有魅力的名字，他们认为这个名字与基督教的某些观念最为接近。这个神名能恰如其分地指代其神祇所承担的功能，尽管对此的推理还仅仅处于假设阶段。

---

① 立陶宛的密特拉神，也就是安多亚斯（契约之神），此处，作者的意思是印度之神密特拉和立陶宛之神安多亚斯，二者在各自文化中承担的功能是一致的。——译注
② 第三类功能是由杜梅齐尔所划分出来的，指的是诸神的生产功能（fonction productrice）。——译注

　　上述问题还引导我们注意到另一组联系，即"dievas"这个词和另一个写法上更为复杂的词"dievaitis"（在祖基亚①的方言中读作"Dzievaicis"）之间的关系。后者在某些情况下被用来指代梅奴里斯（指月亮），不过这一点却不太为人所知②。我们手头上的资料可能存在另一个名字——因为根据拉斯可基的介绍，在汝拉河畔③，"Deuoitis"这种叫法也能听到。

　　然而无论如何，上述论点使得我们更加近距离地审视神祇梅奴里斯的活动范畴：为了更好地理解这些神祇，最重要的是要考察他们的语义外形，而无须过分地关注他们的神名及其众多版本的发音。神话学家的注意力被吸引到一系列祈祷用语上，这些语句沿用至今，它们对年轻的梅奴里斯（新月）的推崇尤其引人注目，任何立陶宛的神祇都达不到这种程度。

　　就这样，J. 巴里斯（J. Balys）搜集了 60 余条这样的祈祷用语——维尔纽斯档案馆收藏的祈祷用语应当是这个数目的两倍——充分证实了立陶宛神话中月亮崇拜的重要性④。

　　J. 巴里斯举出了七个精心挑选的例子，当然在此基础上还可以补充来自其他材料的数据：

　　（1）人们向梅奴里斯祈祷，把他看作健康的提供者：

　　我的神，为您，为我的健康祈祷；

　　为您的仁慈，为我的健康祈祷；

　　献给您淳厚，请赐予我健康。

　　（2）梅奴里斯被看成美丽和年轻的捍卫者：

　　献给您光明，请赐予我美丽；

　　献给您高贵，请赐予我年轻。

　　在此基础上，人们还补充了一个与之相关的特征，即"快乐性"：

您不断发出光线，我们沐浴其中，身心愉悦。只要能看到您，一切都是那么宁静和舒心。

关于健康、美丽和年轻的基本观念都已经成为老生常谈，成为大众信仰的一部分。在此我们不妨引用 J. 巴里斯的较为翔实的总结：

在新月的夜晚出生的人一生都显得年轻，面容美丽，衰老得很慢。但是他们经常恐惧和害羞，身体孱弱，性格不谨慎，还十分担心"眼部毛病"。

而满月的夜晚出生的人则显得老，经常愁眉不展，牢骚满腹。他们心肠坏，面目丑陋，老得很快，然而却拥有健康、力量和忍耐力，也不惧怕所谓的"眼部毛病"。

因此，应该在新月出现的时候给孩子洗礼，那么他将来衰老得就会很慢，能长时间保持年轻和美丽。

如果在新月出现的时候举行婚礼，那么夫妻两人就会生活得很长久，会衰老得很慢；然而，也有人预备在满月的时刻举行婚礼，因为这样的话，这对年轻夫妇就会变得富裕，他们之后的生活在各个方面都会很充裕。

很有意思的是，我们看到，上述两种观念——美丽和健康在逻辑上似乎还有些对立，然而二者却同时得以展示，成为人们信仰中的两个组成部分。它们呈现出时间线性的特点，因为二者分别对应截然不同的两个月相时段：如果婴儿出世恰逢新月或满月，那么这会决定孩子今后的命运。同样，选择不同的日期洗礼或举行婚礼，就相当于主动适应神的不同表象，这在一定程度上可以扭转自身的命运，使其朝着有利于自己的方向发展。月相的不断变化代表着月亮生命的变化轨迹，它被建构为人类生命的原型。

（3）梅奴里斯也被看作死者的保护神，他协助死者在"冥世"寻找到幸福：

奉献给他一生的殷实，请求他赐予我们贝尔库纳斯的王国。

"贝尔库纳斯的王国"这个概念，指的是死者生活的居所，这个概念的现代版本已经得到明确：

> 啊，我的主啊！我一生殷勤，当我死后，请准许我进入天国吧，让我的灵魂和您一道升入天国吧！

（4）最后，梅奴里斯还是财富和命运的提供者：

> 请您为我们带来各种各样的福气吧，
> 请为我们带来……财富和幸福，
> 献给您金项圈，请赐予我成功和"幸福的那一部分"吧。

从上面的祈祷中可以看出，梅奴里斯被称为"我们的国王"，或者是"天地之子"，而且要奉献给他"金项圈"。换句话说，人类赋予他神的身份和地位，并向这位"天空的光明之神"祈祷。

5. 奥斯里内一家

我们注意到一个极为普通的现象：一个匀质的神话空间被某些中等地位的神平分，几乎每一个神祇都拥有自己的私生活，尽管他们也并不是特别喜欢清净；然而人类却更喜欢去了解自己到底跟谁打交道，或者是在具体的情况下跟谁进行交流。

我们从这一点出发继续分析奥斯里内一家相关的问题。在上文，我们曾经分析了奥斯里内的故事，故事所蕴含的价值体系和梅奴里斯庇护人类的观念相对应，这二者均隶属于杜梅齐尔所提出的神的第三类功能。我们还记得，在故事中，当大地及其居民出现的同时，奥斯里内和她的家庭成员也正好从死亡中复活，而且还获得了人类的外形。因此，基于这种叙述，我们有理由做出如下的思考：在某种意义上，奥斯里内和她的兄弟姐妹隶属于平原大地的一部分。从神话学的角度来说，奥斯里内一家可以被考虑为"大地诸神"（即神祇泽米尼凯）。

5.1 奥斯里内的哥哥

在关于奥斯里内的叙述中，她哥哥的外形首先呈现了出来。应该再一次对故事所建构的情形进行审视，即除了女性主体奥斯里内之外，还出现了她的哥哥这一形象。在立陶宛故事中，这是出人意料的情形。在某些故事中，哥哥们出发去寻找妹妹，或者是妹妹去找回哥哥，兄妹在故事中承担各自独立的角色。在其他一些故事中，兄妹一同闯荡世界，然而这种叙述一般都涉及乱伦的问题。而我们看到，哥哥和妹妹居然成了夫妻，叙述的局限性无法使这一现象正当化，所以它的出现只能在神话的框架下予以阐释。

另一方面，在有关奥斯里内的叙述中，尽管她的哥哥所承担的角色是微不足道的，然而，随着叙述的进行，奥斯里内哥哥的性格却逐渐得以明确，因为在叙述的过程中，他承担的功能最终显现出来。哥哥显然是奥斯里内的辅助者，是捍卫海洋秘密的斗士，他统领并保护着三位化身为母牛的妹妹。从外形这个层面讲，我们的故事用两种不同的动物外形来表现奥斯里内的哥哥——公牛和海洋骏马，在叙述的最后，也最终赋予他人类的外形。应当注意到，当他作为骏马时，实际上已经成为众神的一员，神祇拥有马的外形，就可以在海洋和天空中活动，因而具备双重的特质，即海洋的和天空的特质：奥斯里内是海洋中的一只母马，不仅如此，梅奴里斯出生时也呈现出一匹空中马驹的外形。然而，通常情况下，立陶宛神话的研究者们在历史资料中只寻找到了（梅奴里斯的）空洞的神名，所幸的是，上文的分析在某种程度上使奥斯里内哥哥的外形和语义得以显现。

还应该补充一点，随着叙述的发展，研究者获得其他重要的象征要素：我们已经看到，故事中的英雄（约瑟）已经替奥斯里内的兄弟姐妹"弥补了错误"，并且因此替他们扭转了命运，使奥斯里内一家成为"生命和死亡"这一领域的保护者。

5.2　奥斯维蒂斯（Auššveitis）

从上文我们可以注意到，在普鲁士宗教中，主神帕特里姆帕斯旁边的神坛上有一条蛇。除了这位主神之外，还存在另一位神祇：奥斯切奥茨（Ausschauts）①，不过，从等级上说，他的地位没有帕特里姆帕斯重要。奥斯切奥茨位列普鲁士众神的名单之中，有研究者也把他

---

① 疾病之神。——译注

等同于埃斯库拉庇乌斯（Aesculapius）①。似乎存在如下的现象：人们把主宰生命和健康的权力赋予一位主神，然而这并不妨碍主神的身边存在另外一位肩负特殊使命的神祇，后者往往成为前者的代言人，从而进行相应的活动。

16世纪几乎所有的神话学文献都或早或晚地提及神祇奥斯切奥茨，尽管这位神祇的神名拥有多个版本，但他还是比较容易被辨认出来。

另外一种情况的意义也不容小觑：从整体上讲，拉脱维亚的神话对女性神祇表现出明显的偏爱。其中有一位天空之神奥赛克里斯（Auseklis），总是呈现出"清晨启明星"的外形，她在文献中经常出现，而且逐渐和女神奥斯特里纳（Austrina）的形象相混淆。

事实上，上述两位女神的地位和功能还是有所区别的。在普鲁士宗教中，主神所承担的功能——主宰人类的健康和疾病已经被研究者所了解，然而这些神祇的生活是怎么样的？他们在天空中呈现出怎样的外形？这方面的情况恰恰是研究者所缺乏的；与之相反的是，拉脱维亚女神奥赛克里斯的功能虽然还不太为人所知，但是研究者们却掌握了其生活的相关资料。她的生活情形和立陶宛神祇奥斯里内的家庭生活很接近（早上的星辰，为自己购买马匹。然而这位神祇有三天是不在天空中的，因为她"被太阳的女儿邀请到家中"）。

波罗的海地区的神话呈现出上述情形，这使我们在普鲁士和拉脱维亚诸神之外再引入一位立陶宛神祇，其身份和地位和奥斯里内的哥哥相对等。

普雷托里乌斯第一个证实了该神祇的存在：奥茨维蒂斯（Auššveitis）或奥茨维库斯（Auszweikus）②。根据单词"sweikas"（健康的）和"sweikata"（健康），可以判断这是一位能给病人带来福音的神。

然而，在立陶宛的相关文献中，还存在几处含混不清的地方：

（1）据证实③，奥斯切奥茨是一个普鲁士的名字，而不属于立陶

---

① 古希腊神话中的医神。——译注
② 奥茨维迪斯（Auszweitis）、奥茨维库斯（Auszweikus）和奥斯维蒂斯（Auššveitis）表示同一个神。——译注
③ 《精选集》（*Oeuvres choisies, Būga RR*），第二卷，第98页。

宛语。因此，这位神祇不应该和立陶宛的奥茨维蒂斯相混淆。然而，古普鲁士语在 16 世纪逐渐消亡。所以，也不排除某些居住在立陶宛地区的普鲁士人，在相当长的一段时间里，继续用古普鲁士单词"Ausschauts"来指代他们的健康之神。

（2）研究者在确定"Ausschauts"词源的过程中，似乎是受到神名"Patrimpas"和"Autrimpas"的影响，他们注意到了"Ausschauts"这个单词的前缀"au-"，以此为基础，派生出一个动词的词根"aušaūs"（意思为借出），其中"šaūs"意思为"给出"。

如果我们既考虑到这个词的语音要素，同时也注意其相关的符号-文化背景的话，那么就会最终获得这个词的意指特征。这样的话，我们或许可以给研究者带来一种新的研究思路，来解决波罗的海地区词汇中的相关问题。在立陶宛和拉脱维亚神名中，我们不难发现二者所共有的词根"auš-"或"aus-"（意思为显露），因此我们有理由认为，古普鲁士单词"Ausschauts"是由两个词根"auš-šautas"组合而成。其中，前一个词根普遍存在于波罗的海地区的语言之中，而后一个词根，在普鲁士语中指的是"给出"。因此，立陶宛神祇奥斯维蒂斯的语义内涵就明确了："让光明显露的神"。

因此，我们上文所分析的与奥斯里内有关的文本，其影响力和意义愈发明显：

（1）在女神奥斯里内的旁边，出现了她的哥哥，而她的哥哥则是天空中男性神祇的代表。作为立陶宛女神的奥斯里内，其相关问题和拉脱维亚神祇奥赛克里斯相接近，这一点使得研究者能够针对波罗的海地区的神话提出一个更为广泛的假设。

（2）奥斯里内哥哥的出现有助于解决神祇奥斯维蒂斯的问题，使我们将之"严格"纳入立陶宛诸神的名单之中。在这种新的视角下，奥斯维蒂斯这个神名则更加容易理解。

（3）我们把奥斯维蒂斯确定为奥斯里内的哥哥，从而使之成为掌管健康和疾病的神。

5.3　莱莫三女神（Laimos）

把那三头母牛确定为奥斯里内的姐妹，这是最后一个要阐明的问题。这三位姐妹的神话学地位尚不明确，因为在故事中，她们三个没有独立和特定的活动；从级别上来说，她们从属于奥斯里内，成为她的牲畜，而奥斯维蒂斯（公牛）成为三姐妹的统领者和保护者。然而，这三头母牛变身为年轻的姑娘，与此同时海洋也变成了陆地。所以我们可以做出如下的考虑：这三姐妹是级别稍低的神，可以把她们认作大地女神。

我们还认识到，在立陶宛民间故事中，母牛和"巫婆"之间存在特殊的敌对关系，而巫婆的主要活动之一就是要摧毁母牛产下的牛奶。对母牛施加如此狂热的破坏，这绝不是偶然的，它反映出神与巫婆这两个神话范畴之间存在基本的矛盾关系。巫婆伤害母牛，破坏它们产下的牛奶，很可能是因为在印欧文化背景下，母牛是大地物产丰富和食物充沛的象征。印度和罗马文化语境中往往出现大量的母牛，无独有偶，我们联想到，有一则立陶宛神话也曾提及，昔日有大量的母牛，它们的体积过于庞大，以至于无法返回到牲畜棚，只能停留在山脉的斜坡上，结果大伙儿都跑去挤奶，这些人把带去的大盆都装满了牛奶，"无论贫富，所有人都衣食无忧"。然而好景不长，往昔的好日子很快过去，严寒冻僵了所有的母牛，只剩下它们的象征符号——母牛（莱莫女神）的乳房。

莱莫女神（母牛）代表着大地物产丰盛，除此之外，我们上文还遇到了奥斯里内的铁质母牛。在上文，我们看到，浸泡在铁质母牛产的牛奶之中是要冒一定风险的，这种行为带来的可能是死亡，也可能是新生命、年轻和美丽。因此，与母牛相关的象征就具备了双重性：一方面，它们涉及生死问题，或者说命运问题；另一方面，也涉及生活富裕或悲惨的问题，也就是幸福问题。

让我们回到奥斯里内一家的相关问题上，可以做如下的考虑：鉴于健康和疾病方面已经被分配给奥斯维蒂斯（奥斯里内的哥哥）掌管，所以我们把生死范畴就分配给奥斯里内的姐妹们掌管。除此之外，还有掌管出生的女神莱玛（Laima）、莱梅（Laimė）三女神（属于立陶宛神祇，常常和女神洛梅混淆），她们的任务是决定新生儿的命运。莱玛和另一位女神吉尔蒂内掌管"命运"和"死亡"，她们一块行动，完成共同的使命，即决定（人的）命运。

莱梅和洛梅（Laumė）的问题可能是立陶宛神话中最为复杂的问题之一，有鉴于此，在下面的分析中，我们暂时只针对这个问题的某些方面，只确定属于莱玛——立陶宛的财富女神的范畴。我们同时还想搞清楚，在何种情形之下，莱莫三女神和莱玛女神才能同时出现。

通过上文的分析，可以看出，神与人之间的关系已经恰如其分地被表现为奥斯里内一家和新诞生的大地之间的关联。奥斯里内本人掌管着美丽和年轻，她也是这片大地的女王。在兄弟姐妹的协助下，奥斯里内间接地主宰着大地。她让奥斯维蒂斯（哥哥）去掌管健康，同时让她的姐妹——莱莫三女神掌管生死、幸福和厄运。奥斯里内一家的问题解决之后，新工作就提上了日程，即确定梅奴里斯和安多亚斯的身份。

莱玛

（一）莱玛和小伙子

1. 小伙子的命运

1.1 莱莫的预言

从前有一位农夫，一天晚上，他的儿子出生了。然而，莱梅①女神像往常一样四处游逛，人们经常凑在窗边听她们窃窃私语，谈论到底是男孩还是女孩；要知道，人们总习惯于在窗边偷听。因此，农夫等儿子一出生，就凑到窗边。只听有三个女人靠近了，她们相互谈论起来：

其中一位说："这孩子长大了会富裕的。"

第二位却说："他会夭折的。"

---

① 莱玛（Laima）、莱莫（Laimos）和莱梅（Laimė）指的是同一类女神，掌管人类的命运。然而莱玛一般以单数的形式出现，而莱莫和莱梅一般以复数形式出现。——译注

第三位补充道:"他会活到 12 岁,到那时,贝尔库纳斯会害了他。"①

根据立陶宛人的信仰,莱梅女神在上述场面中预言了新生儿的命运。对于这种叙述,各种版本的说法差异并不大:莱梅女神的预言往往被父亲听到。事实上,更普遍的情况是,与新生儿命运相关的是母亲和智慧女性,甚至是在院子里或谷仓中借宿的旅人。一般情况下是有三位女性在窗户下谈论孩子的命运,预言者是单独女神的情况是很少见的。预言的场所是固定的,并成为惯例。如果说,房屋的墙壁代表的是两个不同世界的界线的话,那么窗户则作为神与人交流的通道,然而这种交流是单方面的(人类是"偷听"神的谈话,并不是面对面交谈):在深夜——注意,在神话叙述中,孩子都是夜里出生——谈话都必须保持单向性的特征,"屋子里绝不能答话,据说(外面)是一种疾病或者是一种不吉利的生灵,甚至是坟墓中的魂魄在叫喊"②。在这种情况下,我们了解到,只有通过谈话内容才能使人们明白,外面是莱梅三女神。

1.2 莱玛对命运的预言

一位贫穷的人在森林里迷了路,他看到一丝光亮,于是顺着光线走进一座房屋。屋里有一位妇女,只见桌子上摆满了饮料和菜肴,床上还铺上了豪华的鸭绒被,这实在是盛情款待。妇女指给贫穷小伙一张他平生从未奢想过的床。然而当晚,小伙子听到有人敲窗户,接着还说道:

——莱玛,莱玛,新生儿的命运如何呀?

莱玛回答道:

——让他们的餐桌也摆满饮料和菜肴,让他们也在同样豪华的床上休息。

贫困的年轻人在房子里又住了一天,第二天晚上当他走进客厅,看到桌子上空空如也,甚至连一片面包、一滴蜂蜜也看不到。床上也是空无一物,连床板都不见了,而屋子的主人却打发这个可怜的人睡

---

① 《立陶宛故事荟萃》(*Contes lithuaniens divers*),第四卷,第 116-117 页。
② 《故事、传奇和祷文》(*Contes, légendes, oraisons*),第 122 页。

在这张床上。

接着，同样的事情也发生了，窗外有人询问，莱玛做了回答。这个年轻人怒不可遏，出手打了莱玛：

——你这个肮脏的人，居然决定给我如此悲惨的生活。

第二晚的场面和第一晚截然不同，事实上，和莱梅三女神有所不同的是，第二晚只有莱玛女神自己在进行预言，她决定按照出生日期把人类的命运划分为不同的类别。同时，地点的变化也会对命运产生影响：对于莱梅三女神来说，她们是"驾临"到人的世界，并且依据明确而标准化的规则和人类交流；然而莱玛女神就有所不同了，人类在森林里迷失了方向，误打误撞地进入了莱玛女神的领地，无意间成为"预言活动"的见证者。莱玛的住所是一座小茅屋，屋里的光线照射到森林深处，这种叙述成为神话故事中广为使用的一种套路：森林是不受人类及其文化侵袭的地带，它成为乌托邦的境地，在那儿可以遇到神话生灵，比如巫婆、仙女、风神，乃至上帝，这些神话人物都是森林中的隐居者。森林中的茅屋不仅是一块处女地，它还是一处遗迹，承载着古代神殿的功能。

上述场景也拥有多个版本，相互之间的差别主要集中在象征手段方面。在上面的叙述中，前一个晚上的接待很豪华，而后一晚却很寒碜。这让我们考虑到，女神莱玛每个晚上都要变换自己的外表，穿不同的衣服，从而对不同的命运做出预言。或者还有一种思路，即每个晚上来到茅屋的并不是女神莱玛，而是由不同的莱梅女神轮流来到这里，女神们的穿着各不相同——有的很寒碜，有的很简朴，当然还有的却很奢华——不同的莱梅女神分别在屋里回答窗外的问题，所以造成两个晚上不同的情形。①

1.3 究竟是一位莱玛女神还是莱梅三女神？

上述两个晚上的情形——女神预言程序的相似性暂不考虑——带来一个棘手的问题：在立陶宛神话中，将"命运"这一抽象概念诉诸

---

① 《立陶宛故事》（*Contes lithuaniens*），第二卷，第66-67页。

形象层面的究竟是唯一的女神莱玛，还是三位莱梅女神？

　　与莱玛相关的文献资料是强有力的，普雷托里乌斯在 17 世纪末就证实了"莱梅尔"（Laimêlê）的存在。从那时起，18 世纪的大部分词典都提及"莱玛"这位命运和诞辰之神的存在。因此，莱玛这位女神的存在同时被历史资料和民间记载所确认。相比之下，莱梅三女神的文献力度就没那么大了：莱梅三女神存在的证据仅限于 19 世纪的人种志资料。不过，命运女神的三元性也得到印欧神话的佐证：立陶宛的莱梅三女神对应着斯堪的纳维亚的诺恩三女神，也和古希腊的摩伊赖三女神（Moires）①、古罗马的帕尔开三女神（Parques）②相对应。J. 巴里斯对多个观点进行了比较，在此基础上他似乎更倾向下列看法，即存在唯一的莱玛女神，然而他对此并不十分肯定。

　　随着研究的推进，我们放弃了"或……或……"（聚合轴）的困境，更倾向另一种假设："和……和……"（组合轴）。我们认为，莱玛女神和莱梅三女神同时存在也是非常有可能的。二者共存的结构再一次让我们联想到奥斯里内及其三姐妹的情形，这一点我们前文已经有所分析。奥斯里内是大地女神，她采用分封的方式，把某些部分交予姐妹来管理。从上面两个场景来看，莱玛这位女神处于较高的级别，她似乎给所有的新生儿划分等级，而莱梅三女神则负责宣布莱玛女神对每个新生儿做出的具体决定，从而确定我们每个人的命运。

　　然而，应当认识到，一旦我们最终建立起莱梅三女神和莱玛女神二者之间的界限，那么莱梅三女神的外形也就会得到最终的巩固。在某些情况下，这种界限是十分明显的——比如莱玛女神会对孩子的命运做出预言，然而从孩子出生一直到洗礼，家长都在新生儿旁边放上一缕点燃的光芒，这是为了防止莱梅女神对孩子造成伤害，特别是莱梅女神经常把孩子偷走——上述区分还可以做进一步讨论。还有一种情形不能忽视：莱梅三女神——就像诺恩三女神和摩伊赖三女神一样——可以谋求自己在立陶宛神话中的身份和位置。很明显的是，在 19 世纪的文献中，莱梅三女神的外形是混合的，由不同的低级神杂

① 指古希腊神话中的命运三女神。——译注
② 指古罗马神话中的命运三女神。——译注

糅而成，因此想要消除歧义就变得很棘手。

1.4　预言

"这是莱玛预言的呀"，这句话成为老生常谈。它给立陶宛民间故事的研究者们提供了一种表层语境，使得立陶宛人民被认为是"倾向宿命论"。从文献学的角度来说，这样一概而论是备受争议的：动词"lemti"并非一直拥有它目前的意义，即"预定""确定命运"等。从生命程式的角度来看，目前的这种含义实际上和人类的生存有着密切的联系。让我们来简单看一下"lemti"这个词的不同接受情况，考察一下这个词的语义场：

（1）猜测；

（2）预卜；

（3）希望。

要注意到，上述三种意义都和"口语活动"有关。因此，动词"lemti"首先指的是"说，表达意见"（针对未来的问题）。从"lemti"这个单词词位（lexème）的语义内核出发，还有以下两种含义：

（4）决定；

（5）确定。

以上两种意义都围绕"做出决定"这个活动，即在公众面前宣布某项决定。

根据上述分析，不难看出，神话语境的唯一功能就是确认"lemti"这个词的普遍意义，即这个词在神话语境中并不是"预言"的意思。因此，无论是茅屋中的女神莱玛，还是窗户下的莱梅三女神，她们没有预言任何事情，也不曾决定人类的命运；她们只是高声宣布"降临于新生儿的命运"。

莱玛作为"宣布者"的这个角色只有当她知晓命运的前提下才能真正有效。这种"知晓"（savoir）——而非"决定"的权力——才是女神莱玛的核心特征。在我们所了解的一部文献中，记载着莱玛女神和莱梅女神之间的斗争①，年轻的小伙子为莱玛女神提供了帮助，作为报

---

① 《立陶宛民俗解读》（*Lectures du folklore lithuanien*），第二卷，第79页。

酬，女神赐予他无所不知的能力。文献还记载，这种无所不知的能力，普通人也能够获得，只不过要等到"圣-让之夜"（la nuit du Saint-Jean）①，还必须寻找到凤尾花。我们不禁思考：圣-让之夜和凤尾花的背后究竟隐藏着怎样的神力？

1.5　好运和霉运

女神莱玛的主要特征是她"知晓"新生儿的命运，而她的主要功能就是把自己知晓的信息予以宣布。很明显，人类的命运并不取决于女神莱玛，命运只是她知晓的对象而已。在我们所考察的语境中，命运表现为时光无情的流逝，命运就像是一张固定的画布，它具备独一无二的特征：它分为前后两个连续的阶段——好运和霉运。研究者考察了十多个不同的版本，发现命运可以有多种不同的外形表达：普通的一天可以是幸福的，也可以是不幸；有人生来富裕，或者天生贫穷；如果孩子在雄鸡鸣叫之前出生，那么他就会成为小偷；反之，若出生在鸣叫之后，则会成为主教。有不少类似的阶段划分，长短不一，但它们仅仅被看作次要因素，无法替代有关命运的基本观念，即我们的生命是存在于时空之中，这些时空由不同的时间段所构成。在某些时间段中，可能会好运连连，当然在其他的时间段也有可能出现相反的情况，即充满不幸或厄运。

批注：上文我们对时间进行了二元性的划分，但是很明显，在这二者之间，还可以引入第三种要素，即一种可以起到中介作用的状态。"孩子活下去""孩子夭亡"是两个极点，二者之间可以出现第三种复杂的情形："孩子活下来，之后又死去"（举例来说，孩子长到十二岁，突然夭折了）；再比如说，"富裕"和"贫穷"是两个极点，二者之间存在一种中介性的状态："既不富裕，也不贫穷"（也就是说"中等"）。应该说，引入这种中介性的状态并不会改变上文对时间所采用的二元划分原则。

现在，我们回到"预言"这个概念上来。经过上文的分析，这个

---

① 圣-让之夜指的是波罗的海沿岸地区的一个传统节日，时间一般为初夏（6月下旬），当天晚上人们会点起熊熊篝火，并围绕在火堆周围跳舞。——译注

概念现在已经有点明确了。我们对女神莱玛的角色做了阐释，她"知晓"预言的内容，因而具备一个明确的功能：在"孤立的事件"和"时间的模态流动"之间建立联系。换言之，把偶然事件——比如孩子出世——和时间的绝对性联系在一起，从而给人类的生命带来意义：在偶然和必然之间建立联系，这种联系被镌刻在宇宙秩序之中。

1.6　时间和吉古特（Gegutė）

如果说时间通过不间断的流逝——正如民间谚语所说，"就算背着一只瓦罐，时间也会不断地奔跑"——造就了"必然性"这个概念的话，那么对时间进行分类，给它划分不同的阶段，使"好运"和"霉运"循环往复，这种活动就构成了宇宙秩序的基础。

为了更好地理解"时间"的概念，我们不妨过渡到另一个问题上，这个问题和另一个命运女神"吉古特"的存在密切相关，这位女神呈现出杜鹃的外形。杜鹃知晓时间，也不断地计算时间。时间是不断轮回的，但也必须分为不同的阶段或时期。尽管日复一日，年复一年，不断循环往复，但宇宙的秩序却不能提前得到保证，有的时候这种秩序会被打破：每一年，冬季都凭借自己无穷的力量，打破枷锁，释放野蛮的自然之力，"破坏"时间的秩序，从而制造混乱。这个时候，吉古特化身为春天的第一只杜鹃，她主要承担以下两种功能：一方面，她负责宣布"混乱的结束和新秩序的建立"；另一方面，她重新划分自然界的生灵和事物，确定人类的行为，并且把这些行为转化为一系列的"状态"（état）。前文，我们分析了莱梅三女神，她们在孩子诞生的那一时刻出现，把某些事件"悬挂在（孩子的）生命轨迹之上"，这些事件就转化为稳定的状态。吉古特女神的做法和莱梅三女神有些类似，她就像电影放映员一样，让正在播放的影片突然暂停，人类的行为便凝固了，被转化为命运：早春的杜鹃发出第一声啼叫时，如果被工作中的人听到，那么就注定要辛苦工作一整年；如果被休息中的人听到，那么这一年都会很懒散；被饥饿的人听到，一年到头都会食不果腹；反之，假如听到这声啼叫的人口袋里正好有钱，那么恭喜了，他将会变成富翁。总而言之，无论何种情形——比如孩子出生或世界复兴——命运的参与都会把偶然转化为必然。

尽管吉古特女神的功能是划分和管理轮回的时间，尽管她的活动也属于"预言"模式，但我们依然要把她看作一位独自行动的女神（和莱梅三女神不同），因为吉古特女神其他的特征及活动范畴都和莱玛女神类似。吉古特也是一位单身的女神，没有伴侣和孩子。根据大众信仰，女神莱玛的身边至少还有三位莱梅女神，然而通常情况下吉古特却是形单影只。

"在漆黑的夜晚，飞来三只彩色的杜鹃"，吉古特不但能够拥有人类的外表，还可以进一步化身为一位绣花女工，这让她和上文提到的诺恩女神及摩伊赖女神颇为接近：

> 栖息在葱翠白桦树的顶端，
> 倚着金色的枝头，
> 戴着丝绸织成的头巾，
> 滚动着金色线团。①

因此，时间就被考虑为是一种期限，它受到始动体（aspect inchoatif）和终结体（aspect terminatif）的双重限制。我们看到，就始动体而言，女神莱玛使人类进入生命程序，吉古特则负责每一年的变换和更新。而终结体也打上了这两位女神的烙印：莱玛决定死亡，并确定终结的时刻，吉古特则通过杜鹃的啼叫来预测"状态的结束"（比如成为牧羊女的时段、成为年轻女孩的时段，甚至活着的时段等）。不仅如此，杜鹃的歌唱还意味着不幸，甚至意味着死亡。因为，在诗学程序中，吉古特直接和送葬队伍联系在一起②。

最后，我们还注意到一种奇特的信仰：吉古特化身为杜鹃，整个夏天都在歌唱。然而冬天临近的时候，她突然变身为雀鹰。这种外形的变化使我们更容易理解这位女神：冬季对应着凶猛的雀鹰，也象征着一种破坏性的外在形象。然而，吉古特也不缺乏"积极的"外形，因为她也可以变身为杜鹃来宣布春天的到来。

在有关命运的另一些故事中，上帝来到地面上散步，并化装成年

---

① 《立陶宛民俗》（*Le folklore lithuanien*），第五卷，第 917-918 页。
② 《立陶宛民俗》（*Le folklore lithuanien*），第五卷（谜语第 6430 则）。

迈的乞讨者。他取代女神莱玛，对新生儿的命运进行预言。与此同时，上帝也承担了吉古特的功能。这一天晚上，他受到了热情的接待。作为回报，他把"幸福"赐予房屋的主人，并且让这种幸福在主人身上不断重复，持续一生。

上文对吉古特的相关文献所做的简要分析——然而她作为女性保护神的功能却没有被提及——并不能给出最终的结论，然而我们还是希望上述分析能够抛砖引玉，促进本领域其他研究的开展。

1.7 预言的内容

现在，我们转向语义范畴，回到女神莱玛和莱梅的外形问题上。这次，需要考察的是女神莱玛或莱梅所预言的确切内容。预言所表现出的语义类型又是怎样的呢？答案其实很简单：尽管上面所考察的两大场景没有明确说明，但是"莱梅三女神聊天"这一场景却一再被重复。因此，我们不难区分出预言所包含的两大维度：

（1）生与死；

（2）富裕和贫穷。

对于富裕和贫穷这一维度，我们暂且不去考虑它在"三女神聊天"这一场景中的地位。单从逻辑视角而言，上述两大维度存在一定的级别关系：不难看出，首先应该解决新生儿的生死问题；接下来，如果孩子能够存活，再来确定他是否能够富裕。

针对命运所进行的这种基本分类还需要以下两大主题作为补充：

（1）有的预言说新生儿会拥有不同寻常的命运，孩子的社会地位将会得到改变，比如，女神莱梅预言孩子不久之后会成为"盗贼"或"主教"（甚至是"王子"）。

（2）另外一些情况则更为少见，被预言的命运虽然也表现为社会地位的改变，但这种改变并不是"垂直性的"（比如地位高或者低），而是呈现出"水平性"或"离心性"的特征：孩子离开他原来生活的社会，外出寻找到幸福；或者是通过自己的能力和才华去为自己谋福祉（比如，使自己成为商人）。①

---

① 《故事、传奇和祷文》（*Contes, légendes et oraisons*），第 155-157 页、第 216 页。

　　然而，我们必须注意到，上述两大主题是补充性或附属性的。从叙述层面来说，前文我们所分析的文本并没有显露出任何迹象，要对这两大主题进行展开。其中的原因也不难理解：我们所分析的人种志资料主要反映了 19 世纪立陶宛封闭的农村社会，农村中起主导作用的是稳固的社会关系，它建立在一种信念的基础之上，即物质财富是一定数量的社会成员共享的结果，如果某个人过于富裕，就会造成其他人的贫困。因此，封闭的农村社会其实也相当于封闭的经济系统，在这个系统内部，财富及成员的进进出出都被视为反常的现象。我们暂时把命运的"分离式表现"（centrifuge）①放在一边，首先把注意力放在两大基本维度之上，即生与死、富裕和贫穷。

2. 生与死

2.1 必然性的分量

　　在一些资料中，莱玛被指定为诞辰女神，这仅仅表明，她参与到新生命的形成和发展过程之中，而负责人类成长的女神是泽米娜（Žemyna）和奥斯特加（Austėja）②，她们俩根本不受莱玛的节制。虽然莱玛被认为是主管人类诞生的女神，但那只是因为她在孩子出生的那一刻把关于新生儿的预言宣布出来。事实上，在新生儿死亡率较高的社会，孩子的出生和他真正拥有生命并不能画等号，二者之间还存在一段时间距离。

　　莱梅三女神的预言如果是"孩子将会存活下去"，那么这包含下面两种独立的情形：

　　（1）孩子在分娩前后不会夭折；

　　（2）孩子出生后会获得某种"时空"（espace de temps），在这个时空下他保持存活的状态。正如同民间谚语所说的那样："根据预言，在这个时间段结束之前，他不会死去。"这个时间段也叫作"生命"，它还有一个同义词："年纪"。在立陶宛古代文献中，人类之所以死亡，并不是因为疾病，而是因为"他的时段结束了"。

---

① "分离式表现"指的是命运分为"生"与"死"，或是"富裕"和"贫穷"。——译注
②《萨莫吉西亚众神》（De diis），第 41 页。

　　这种观念会带来一种符合逻辑的结论：一旦被赋予"生命"，人类无权擅自将其终结。从这个视角出发，我们可以预见到两种具体情形：一，不拥有任何"份额"（part）的生命；二，在某一时间点之前结束的生命。

　　第一种情形中的"份额"，指的是财富份额。出生的人没有得到任何财富，以至于他甚至想从生命程序中退出，也就是萌生了"轻生"的念头。然而，他实在是太穷了，连一条绳子都没有。他跑到森林中，想找到一棵枝干分叉的大树，用来上吊。还有个人想要投河自尽，然而也是徒劳无功。第三个人想要把自己活埋，"可是在地上没挖几下，就碰到了石头，根本无法把自己埋起来"。在这种情形之下，对任何事都无能为力，甚至连结束生命都办不到。

　　第二种情形就和前一种有所不同了："某个人自杀了，那么这个人自杀的地点往往会让其他人感到不安。再比如，某个人被杀害，结果和这个人生活在同一地区的其他人都会隐隐觉得，被害人似乎总是在晚间出现，而且这种现象会持续好多年。"我们看到，在这两个例子中，命运问题其实已经被解决了，只不过采用了更为灵活的方式：无论是自杀还是他杀，只要预言的生命终点还未到来，那么神赋予这个人的剩余生命总要延续，它以一种缓和的形式①走向终点。

　　生命以何种方式开启，就会以何种方式结束：人类平静地等待着生命的终结。一旦人类感觉到大限将至，就会躺在床上，像路易十四过去所做的那样，把自己的儿孙、父母和亲戚召集起来，向他们表示感谢，为他们祝福，然后平静地死去。在上述过程中，"死亡女神"吉尔蒂内所扮演的角色受到了限制：和她相关的很多形象后来都受到了基督教的影响，她被描述为一位骨瘦如柴的人，神色虚伪，谎话连篇。她割断人类的喉咙，还把尸体扯个粉碎。其实，她的主要功能是确定死亡是否已经来临：如果死亡真的已经到来，她就会出现在病人的床头；要是死亡还未到达，那么她就会前往床脚。正像一位大病初愈的

――――――――――
　　① 比如例子中所讲的"让人感到不安""觉得这个人晚上会出现"，这是生命继续存在的标志。——译注

人所说的那样："这一回，我狠狠踹了吉尔蒂内一脚，我死不了的。"①
有的时候，机智的"医生"成功地把吉尔蒂内关在一只小木桶里，或
者是关在一副铁质棺材中，这样就可以阻止她履行自己的职责。结果，
人类遭了大罪："任何人都不再经历死亡，生病的人也大为减少。就这
样过了三百多年，甚至更长。地球上挤满了人，大家都会经历出生、
成长和衰老的过程，但没有人会死亡。他们变得苍老了，头也秃了，
但还是待在那里无所事事。"人们开始对上帝发牢骚了："万能的主啊，
他肯定把我们都忘了。"②可见，生与死是不可避免的两大因素，是亘
古不变的宇宙秩序。

2.2 神的选民

人们经常聚在一起讲故事、谈论生死问题，却很少提及正常的和
显而易见的情形。我们前文分析了莱梅三女神的预言，事实上，这些
预言无一例外，所叙述的都是离奇和少见的情况。比如，某个孩子被
赋予的命运是生存和死亡共存。神并不是要赐予某人"存活的年数"，
而是要通过死亡来"限制生命"，这样的观念建立在"莱梅预言"的基
础之上，它和宇宙秩序并不相悖，相反，它不仅展示了命运的绝对力
量，还表明神在这一过程中扮演着至高无上的角色。从神话学的角度
来看，这一点特别有意思。

贝尔库纳斯的权力——乍一看，上面所描述的预言形式只是要强
调命运的力量，它不仅指出死亡的确切时刻（比如，在第十二年最后
一天的午夜十二点），而且还阐明了死亡的具体方式。大众哲学家认可
上述观念，只不过他们在叙述过程中用一位"上了年纪的绅士"来替
换女神莱玛（这位绅士不是别人，正是在人间散步的上帝）："当孩子
出生的时候，上帝将会做出预言，确定孩子死亡的方式，比如有人会
上吊，有人会溺水，还有的会葬身火海。"③

然而，更令人好奇的是，我们所掌握的资料和上文富有逻辑的思
考并不相符。我们的文献赋予贝尔库纳斯一项特殊的功能：执行神对

---

① 《民俗工作》（*Travaux de folklore*），第三卷，第 130 页。
② 《立陶宛北方故事》（*Contes de la Lithuanie du Nord*），第 247-251 页。
③ 《民俗工作》（*Travaux de folklore*），第四卷，第 263-264 页。

命运所做出的决定。与此同时，文献还把"夭亡"现象和两大自然元素——水与火联系在一起。

　　莱梅女神预言说，孩子长到一定的年纪（十二或十七岁）就会被贝尔库纳斯杀死。这样的命运并不出乎人的意料，因为莱梅女神只是在明确并履行她的主要功能：捍卫宇宙秩序，执行宇宙法则。民间谚语说："假如贝尔库纳斯履行职责，需要把我杀死，那么即便躲在家中，他也会找上门来。"（《立陶宛语言大辞典》）谚语印证了我们的分析，因为贝尔库纳斯只是在执行预言中的决定：无论他的力量有多么强大，也改变不了"执行者"的功能。

　　于是，我们就更容易理解，为了保护儿子，使其免遭这样的厄运，王子——也可能是一位爵爷，或者是一位父亲——决定修建一处避难所，要么是挖掘一间酒窖，要么是在山上造一间铁屋，或者干脆修一座石塔。贝尔库纳斯到了现场，毁了石塔，把铁屋劈成两半，再把酒窖弄得粉碎。不过孩子并不在这些藏身之地："他藏在果园，躲在枝叶下面"①，或者还可以打趣说，"他就藏在卷心菜的叶子下面"②。还有一种说法是，"孩子跑到了小山丘上，躺在地上祈祷"③。在上述情形中，贝尔库纳斯的力量并不充分，预言并没有实现，孩子虽然被"判了死刑"，可仍然活得好好的。

　　要解释上述情形并不容易，然而，有两大特征会引起我们的注意。一方面，父亲所选择的防卫手段——用父亲的力量去对抗贝尔库纳斯的力量，双方的行为属于同一个维度——没能保护孩子，反而是孩子本身天真的预感拯救了自己，也就是应该到别的地方寻求解脱。另一方面，孩子躺在小山丘上向"天主"祈祷，这里的"天主"和基督教里的"上帝"不是一回事。然而在这里，"天主"的力量要强于贝尔库纳斯，尤其是他拥有改变命运的非凡权力。因此，这里的"天主"是我们还不太了解的一位神，而且女神莱玛完全是根据他的意愿来陈述与命运有关的预言。

---

　　①《立陶宛故事荟萃》（*Contes lithuaniens divers*），第四卷，第116-117页。
　　②《立陶宛北方故事》（*Contes de la Lithuanie du Nord*），第214页。
　　③《民俗工作》（*Travaux de folklore*），第四卷，第263页。

死亡与水——有预言说孩子会淹死在池塘或他父亲的水井之中，这个时候，事物的发展就展现出另外一种方式。然而，人们还是会寻求防护性措施：把池塘围起来，锁上水井，井口还盖上一块牛皮。这些措施反映了命运的残酷："可怕的暴风雨袭来，雷声滚滚，狂风大作，大雨倾盆……所有的人都惊恐万分，孩子却不见了！……接着，人们在井口发现了他。只见井口的牛皮表面形成了一个小水坑，孩子不幸淹死在坑里。这一幕和莱玛的预言相一致。"①

这个版本很有意思，它引入"牛皮"这个形象，而且还给我们带来一种印象：孩子淹死在牛皮表面的水坑，这似乎是他自愿接受的死亡形式。其他的故事版本也试图给出"溺水"的场景：人们在池塘的栅栏旁边发现了孩子的尸体，他应该就是在池塘里淹死的。还有故事采用"水井"这一母题："孩子在水井旁溜达，趴在井盖上，口吐白沫，已经断气了。"②和预言直接相关的并不是溺水，而是死亡，并且这种死亡形式使人类和水联系在一起，二者实现了"合取"（conjonction）。

在上面我们曾分析到，贝尔库纳斯的预言有时会归于失败，因为一位"不为人所知的"神阻止了他，这位神的力量比贝尔库纳斯还要强，可以操纵人的命运。对于这位新出现的神，我们还要补充一个要素：他和"水"的神话范畴紧密联系在一起。在前文的研究中，我们已经确定了奥斯里内和水有关的特征，她是海洋公主。我们也分析了梅奴里斯，他有可能是奥斯里内的爱人或哥哥。现在，我们又发现了"水"这一范畴和命运之间的联系。

死亡与火——最后一种预言带有另外一些特质。莱梅女神预言说："只要这堆木材不再燃烧"，新生儿就可以活下去。或者是"这捆柴火不再燃烧""这片小树林不着火"③。因此，生命是需要条件的，这种情形对应一种明确的契约结构，即木材取火就相当于人走向死亡：

$$\frac{木材}{人} \sim \frac{烧成灰烬}{死亡}$$

---

①《立陶宛故事》（*Contes lithuaniens*），第一卷，第104页。
②《民俗工作》（*Travaux de folklore*），第四卷，第263-264页。
③《立陶宛故事荟萃》（*Contes lithuaniens divers*），第四卷，第115页。

所以，人和木材之间是一种换喻关系，就如同我们前文所分析的"狼和头发""龙和蛋"之间的关系一样。

　　然而，应当强调的是，女神莱梅所主张的这份契约是建立在信仰基础之上的：孩子会长大成人，走向死亡是因为他点燃了一捆木材，之所以点燃木材，是因为他根本就不把莱梅的预言当作一种信仰，自然也就不相信"火"能终结生命。事实上，这里的"火"代表的是一位名叫"加比扎"（Gabija）的神，他是家里壁炉中燃烧的火。根据记载，男孩的岳母把干树枝扔到壁炉里面，并且和自己的女儿（即男孩的老婆）一同检查了家里的保险箱，箱子里藏着一块木头。

　　我们在上文分析的那位"不为人所知的"神，也就是命运的掌控者，他不仅和"水"的神话范畴相关，而且通过一系列的假说，我们现在还把他和圣火崇拜联系起来。换句话说，这位神体现出人们对火的虔诚和敬仰。加比扎在罗马文化中被认为是家庭之火，他是"火"的代名词。人们每年点燃一次圣火，以此作为国家群体的力量之源。因此，我们能够再一次提出假设，上文能够改变孩子命运的"名不见经传"的神与印度的密特拉神很接近，代表对永恒之火的崇拜。

　　我们对这位新出现的神已经进行了部分的建构，最后还应该再补充一点说明：上面关于死亡的叙述所涉及的仅仅是"溺水"和"烧成灰烬"，然而任何文本都没有提及"上吊"这一方式。这种"缺位"（absence）或许在立陶宛神话乃至整个印欧神话系统中都不难解释："上吊"这种方式与瓦卢纳-维利纳斯①的王国直接相关，这一点毫无疑问。因此，"上吊"这种方式不属于女神莱玛所预言的范畴。我们把印欧主神的三元性看作一种模式，明确这点之后，就能划定英德拉-贝尔库纳斯的能力范围，并且排除——这一点没有进行仔细研究，但可以被预见到——瓦卢纳-帕图拉斯的权力范畴②，在此之后，就只剩下密特拉神可以拥有"确定命运、维持宇宙秩序"的功能。在立陶宛语境中，和他对等的是哪个神呢？其实我们已经构建了这位神祇的神名——安多亚斯（Andojas），不过在功能的内容层面上，还需要继续对这位

------

　　① 他是一位天神。——译注
　　② 请参考本书 131 页的表。——译注

神进行充实和丰富：我们一直对此进行努力，出于谨慎起见，上文暂时用"名不见经传"这个说法来指代安多亚斯①。

2.3 吉尔蒂内——女神莱玛的姐姐

前文我们曾经讲述过一个场景，一个年轻人在森林中发现了一间茅屋，女神莱玛住在里面。这个故事朝着意想不到的方向发展下去，因为年轻人得知莱玛没有赐予他财富和幸福，就怒不可遏地挥起了拳头，并向女神索要一部分"运气"。结果，莱玛承诺给他带来一位妻子，并让他们过上幸福的生活。但是，上述情节也会出现变动：

——住手，快住手，莱玛吼道。等我姐姐来到，她会宰了你的！（她的姐姐就是吉尔蒂内，也就是死亡之神，在这之前曾被主人公囚禁在小酒桶内，此时她的声音从酒桶底部传来）：

——听着，小妹，我在这呢。②

故事的结尾并不是莱玛兑现承诺，反而是她姐姐吉尔蒂内参与进来。

女神莱玛、吉尔蒂内姐妹俩同时登场，这种情形出现过多次。在另一个故事中，两个女人出现在一位仆人身旁，这位仆人在森林里养马："实际上，这两个女人其中之一是吉尔蒂内，另一位是莱玛。"两位女神向仆人索要马腿上的膘肉，在火上烤肉。仆人把马肉给了吉尔蒂内，但是拒绝给莱玛。后者坚持索要，"结果仆人怒了，把一块烤得滚烫的马肉抛向莱玛，烫到了她的嘴唇"。莱玛当然也勃然大怒，恶狠狠地预言："可恶的家伙，让他一无所有吧。"③

故事的后续也不可忽视，当莱玛和吉尔蒂内两位女神开始谈论命运的时候，我们能够明白，吉尔蒂内会想着给主人公带来好处。女神吉尔蒂内通常给人一种恐怖的印象，然而此时她表现得很友善，甚至瞒着莱玛，给年轻人出谋划策，帮助他选择般配的妻子。

另外一个版本稍微有些不同，莱玛和吉尔蒂内两位女神骑在同一匹马上，谈论起另一个年轻人的命运。莱玛满脑子盘算怎样使那个年

---

① 在上文，这位"名不见经传"的神被猜测是"加比扎"，这里又被猜测为"安多亚斯"，读者应当明白，这两种情况都是作者格雷马斯的猜测，所以两者并不矛盾。——译注
② 《立陶宛北方故事》（*Contes de la Lithanie du Nord*），第101-104页。
③ 《立陶宛故事荟萃》（*Contes lithuaniens divers*），第四卷，第113-115页。

轻人遭受痛苦，让年轻人卷入一场冲突，被打得牙齿脱落。然而同一时间，吉尔蒂内却悄悄地邀请这位年轻人也骑上这匹马，并且坐在自己身后。

女神莱玛打算报复，威胁说："当我们两位女神路过村庄的时候，我一定会在年轻人住的房子上放火。"她的复仇根本就没有成功，因为吉尔蒂内提前告知年轻人：如果年轻人需要在家里生火做饭的话，一定要把干草拿到房屋后面的空地上才行。

女神莱玛和吉尔蒂内姐妹俩骑在同一匹马上，手持缰绳的是莱玛。尽管两姐妹出现在同一个场景下，显示出不少的共同点，但是我们不得不考察两位女神各自不同的特点。

乍一看，文献对莱玛的性格很少提及，着墨不多。而且，从上文看，莱玛似乎是一位"活泼"的女神，她不满足于自己现有的知识和预言的范畴：她试图干涉一位年轻人的生活，使其遭受痛苦，甚至还向这位年轻人复仇。然而，如果仔细考察的话，莱玛的活动范围很受限制，也很明确，莱玛所进行的斗争只是在确保预言中的命运得以实现。在基督教之前的道德框架下，莱玛的活动实际上是智慧和公正的体现。

因此，莱玛表面上显得"很有活力"，但实际上在命运实现的过程中，她从不参与，只有当命运被更改的时候，她才去干涉。比如，在上面的叙述中，她威胁说要在主人公家的房屋上放火。莱玛的"威胁"带有立陶宛文化符号的特征："火"并不是莱玛的管辖范畴，反而象征着贝尔库纳斯的严酷。主人公家的房屋着了火，这种意象和叙述也具有特定的意义：人们对莱玛和贝尔库纳斯的角色进行了分配，莱玛宣布预言的内容，而贝尔库纳斯则对预言内容的执行情况进行监督。

2.4 吉尔蒂内——"医生"的教母

我们已经分析过，莱玛和吉尔蒂内是一对姐妹，而且两位女神的立场似乎还针锋相对。人类反抗莱玛对命运所做出的预言。同时，人类更喜欢吉尔蒂内，因为她会利用莱玛的预言来救助人类。我们看到，吉尔蒂内的这些特征和上文莱玛的形象完全对立起来。

吉尔蒂内很明确地定义了自己的功能："我是吉尔蒂内，我必须照顾病人，并且决定哪些人还可以存活，哪些人不得不死去。"①和莱玛一样，吉尔蒂内也赋予自己"预言"的功能。所以，人类的生死问题实际上是由莱玛和吉尔蒂内两位女神共同管辖的，只不过两位女神负责的时段不同。莱玛负责生命的开端，而吉尔蒂内负责生命的结尾。

认为吉尔蒂内是"死亡之神"，这种观点是错误的，因为她的力量可以使人的生命得以延长，或者可以治愈病人。医生的活动范畴取决于吉尔蒂内的位置——在病人的床尾或床头："如果我位于病人的床尾，那么请照料好这位病人；但是，如果我去了床头，那么就别管他了。"②吉尔蒂内就是这样嘱咐她的教子，而她的教子就是一位"医生"。

对于上面的主题，我们暂且不做深入分析。事实上，这个主题在立陶宛民间故事中多次出现，重复了十多次，它讲述了吉尔蒂内和医学的关系。我们简要总结如下：

（1）吉尔蒂内催生了医学，一个穷人家的儿子认她做教母。接下来，吉尔蒂内就教他去照料病人。也存在其他的故事版本，认为这位"未来的医生"除了拥有吉尔蒂内这位教母之外，还有上帝做他的教父。

（2）关于吉尔蒂内的教子，其原生家庭很贫困，他的父亲"身无分文"。因此，作为教母的吉尔蒂内就赐予"未来的医生"一部分财富，还特别向他提供特定的社会地位，这种行为可以看作对莱玛预言的补充。

我们今天的医学制度可能就是凭借上述方式才得以建立起来。不能忽视的是，叙述所针对的并不是一般的情形，而是特殊事件，叙述必须要和普遍规则拉开距离。吉尔蒂内是医生的保护者和教母，但是这位"教子"也曾违背过教母的指示，主要有以下两种情况：

（1）在个体层面，医生想要拯救一位濒临死亡的病人（这位病人很大程度上会是王子或者某一位爵爷，然而吉尔蒂内却给病人判了死刑）。医生耍了个心眼，他建造了一个可以旋转的大床，把床脚和床头调了位置。因此，吉尔蒂内的预言失效了，但是医生却受到了惩罚，被吊销了医生执照。

---

① 《立陶宛北方故事》（*Contes de la Lithuanie du Nord*），第 101-104 页。
② 《民俗工作》（*Travaux de folklore*），第四卷，第 203 页。

（2）在社会集体层面，医生给吉尔蒂内开了个玩笑。他把自己的教母诱骗到一个空核桃壳之中，用这种方式阻止人类的死亡。医生为此付出了很大的代价，因为这种做法不仅违法，还破坏了宇宙秩序。因此，医生被狠狠地制裁。

综上所述，我们可以归纳一下吉尔蒂内的主要特征：她是女神莱玛的姐姐，主管人类的生死。同时，她还负责保护医生。这一特征也对应一些语义上的发现：比如"打针""针管"和"注射"等字眼。这些隐喻能让我们联想到"蛇"的意象，很明显，吉尔蒂内在过去所呈现的就是"蛇"的形象。这不仅是因为"吉尔蒂内"这个词在概念上与"蛇"接近，还因为二者在外形上也很相似。

3. 富裕和贫穷

3.1 不幸的人和"一无所有"的人

在上文，我们分析了生与死的问题。现在，需要探讨第二个维度，即幸运和不幸的问题。我们所掌握的人种志资料不可避免地会反映封闭的农业社会思维：幸运和不幸很自然地被等同于"宽裕的生活和悲惨的生活"。

从形式上来说，这种二元对立有两种阐释方式，我们把人类划分如下：

（1）"拥有财富的人"和"一无所有的人"；

（2）"幸运的人"和"不幸的人"。

这两组对立是建立在逻辑关系之上的，"拥有财富"和"一无所有"有所不同，这是一组"矛盾关系"（relation de contradiction），二者的区别在于是否拥有"财富份额"。相比之下，"幸运"和"不幸"之间的区别出现了新的特征，因为一个人之所以"幸运"，可能是他获得了"运气"，但也有可能是在倒霉中带着点幸运，所以"幸运"和"不幸"可以看作状态的两个端点，二者之间并不是矛盾关系，而是"对比关系"（relation de contrariété）①。

---

① "矛盾关系"和"对比关系"是存在于同一个语义轴上的两个语义项之间的两种类型的互动关系。简单说，"矛盾关系"指的是前一个语义项的出现以后一个语义项的缺席为前提，反之亦然；而"对比关系"指的是前一个语义项的出现以后一个语义项的出现为前提，或者是前一个语义项的缺席以后一个语义项的缺席为前提。——译注

立陶宛神话不断挖掘这两组关系，给神话学家带来了不少新的困难，但同时也提供了新的人种志资料，使这方面的理论思考更加深入。而且，以上述两组不同的概念为基础，我们不难辨认出两位互相对立的代表命运的神灵：莱梅和奈莱梅（Nelaimė）。

3.2 莱梅和奈莱梅

下面是两个"可靠"事件的相关叙述：

从前，有两兄弟住在一起。一个比较富裕，另一个却很贫穷。一天，这个贫穷的人在自己的田地转悠，发现自己的麦穗都已经被收割了。晚上，他又来到这里，想弄清楚到底是谁来收的麦子。只见森林中走来一位漂亮的姑娘，开始收割地里的麦穗，然后居然把它们都扔在他富裕兄弟的田里。这个贫穷的人一把抓住姑娘就打，姑娘连忙说道："别打我，别打我。我不得不这么做。因为我是你兄弟的财富。"贫苦的人问道："那么我的财富呢？""你的财富已经生锈了。"①

另外一个类似的叙述：

从前有两位兄弟，一个富有，另一个贫穷。贫苦的人走投无路，决定搬到其他地方。他搬走之后，却忘了带走自己的斧子，于是回来准备取回。他看到自己原来住的房子里面有亮光，于是走了进去，却发现一位上了年纪的女人正坐在壁炉旁取暖。女人对他说："我就是你的'不幸'（Nelaimė），既然你搬到别处，我就住了进来。"这位贫苦的人勃然大怒，拿起斧子就朝女人的头上砍去，把她剁成了肉酱，接着把她埋到树根下面。等这个人再次回到屋里的时候，他就开始过上了幸福的生活。

上面两个情形中也出现了两位截然不同的神灵，这和莱玛女神有些类似，因为莱玛是通过换衣服来改变新生儿的命运，而在上述两个故事中，神灵是通过外形的不同来改变命运。好心肠的莱梅呈现出年轻姑娘的外形，而坏心肠的奈莱梅则表现为一位上了年纪的女人。然

---

① 《立陶宛故事》（*Contes lithuaniens*），第一卷，第116-117页。

而，后者的轮廓并不明确：尽管被叫作奈莱梅，在别的一些文献中，也可能表现为"一位高大的白人男性"①。在某些条件下，我们也可以把她的名字更改为"瓦尔格斯"（Vargas，意思是悲惨）②。这位神的活动范畴也很受限：贫苦的人把奈莱梅的身体砍成一块一块的，然后装入一只鼻烟盒，或是装入一只用木塞封闭的瓶子。我们因此产生一种印象，莱梅和奈莱梅只是人们最近才创造出的组合，她们对应"富裕/贫穷"这种维度，但是和"莱梅-达利亚"（Laimė-Dalia）的问题还不可画等号。

3.3 莱梅-达利亚

莱梅-达利亚的外形完全具有自己的特点，立陶宛神话研究者甚至赋予她独立神灵的地位，即她根本不受莱玛的影响。莱梅-达利亚不但出现在丰富的散文作品中，比如各种各样的故事或叙述，而且在少量的歌谣中也能看到她的身影：

母亲一边散步，一边哼着歌谣，

她在寻找莱梅-达利亚。

后者在海的另一边回应这位母亲。③

上文我们分析过，命运女神可能存在两位，也可能只有一位，即莱玛，同时莱玛展现出两种截然不同的活动方式。这种考虑当然还没有最终的定论。

3.4 两种抽象概念

为了弄清楚这个问题，应当从"达利亚"这个观念出发，"达利亚"首先是一个抽象概念，是协助人类思考命运的一种方式。比如，一位父亲在临终前把财产分给了自己的几个儿子；或者是，某个人出生的时候，上帝——也有可能是女神莱玛——赐予他一份对等的财富。同样有一次，上帝在一个爵爷家过了一晚。窗户边上飞过来一只鸟，用人类的语言问上帝："仁慈的上帝，一个穷人家刚刚诞生了一个孩子，

---

① 《立陶宛故事荟萃》（*Contes lithuaniens divers*），第二卷，第 262-264 页。
② 《立陶宛民俗》（*Le folklore lithuanien*），第三卷，第 643-645 页。
③ 《立陶宛民俗解读》（*Lectures du folklore lithuanien*），第二卷，第 78 页。

您赐给他怎样的财富呢？"上帝回答说："这个孩子将来会成为爵爷的管家。"①我们看到，这里的"财富"转变为抽象的概念，其内容层面（contenu）不断变化：在上面的故事中，孩子的"财富"就是"成为管家"。

人们向梅奴里斯所进行的祈祷进一步明确了"财富"的概念：

啊，年轻人，

啊，天空中的王子，

我获得了财富，

您获得了皇冠，

您得到了年轻，

我得到了财富。②

在上述祷告词中，人们向天空中的王子索要的"财富"也可以看作一个抽象而整体的概念，泛指人类可以获得的所有潜在性的"利益"，莱梅女神就代表这样一个整体性的概念，达利亚则代表获得"财富"的具体实现形式，比如上文的"成为管家"。因此，可以看出，"莱梅"和"达利亚"是整体和局部的关系，她们拥有共同的本质特征。总结如下：

（1）从形式上说，"达利亚"是"莱梅"的一部分；

（2）从内容上说，"莱梅"泛指"财富"的所有可能性，而"达利亚"只是其中的某一种实现形式。

3.5　主管分配的神

"分配"这种观念并不是立陶宛神话的专利，在印度，"布哈加神"（Bhaga）也被认为是"财富"的分配之神，他接受密特拉神的统领。而且，斯拉夫文化中的"伯格神"（Bog）也是主管分配的。

在立陶宛语境下，乍一看，"分配"这种功能是由女神莱玛所承担的，但实际上，莱玛的工作仅仅是宣布神的决定。所以，在经过这样的具体分析之后，我们分三个步骤来阐释"预言"这项活动：

---

① 《立陶宛故事荟萃》（*Contes lithuaniens divers*），第二卷，第 186-187 页。

② 《民俗工作》（*Travaux de folklore*），第四卷，第 476 页。

（1）首先，的确存在分配之神。在童话故事中，这一角色往往由"上了年纪的上帝"来承担；而在祈祷用语中，这一角色由梅奴里斯来扮演。

（2）其次，也存在预言之神，他宣布人类的命运，也赐予人类相应的财富。

（3）最后，我们也可以识别出"达利亚"这个神祇。我们借助于"达利亚"这个概念来表示财富有"整体"和"局部"之分，每一个人都拥有他所对应的那份财富。

3.6　"身无分文"的人和追寻莱玛的活动

女神莱玛慷慨地赐予每一个人相应的财富，倘若这一状态保持长久稳定的话，也不会带来大的问题。然而，人类的生命过程中充满了难解之谜。因此，许多故事都解释道："过去，上帝在散步的时候经常会讲述一些故事，还留下一些难解之谜。"[①]民间的智慧认为这些难解之谜就是哲学的开端。

在现实生活中，事物的发展遵循了另一种方式：莱玛把财富赐给一批人，但是另一批人却一无所获。这种分配方式带来了重要的后果，人类有了"富裕"和"贫穷"的区分。幸福就是拥有"一部分财富"，而贫穷被阐释为财富的"缺失"。另外，这种分配方式也是不公平的，它造就了一个"身无分文"的阶层，这个阶层的人走投无路，只能去"寻找莱玛"，"莱玛"成为幸福生活的象征——很多童话故事都有这样的主题。总而言之，他们不得不寻找各种途径来摆脱贫穷。

配偶的财富——第一个解决办法就是建议"身无分文"的男人把配偶的财富作为自己的生活来源：只需要娶到一位"拥有财富的"女人，全家就都可以活下去。至少在某种程度上，这种观点可以解释为什么几乎所有的童话故事都是大团圆结尾：主人公背井离乡，外出寻找"莱玛"，最后和一位公主或者和富有的爵爷的女儿结婚。然而，也有一些故事，年轻的女孩一开始是个贫苦和衣衫褴褛的人。所以，尽管主人公找到了这位女孩，但得不到任何好处——甚至有的时候，女

---

① 《立陶宛北方故事》（*Contes de la Lithuanie du Nord*），第 253 页。

孩的生活还要依靠主人公的财富。但是，到了故事的最后，主人公一般都会得到补偿。所以，这种针对主人公的"补偿结构"（structure de compensation）试图解决一些社会和美学问题。

　　上述所讲的"寻找到一位富有的妻子"，这种活动也属于命运范畴，它自然是延伸了莱玛的功能，使得她多了一项功能——成为人类的红娘（formation de couples）：

> 别哭了，我的甜心，
>
> 让自己的心平静下来吧。
>
> 莱玛也许把你赐给了我，
>
> 你将会成为我的最爱。①

然而，女神莱玛对于婚姻的兴趣似乎还存在其他的原因，这些原因构成了亲属关系（parenté）的一般结构：

> 上帝啊，
>
> 莱玛要在我居住的村子里为我指定一位爱人，
>
> 您一定要禁止她这么做。
>
> ……
>
> 但是，仁慈的上帝，
>
> 如果我心爱的玛丽生活在千里之外的村子，
>
> 您可以允许莱玛做出这样的预言。②

我们不难看出，上面所叙述的是禁止族内通婚，解决办法是寻找异族的姑娘：在有关乱伦的文献中，立陶宛民间故事似乎很具有代表性，而这个时候我们也会看到，女神莱玛会进行干涉。

　　财富是羊羔——"财富"的意指结构再次转化，这一次，一位年轻人能够依靠"一只羊羔"来生活。这个故事的一个版本可以叙述如下：

---

① 《立陶宛婚礼歌谣》（*Chants lithuaniens de mariage*），第一卷，第46页。
② 《立陶宛婚礼歌谣》（*Chants lithuaniens de mariage*），第一卷，第448页。

从前有一位父亲，他的儿子毫无运气可言。然而，这位父亲却颇有智慧，他能分辨出一个人是否能够拥有财富。他看得出来，自己的儿子身无分文，所以极其厌恶他，甚至希望这个不成器的儿子消失。

儿子想娶一位年轻的姑娘，但是父亲得知这位姑娘拥有一笔财产之后，居然禁止自己的儿子和她成婚。结果，儿子娶了另一个"身无分文"的姑娘。接下来，父亲把这对夫妇赶出了家门。

在路上，小两口遇见一位老人，手里牵着一只羊羔。老人对他俩说："我把这只羊羔送给你们，你俩可以靠它的财富生活下去。"

这对夫妇于是定居下来，日子也改善了，还有了孩子。

但是，男孩的父亲听说他俩过上了幸福的生活……就想要知道他们究竟从哪里获得了财富。父亲来到这对夫妇的家中，看到了院子里的羊，知道羊拥有"一份财富"。

父亲要求宰了这只羊，儿子想了想，觉得羊已经老了，没什么用了，于是答应了。大伙杀了这只羊，煮了一锅羊肉。

但是，羊肉还没煮熟，这对夫妻的两个孩子都各自吃了一口，接着，这对年轻夫妇也都尝了一下。父亲看到儿子一家（儿子、儿媳还有他们的两个孩子）都已经拥有了"自己的财富"，所以愤愤离开。[1]

这个故事还有另一个版本，大体框架没有变。还是一位身无分文的儿子和一位拥有智慧的父亲。儿子同样和一位身无分文的女孩结了婚，然后被赶出家门。接着，这对夫妇遇到了一位老人，不过老人赠送给他们的并不是一只羊羔，而是一只幼犬："你们将会拥有这只狗的财富。"那位父亲同样得知了他儿子一家的成功，所以跑到儿子家里杀了那只狗。

父亲身上具有"智慧"，我们稍后再去考察这一概念。羊羔在其他的版本中被替换成了狗，这一点我们也暂且搁置一边。现在，我们要思考的是"财富"的概念，以及财富如何转化为动物。在这里，"财富"应当被考虑为一种哲学-宗教概念，因为羊羔作为一个活生生的动物，它会拥有"财富"。此外，羊羔也可以被认为是"配偶"的转喻，因为

---

[1] 《立陶宛故事荟萃》（*Contes lithuaniens divers*），第四卷，第 10-11 页。

婚礼举行后，新婚儿媳要向家里的一种牲畜——母羊表达自己的感恩，并且把自己未来的活动范畴和母羊联系在一起。

　　然而，羊羔（或狗）的"财富"并不是一个抽象的概念，而是一个拥有自主意志的精神原则，"财富"可以从一个生命体转移到另一个生命体，并且栖息在一个明确的器官之中——比如藏在肺部或肝脏之中。正因为如此，"财富"虽然是物质来源，却和生死问题联系在一起。作为一种精神原则，拥有自主意志的"财富"可以离开某一个身体，然后进入另一个身体，这一过程需要借助两大步骤：首先是"焊接"（plaquage，意思是身体的接触），然后是"品尝"（dégustation，品尝肺部或肝脏）。在这种语境下，"财富"已经成为一种神话外形。

　　天鹅和儿媳——上述例子表明，"财富"这个概念已经开始了"拟人化"（personnification）的过程。我们很容易窥探到这一过程，即赋予"财富"人类的外表。

　　"身无分文的"儿子出了远门，遇到了仁慈的上帝，忍不住问道："我不知道要去哪里，我身无分文，做任何事情都无法成功，我不知道前途在何方！"仁慈的上帝让他做了自己的仆人，并打发他到一处泉水边。只见有三只鸟在这里休息，立陶宛的版本说是三只母天鹅。它们脱下自己的羽毛，然后沐浴在泉水中。年轻人把看到的一切都汇报给上帝。上帝对他说道："你可知它们究竟是什么？那就是你的财富。"上帝建议年轻人把最小的那只天鹅的羽毛偷走，等到天鹅答应要成为自己的"财富"，再把羽毛还给她。年轻人听从了上帝的安排，结果他和天鹅结婚了，两人从此过上了幸福和富裕的生活。[①]

　　我们注意到上述故事的几个特征：那三只鸟被确定为三只母天鹅，天鹅是富裕和高贵的象征。年轻人离家出走，他心里盘算着：我离开家，或许在某处会碰到"莱梅"。在这种语境下，"莱梅"和"财富"这两个概念就比较接近了。遇到上帝之前，他在一座小庄园里当牧羊人。他得到的报酬——三只母羊都被狼吃掉了，这时上帝把最小的一

---

①《立陶宛故事荟萃》（*Contes lithuaniens divers*），第四卷，第 8-9 页。

只天鹅的羽毛投到火中，结果这只天鹅化身为一名杰出的女裁缝，年轻人和她结了婚，他们过上了幸福的生活。

另一个类似的版本讲的并不是天鹅，而是森林中的三位姑娘。年轻人离家出走，想知道自己如何才能找到属于自己的"财富"。上帝给他提出建议：到森林中去，找到一棵长着三根树枝的大树。你会发现，有三位年轻的姑娘坐在这棵树上，其中的两位显得非常高兴，但是第三位却面露悲伤，她便是你的"财富"。把她从树上拉下来，用鞭子抽打她，直到她同意成为你的"财富"为止。

所以，我们看到，"财富"概念具有了人形，它转化为年轻、漂亮的姑娘，并且嫁给了主人公。因此，"财富"不再是神学的概念。而且，"财富"一旦具备人形，就不再是一个孤独的个体，而是成为三只天鹅或三位少女组合而成的结构：这个具有三元性质的外形让我们想起之前分析过的莱梅三女神。似乎"财富"一旦拥有人形，就和莱梅三女神的形象很接近了。

3.7　一块大石头（Akmo）

耗费的财产

从前，有一位农场雇工，勤勤恳恳地为主人工作。时间一年年过去，他向主人索要报酬。对方告诉他："你的报酬会缩水和贬值的。"结果，他只得到几枚钱币，接着又上路了。

在另一个农场主那里，雇工向主人索要"一只大公鸡"。"这只大公鸡一年之内就缩小到一只麻雀那么大了……"

雇工又换了一家农场，作为报酬，他索要"一块大石头"。这块大石头躺在院子里，"它同样是不断缩小，圣诞节的时候，我们用肉眼将将可以看到它"。[①]

为了使上述故事的情节更加清晰，我们尝试补充下列批注：

（1）对于雇工来说，主人提供的报酬相当于他的全部财产。而"报酬"不断缩水，这种现象其实是雇工的财产"符号化"的过程。我们

---

① 《立陶宛故事》（*Contes lithuaniens*），第一卷，第122-123页。

甚至可以理解为，符号是先于"财产"而存在的，它代表了"财产"所占据的"位置"。

（2）另一方面，"大石头"不断缩小，其实也描述了石头磨损的过程，因此这是一种修辞手段。"大石头缩小"暗示"财产"的不断消耗，这可以看作"隐喻"的手法。

让我们思考另一个类似的情节：

雇工为一个农场主服务两年，然而一无所获。第三年，他对主人说："我可以再为您服务一年，但是我需要报酬。您把门旁角落的那颗石头给我就可以了。"事实上，那是一块体积挺大的石头，它躺在门口也是件麻烦事。于是，农场主答应把石头给他。

雇工也就继续为农场主服务，有时他就坐在那颗大石头上穿鞋，有时还兴高采烈地在石头上拍两下。接着，所有人都看到，这颗石头一天比一天小。年底的时候，它变得像一颗鹅蛋那么大。[①]

我们认为，"石头缩小"的这个情节很重要，我们还要引用这个情节的另一个版本：

从前有个年轻人，尽管他的父亲很富裕，可并没有给他带来任何好运。他父亲向他提供的所有东西，无论是钱财还是牲畜，都消失得无影无踪，结果这个年轻人一无所有。他家谷仓中有一块大石头，父亲也试图留给他。年轻人很高兴，爬到这颗石头上，坐在上面穿鞋或是把鞋子脱掉。然而，没过几天，石头居然也消失了。[②]

对上述三个版本的特征做以下分析：

（1）在上述三个版本中，所涉及的并不是一块普通的石头，而是一颗"大石头"，三个版本都具备这个特征。

（2）这块大石头的位置：农场、院子、谷仓或大门口的一角。总而言之，它占据着房屋或农场中的一处空间。同时，这块大石头的功能不甚明显，或者是它的用途很可能已经被遗忘。

---

① 《立陶宛北方故事》（*Contes de la Lithuanie du Nord*），第 101-105 页。
② 《立陶宛故事》（*Contes lithuaniens*），第一卷，第 104 页。

（3）主人公和这块石头之间的关系也很耐人寻味：这是一种"十分喜爱"的关系，主人公见到这块石头时非常高兴，"爬上石头并坐在上面"，"兴高采烈地拍拍石头"。

（4）主人公有一个行为很引人注目：在后两个版本中，他喜欢坐在石头上"穿鞋"。这种情形是一个"始动符号"（signe d'inchoativité），代表一天的开始，或者更广泛地讲，是新工作的开始。所以，我们不得不再次把这种情形和女神莱玛联系在一起，因为她是代表"各种开端"的女神，比如孩子的诞生，而且我们后面还会看到，她也参与到人类诞生的进程之中。

上文，我们对"不幸"这个概念的多种表现方式进行了解读。同时，自然而然地提出了一个问题："大石头"是贫苦雇工最后的希望之所在，那么究竟是谁让这颗巨大的石头缩小？又为什么要这么做？事实上，罪魁祸首就是女神莱玛。在前面我们分析过的一个文献中，女神莱玛向吉尔蒂内讲述了自己"如何袭击一位年轻人，让他的石头不断缩小"。我们前面也做过分析，在监督"命运预言"是否被付诸实现的时候，女神莱玛会有"报复"行为，即对不符合预言的做法进行惩戒和报复。而上文所说的"袭击年轻人"和"让石头缩小"等都是"报复"行为的具体形式。

我们也可以做一些新的评论：很明显，这颗"石头"是"财富"的最后一个象征。它的外形具有坚硬和持久的特点，然而在莱玛的决定面前却毫无力量可言。不仅如此，在同样的情况下，女神莱玛还表现出另一个功能：她能够"消耗财富"，即消耗人类的自我保护能力。

"他们把石头当作神一样崇拜"，这句话所谈论的是古代立陶宛宗教遗产。神话学家认为，立陶宛人崇拜石头、群星、树林及河流。然而，神话研究者首先把这种热烈的情感解释为一种文化现象。与此同时，我们也能看到，"石头崇拜"是一种全球性的情形，不过，这些石头具有各自的形状或类型。石头不同，与之相关的神灵也有所不同，涉及的宗教范畴也各有侧重。

到这里为止，我们已经看出，莱梅-达利亚转化为"大石头"的问题具备相关的语义特征。

　　1600年的一份基督教编年史详细记述了石头崇拜中的一种，相关的记录如下文所示：

　　仓库的地下埋藏着几块大石头，它们的表面很平坦，上面除了有泥土之外，还铺着稻草。人们把这些石头看作"女神"，虔诚地崇拜它们，把石头当作谷物和牲畜的保护者。

　　应该对上述记录做详细的评论和分析：

　　（1）单词"deives"被认为是女性神灵的统一名称，有些民间故事用这个名称来指代"洛梅"（laumès）和"莱莫"（laimos）①。此时，这个单词并不特指"大石头"。不过这个单词经常以复数形式出现，指代众多的二级神灵，这些神灵多为"家庭之神"，保护着每个家庭或农场。

　　（2）这些女神的功能是"保护谷物和牲畜"，和达利亚的角色相对应。达利亚出现时，大量的财富也会汇聚到一起。

　　（3）与同一时期的其他拉丁文献相类似的是，对立陶宛单词"horreum"（仓库）的翻译出现了问题，这个词的抽象概念和农场中的建筑没有任何关系，人们使用另外一个词"grenier"来表示谷仓，然而这又忽略了"保护牲畜"这个功能。

　　（4）罗马神话的研究者提出一个相关的问题：女神的祭坛被埋藏在地下。"把祭坛埋藏在地下"的假设是由罗马神话的专家们提出的，这种活动对应古代贮存小麦的一种方式，也就是说，小麦被储藏在地窖里（冬季的时候，立陶宛人也会用同样的方法储存土豆）。然而这个假设并没有被考古发掘所证实，因为考古学家没有发现"类似地窖"的任何遗迹。

　　（5）另一个观点被提及：罗马女神的祭坛一直都存在，人们只能在一年中的某些时刻才会发现它，比如人们为纪念女神而举办节日。这就可以解释，为何我们总是在干草中（而不是在地下）发现立陶宛人用来祭祀女神的"石头"。我们或许可以做出一个小小的总结：这些

――――――――――――――

　　① "洛梅"和"莱莫"是女神"莱梅"的另外两种叫法，她们通常情况下是以复数形式出现。——译注

石头只不过是"家庭所使用的祭品"。然而，从这个意义上讲，困惑也出现了：祭坛和女神同时出现，人们普遍崇拜的石头不仅仅是女神的化身，它还是女神居所的象征。我们在纪念女神的节日上可以发现这些石头，它们被当作祭品摆在祭坛上。

（6）我们还要对"石头的形状"进行分析：它朝上的那一面是平坦的。于是，神话学家据此把这些石头解释为祭坛。我们并不反对这种观点，反而还要进一步拓展，这些"家庭里的大石头"被奉献给女神莱玛，并逐渐成为社会团体的崇拜对象。

到现在为止，我们只剩下最后一步：把民俗记载和历史资料联系起来。比如，用提出假设的方式进一步确认"大石头"的身份，也就是考察一下这些和女神有关的大石头在神话意识中的反映。换言之，我们要把"大石头"这个形象和它所承载的语义进行对比，即"达利亚"（大石头）是富裕生活的象征，它的功能是保护谷物和牲畜。因此，借助语义分析就可以把不同年代的物品①联系起来，这种研究方法是极为贴切的。

由于历史不断演变，不同时期的各种资料都考证出一定数量的神。事实上，这些神祇可能会有重复的地方，因此就留给我们一个悬而未决的问题，即需要区分出相同的和不同的神，然后给那些重复的神寻找到一个共同的神名。

（二）莱玛和人类

1. 初步分析

只有被纳入宇宙时空的框架，人类生命的"历史性"（historicité）才会具有真正的意义。同时，人类生命的发展方向也不可避免地会引发大家的哲学思考。和其他印欧文化类似，立陶宛神话在这个方面也给出了自己的阐释。立陶宛的理论很完备，把人类的发展史分为三个时代。

---

① 这里特指考古挖掘出的物品。——译注

首先，"时间"这一概念可以被分为三个基本类型：

/过去/-/现在/-/未来/

在此基础上，世界历史也可分为三个连续的时期——黄金时代、青铜时代和黑铁时代，可以把这些时代的演变看作人类的发展，或者是衰落的过程。立陶宛也存在类似的历史观，只不过它表现为三个种族的前后接续：过去是巨人族，目前是人类，接下来还会过渡到矮人族，到了那个时候，人类的数量会大为减少。因此，人类这个族群其实被框定在巨人族和矮人族之间，所以，人类这个物种有其开端，也必然会存在着结尾，正如同有诞生，也会有死亡。

因此，立陶宛神话对于上述哲学观点的阐释就变得容易理解了。比如，从女神莱玛的口中，我们可以得知孩子的诞生和死亡，也可以了解到人类的出现和消失。对于立陶宛人来说，这些事件都和世界性的灾难联系在一起，比如大洪水和瘟疫：如果说人类这个物种出现在大洪水发生之后的话，那么瘟疫则可以引发人类的恐惧，从而被看作世界末日。

2. 莱玛和大洪水

2.1 资料记载

目前，我们所了解的洪水神话仅有四个版本。其中，最主要的版本可以追溯到 1888 年，收录在民间故事集《故事、传说和祷文》①中。还有两种版本分别出现于 1878 年和 1880 年，它们被翻译成波兰语。第四个版本是 1835 年收录的，我们能辨认出立陶宛语的译本，译本在原有叙述的基础上增加了文学的色彩，和《圣经》中的大洪水及巴别塔的历史结合在一起。

这样一来，我们的分析工作或许会得到简化，主要集中于以下两点：

（1）大洪水的神话流传甚广，从澳大利亚到阿拉斯加都可以见到，而《圣经》中的大洪水故事只不过是美索不达米亚神话的一个特殊版本。

---

① 在用波兰语出版的某些文献中，我们也能找到一些记载。

（2）巴别塔神话的存在主要用来解释为何存在如此众多而又各不相同的"人类-语言社会"。巴别塔神话的流传也很广泛。

因此，把立陶宛神话认定为一种"赝品或抄袭"是完全站不住脚的。相反，立陶宛神话是一种原创的"人种和文化思维"，它和立陶宛当地的神话背景是和谐统一的。并且，立陶宛神话中的某些事件不但和《圣经》没有任何关系可言，反而有证据证明，这些事件是立陶宛神话所特有的。

因此，巨人族的最后一对夫妇实际上躲在核桃壳之中，因而逃过了灾难。最初的人类被认为是巨人族和大地交配的产物，在女神莱玛看来，这样的孕育过程是最为原始的，也是独一无二的。

综上所述，我们无须其他的顾虑，可以把大洪水的相关叙述纳入对莱玛外形的构建之中，成为后者不可或缺的一部分。

2.2　大地上的洪水

"……大洪水发生之前，地球上只有身材高大的人……老人们称之为巨人……这些巨人所崇拜的神叫作'普拉科里玛斯'（Prakorimas），在天空中建造有自己的宫殿。一次，他偶然向大地瞥了一眼，看到人类道德沦丧，行为恶劣，于是派出自己的两位助手：一位是风神，另一位是水神，让他俩去终止人类的低劣行为……然而，其中有一些巨人不愿意服从神的意志，众神勃然大怒，大地被他们抱在怀里，如同一只碗。接着，他们把大雨投放到各个方向，一连持续二十五天。于是，大洪水淹没了整个大地。"

不要忘记，我们的主要目的是描述女神莱玛。前面已经过多地介绍了大洪水的问题，但这只是为了建立起一个合适的框架，从而更好地理解女神莱玛在神界中的位置，以及她和其他神祇之间的关系，更广泛地说，还有助于理解莱玛所履行的宇宙功能。因此，上文对大洪水神话的分析涉及莱玛的很多特征。

巨人族——过去，地球上生活着巨人族，持有这种观点的人很多，多种多样的民间故事材料证实了这一点。在印欧比较神话学领域，也有不少的立陶宛资料都可以佐证上述观点。

正因为巨人族的出现，远古时代的神也同样是巨人。比如上文我们已经熟知的维尔尼亚斯，在某些文献中，他表现为一位独眼的巨人。在立陶宛神话中，与维尔尼亚斯对等的形象是拉普克里迪斯（Lapkritys，意思是摇掉树叶的人），他吹一口气就能让所有的树枝变成光秃秃的样子。有一则流传甚广的传说，讲的是两位巨人在河边和山谷互相传递一把斧子。在某些版本中，这两位巨人指的是贝尔库纳斯和他的兄弟，类似的例子很多。因此，制造大洪水的"风神"和"水神"也被认为是巨人，这样的观点就不再令我们感到诧异。在斯堪的纳维亚和希腊神话中，也存在巨人族的神，女神莱玛就是他们中的一员。

普拉科里玛斯——巨人族所崇拜的神同时也是那个时期的最高主神，在立陶宛神话中，这位神的名字是"普拉科里玛斯"。考察这个神名的写法，我们可以发现，其中一个要素可以被理解为"第一的，首要的"（premier），我们可以接受这样的观点。

这个神名的抽象意义，正如我们之前所考察的那样，是和神的功能联系在一起的。更具体地说，它指的是"与命运有关的功能"。关于这一点，还有其他两处引文："为什么你们要和波兰人脱离开来？要知道很长时间以来，普拉科里玛斯都是把你们集中到一起的。""普拉科里玛斯强迫你们居住在欧洲最寒冷的国度。"

通过这两个例子，我们不难看出，二者都和"命运"联系在一起。这两处引文都选自 V. 皮埃塔里斯（V. Pietaris）的作品，他出生于立陶宛西部。此外，祖籍萨莫吉西亚①的 M. 达万纳（M. Davaina）也在作品中谈论到普拉科里玛斯。因此，这些材料使我们可以思考这位神在立陶宛文化背景下的特征。

然而，"普拉科里玛斯"这个词拥有语言史中最为古老的词根：这个词特有的意义是"敲碎，从蜂窝中抢走蜂蜜"。动词"prakoriauti"指的是"开始打破蜂巢"，而"prakorauti"表示"第一个品尝准备的食物和饮料"。还有词典这样解释："那些给国王提供的美食和饮料，我是第一个品尝的。这就是 prakorauju。"可见，这个词所表达的意思是特供给宫殿或国王的服务。早在中世纪，这一传统就为人所知，而这

---

① 立陶宛下辖的一个地区。——译注

一传统的代名词就是"prakorauninkas"（这是一个立陶宛语单词）。

　　从历史语义的角度来说，为了更清晰地阐述这些词的语义场，首先要注意到它们共有的前缀"pra"，它具有"始动"的意味，而作为抽象的"命运"概念，它还具有个人色彩，可以指代启蒙者或创始人，即最初着手做某事的人。词根"kor"指的是"蜂巢"，它代表具有家庭或社会系统模式的养蜂行业，这个行业在过去的立陶宛文化中占有一席之地。因此，"蜂巢"隐喻"养蜂业"，我们不难理解，它包含两方面的含义：其一，从神的角度来说，它形成了有关命运的观念；其二，从人类的角度来说，它是立陶宛封建社会的象征。

　　不过，如果把普拉科里玛斯看作宫殿里的一个高级仆人，他以身试毒，确保给爵爷提供的食物或饮料没有被下毒①，这种观点是错误的。在本书的第四章中②，我们会分析"克里克斯塔斯"（Krikštas）③的概念，届时我们还要考察：在基尔米埃节④的宴席上，"蛇"品尝美味佳肴的活动——或者对食物不理不睬——拥有双重的意义：首先，很明显这是一种祝圣仪式。但尤其重要的是，它借助这种仪式，对新一年的运势进行预测。很有可能的是，我们上文所分析的普拉科里玛斯成为这个仪式上的神父，并且为某种食物命名，或者是为君主祈福。

　　因此，在这种语境下，"普拉科里玛斯"这个词被 V. 皮埃塔里斯视为一个有关"命运"的抽象概念，而 M. 达万纳却认为这个词是一个神名，指代一位"在人类诞生之前就已经存在的"神祇。我们可以辨别出"普拉科里玛斯"的语义特征：（1）表示这位神最初的外在形象；（2）识别和预测命运的特征；（3）他不但是养蜂业的最初创建者，还根据宇宙和社会规律，在原始巨人族的帮助下创造出崭新的人类种族。

　　批注："普拉科里玛斯"这个神名还有另一个版本，即"普拉库里玛斯"（Prakurimas），这个单词也拥有自己的词源和内涵：单词"普拉

---

　　① 上文我们曾分析到，"普拉科里玛斯"这个词的其中一个含义是"第一个品尝准备的食物和饮料"。——译注
　　② 详细内容请参见本书的第四章"众神与节日"。——译注
　　③ "克里克斯塔斯"的意思是"洗礼"，也可以表示"开始品尝"。——译注
　　④ 基尔米埃节（Kirmiai）相关内容，请参见本书的第四章"众神与节日"。——译注

库莱亚斯"（Prakurejas）指的是"祖先"。然而至少到目前为止，这个词的神话意味相比"普拉科里玛斯"减弱了不少。由于在达万纳（D. Davaina）的文献中，我们并没有直接看到这个词，只在一份波兰语写成的神话摘要中见到了这个词的波兰语形式，所以，我们猜想，达万纳或许对这个词进行了修改。

如果想要把"普拉科里玛斯"辨认为一个无可争议的神名，最后一个困难来自语言学：一直以来这个词都被当作一个抽象的专有名词来使用，即使它本来的意义是"打碎蜂窝"，这是这位神展示出的外在形象。更确切地说，"打碎蜂窝"是一种"行为"（action），而不是一种"状态"（état）。所以，用这种外在形象来阐释"命运观念"就显得有些困难了。研究者不禁提出疑问：编辑古代文献的学者把"普拉科里玛斯"定义为"命运"是否妥当？而且，从语言学的角度来说，把"取走蜂窝里的蜂蜜"和"被预言的事"联系起来是否具有说服力，是否容易被接受？事实上，"预言"是和"命运"相关的一种活动，它预测的是"命运"的结果。对于不同的人来说，这种"和命运相关的"活动具有个性化，它服从语义演变的原则。"普拉科里玛斯"复杂的历史带有过去封建制度的印记，从而确认了这个概念的原始性。

"普拉科里玛斯"有两个类似的写法："Praamžis"和"Praamžius"，由 T. 纳尔布特（T. Narbutt）所使用，用来替代"Prakorimas"，它无论是从意义方面还是从语法形式上都没有给研究者造成困难。

然而，T. 纳尔布特带来的文字说服力不是太强，而直到 19 世纪，研究者才得以从民间流传的《普鲁士地区的立陶宛民谣》①（1905）中发现 "Praamžius"这种形式："我那双小巧的手，你们究竟属于谁呢？你们是我的最爱，伟大的神普拉科里玛斯（Praamžius）啊，请让它们属于我吧！"在上述引文中，我们发现，其中有某位神话人物试图掌握自己的命运②。因此，就算"Praamžius"这个词被证实得比较晚，但也没有任何理由认为这个词指代一个"被凭空捏造的神"：在我们看来，

---

① 外文名是 *Chants des Lithuaniens de Prusse*。
② 正如引文中所指出的那样，某一位神话人物想请神把双手赐予他，这是"试图掌握自身命运"的做法。——译注

"Praamžius"是神祇"普拉科里玛斯"众多神名中的一个，这个词是在形容词"Praamžis"的基础上形成的，它首先作为"普拉科里玛斯"的修饰语来被使用。

因此，"Praamžis"一词恢复了它的所指，某些神话学家因为受到基督教"唯一神名论"的影响，一直努力要为波罗的海地区的宗教寻找到一位最高神。然而就算"Praamžis"恢复所指，这个事实也不能和神话学家的努力混为一谈。普拉科里玛斯是一位巨人族的神，而宗教历史，比如印度的情况，存在跨度很大的时间间断。这就表明，宗教以及孕育宗教的文化背景，都处于不断的演变过程之中。在演变过程中，它们会形成界限分明的层次。研究者至少会觉察到，每一个层次都会被认为是独立自主的系统。而且印欧神话对神的世界的描述通常会包含"不同的神之间的战场"或者"不同种族之间的战场"。

于是，在波罗的海地区宗教中就存在最高主神的三元性，然而这并不妨碍人们辨认出上一代的神，其中就有普拉科里玛斯。立陶宛国家和首都维尔纽斯的创建者并没有抹杀有关斯旺塔拉吉斯（Šventaragis）外形的记忆，这位神祇代表着人们对永恒之火的崇拜。

我们辨认出普拉科里玛斯，把他视为原始命运和宇宙秩序的建立者，而这并不能阻碍安多亚斯（Andojas）的存在，他在立陶宛文化中的功能和印度文化中的密特拉神是类似的。这就使我们得以解决一个悬而未决的重大问题，即立陶宛人关于"智慧"的观念。在上文，我们曾经分析过一个文本，其中包含一位拥有"智慧"的父亲，他知晓命运的真实路径，他对自己的儿子不满，因为尽管儿子身无分文，却走上了富裕的人生道路，因为上帝给予他财富，即羊羔。因此，我们不可避免地遇到命运的两种观念：父亲坚持的命运观念和儿子所抓住的另一条道路。所以，我们可以建立起一组假设：父亲的所谓"智慧"指的是"理解普拉科里玛斯那不可替代的意志"；而儿子的"幸福"则取决于"财富"，比如一只羊羔。

2.3 普拉科里玛斯的怜悯

天上的花园中长满了核桃，神一边品尝着这些核桃，一边透过宫殿的窗户再次瞥向大地，这次他看到人类正经历一场灾难；于是，他不禁起了怜悯之心，想道："大洪水之后，至少要留下一些人吧。"想到这里，他拿起一颗核桃壳从窗户扔了下去，丢向正在水里挣扎的人类。结果，一位老大爷和一位同样苍老的女人最终爬上了核桃壳。

上述文献和 T. 纳尔布特的文本相比，并没有多少新颖的内容：我们已经分析过，T. 纳尔布特修改了他的文本，指出在核桃壳中，不仅有很多对（人类的）夫妻（这就可以解释，为何除了立陶宛，还出现了很多其他的民族），而且核桃壳还具备了诺亚方舟的特质，因为这里面存在所有物种的代表——鸟类和其他动物。因此，我们有理由做出如下思考：T. 纳尔布特的文本所描述的是人类的基本问题。

M. 达万纳对自己的文本进行了注解，因此我们得以发现不少补充信息：

（1）当这对老人（苍老的男人和女人）进入核桃壳之后，维尔尼亚斯出现了。他还带了一只耗子，开始啃核桃壳。

（2）女神莱玛（或者普拉科里玛斯本人）把一只手套扔到核桃壳里，手套变成了一只猫，开始抓老鼠。

对我们来说，这些补充信息意义重大。除了普拉科里玛斯，这些补充信息还引入了其他出现于巨人族或大洪水时代的神：维尔尼亚斯和莱玛。女神莱玛成为普拉科里玛斯的助手，这一特征被提及。

核桃壳承担了"小船"的功能，它再次出现。我们之前在另一则赞美奥斯里内的神话中也曾遇到这种情形，奥斯里内变成了一颗星星，标志着她的新生。而这对老人爬进核桃壳，在里面形成了一个胚胎，新的人类种族由此开始发展。

2.4 莱玛的腰带

当普拉科里玛斯第三次透过窗户往下看时，他发现自己派出的使者正勃然大怒。他心想，这两个使者正在气头上，或许会让人类消失，甚至想要彻底摧毁整个大地。

于是，普拉科里玛斯给人类扔了一条"恩惠的腰带"（也就是彩虹）。这样的话，这条腰带就会向人类伸出援助之手，把他们带回到原来的地方。

因此，腰带就是这样帮助了人类。

我们把上面的故事与 T. 纳尔布特的版本相比，可以看出后者所缺少的要素：在 T. 纳尔布特的文本中，普拉科里玛斯派遣的巨人特使也发怒了，但是普拉科里玛斯并没有使用"彩虹"作为拯救的方式。在 T. 纳尔布特的笔下，彩虹在后来的场景中才出现，即大洪水退去之后，这时，"太阳重新开始发出光芒"。T. 纳尔布特文本的这些特征是合理的——只有在大雨之后，彩虹才会出现。这种情况使我们得以抓住 M. 达万纳文本和 T. 纳尔布特文本不一样的特征：在 M. 达万纳的文本中，彩虹是提前出现的。换句话说，当彩虹出现时，主管彩虹的神尚未显现出自己的外形。

但是，我们会提出一个问题：在立陶宛语中，哪一个单词才能恰如其分地指代"彩虹"呢？事实上，在自己的文本中，M. 达万纳也提出了这个问题。他从一开始就努力区分和确认"彩虹"的三种名称：第一种名称是"莱梅（或莱玛）"的腰带；第二种是"恩惠的腰带"；如今，教士们告诉大家，应该使用它真正的名字（第三种名称）——魏夫沃里克斯特（Vaivorykste）。

问题既简单又复杂，作为彩虹真正的名称，教士们引入并倡导这种叫法，然而这个名字却不太为人所知。莱玛（或者洛梅）是一位家喻户晓的神灵，她的腰带时不时地出现在空中。但是"魏夫沃里克斯特"这个名称的出现却让事情变得复杂：这个名称不但指代一种天气现象（彩虹），而且还表示这条腰带（同样是彩虹）的所有者——神灵。（从此，我们就明白，为何在这之后，出现了一个专门指代彩虹的单词"魏夫沃里克斯特"。）

然而，即使人们决定把彩虹叫作"恩惠的腰带"（这可能是受到《圣经》的影响），M. 达万纳也在这个名称中加入了他自己的个人特点。他说出这样的句子："你们将会看到我的光芒（也就是我的腰带）；我总是停留在空中，用温柔的眼神望着你们。"很明显，用"腰带"这个词来指代一位拥有女性外表的神，这实在是有些荒谬。假如在叙述的过程中，作者强调："我们的祖先们看到天空中出现了彩虹，他们高呼，这不是彩虹，是女神莱玛的腰带！"这样的语句才不会让人感到诧异。

似乎其他的证明活动都是多余的了，因为叙述者已经一点一点地理清了其中的混乱。我们了解到，"洛梅"这个名称不仅取代了"莱梅"①，而且它的使用范围更加扩大。所以，在整个立陶宛境内，"莱梅的腰带"和"洛梅的腰带"这两种说法虽然都可以见到，但它们指代同一种自然现象。

了解到这一点后，我们就可以重新回到女神莱玛的活动上来。简单回顾一下，女神莱玛已经出现了两次。第一次，她保护了核桃壳，阻止了维尔尼亚斯的险恶意图；第二次，她派了自己的两员大将——风神和雨神。女神莱玛的活动是如此重要，以至于其他的一些版本把她和普拉科里玛斯联系在一起。杜梅齐尔试图弄清楚二者之间的关系：这两位神的形象似乎涉及同一个神话空间，不过有一点是例外的，普拉科里玛斯作为最高主神，他更多的是位于暗处，而莱玛则很自然地出现在明处。换句话说，莱玛是普拉科里玛斯意志的宣布者。

2.5 人类的诞生

（驱赶走了巨人，）她对这两位老人说：

——如果你们想要孩子的话，就去寻找山丘吧，从一个山丘跳到另一个山丘吧。

（他们的身体显得高大，而且没有穿裤衩，两个不知害臊的家伙。）他们从一个山丘跳到另一个山丘，跳的次数越多，得到的孩子就越多。老头就照着神所说的那样，开始在山丘之间跳动。他得到了英俊的男孩，男孩的数量和起跳的次数相当。轮到老妪时，她也得到了不少漂亮的女孩。然而，由于这位老妇年岁更高，所以更加迟钝，起跳次数没有老头那么多，因此女孩的数量自然没有男孩多。

毫无疑问，这个场景是古老的，没有发现任何抄袭《圣经》的痕迹：在上面的故事中，那一对老人没有孩子，他们自己也无法获得孩子。因为，如果是通过正常的交配来得到孩子，那么他们的孩子也只

---

① 我们注意到，在本书语境下，和前文一致，莱玛、莱梅和洛梅指代同一类女神，其功能也是一致的，下同。——译注。

能是巨人，而不是人类。我们都可以理解，性行为是孩子诞生的逻辑前提。但是在上面的故事中，交配行为比较特别，因为这个行为并不是在这对老人之间进行，而是老头、老妇分别和大地交配（也就是跳跃行为）。比如，当老头在不同的山丘之间跳跃时，那么他的交配对象就被认为是山谷，此时，山谷承担了女性的角色。M. 达万纳的文本忽略了上面这个场景，但是 T. 纳尔布特却把这一内容补充进去。与上面的情形类似，对于老妇来说，大地上的土丘就扮演了男性的角色，成为她的交配对象。叙述者担心读者无法理解这个隐喻，所以增加了注解："他们的身体显得高大。"其实，拥有高大的身体，从比例的角度来说，与大地的高低起伏相对应。为了顺利实现性行为，还要消除最后一些障碍，于是叙述者再次确认："……没有穿裤衩，两个不知害臊的家伙。"

于是，人类就这样诞生了。一方面，人类是巨人族的扩大和延伸；另一方面，上文的故事也明显反映出，人类起源于大地或泥土（我们知道，这个问题在古希腊神话中占有重要地位，请参考列维-斯特劳斯对俄狄浦斯神话的分析）。从这个意义上讲，我们的文本无可辩驳地使读者联想到另一个穷本溯源的神话，即奥斯里内的神话。我们还记得，当她的公牛哥哥和母牛姐妹都变回人形的时候，也和大地、人类的出现紧密相连。因此，这两个神话相互呼应。我们有理由认为，奥斯里内和莱玛均参与到人类诞生的过程之中，而且人类和大地是不可分离的。

在这则神话中，莱玛的角色是不能被忘记的：她不但见证了人类的诞生，而且，第一批人类的诞生之所以成为可能，也正是遵循了她的意见。于是，莱玛就成为——为了证明这一点，神话学语境对我们来说是必要的——主管诞生的神。她不仅见证了每一个孩子的出生，还预言了孩子的未来，而且尤其重要的是，她也是整个人类诞生的组织者。她在宇宙学方面和人类学方面的活动是类似的和并行不悖的，莱玛的特质本来不太好辨认，但是某些民间故事研究者应该十分愿意把她视为童话故事中的"一位善良的仙女"。

2.6 莱玛的预言

"恩惠的腰带"（现在，我们已经了解，腰带就是女神莱玛）向老人提出意见，她补充道：

——现在，世界的新纪元开始了，也就是人类的时代。但是再往后，当人类即将消失的时候，一定会有新的族群延续下去。

把这个消息传达给你们之后，我就会离开你们，回到我原来的地方。但是，你们会看到我沐浴在同样的光芒之中，我会在空中用同样温柔的目光注视着你们。

不要忘记这点：你们会看到我在天空中变成一条蓝色腰带。如果你们看到这条腰带有些泛红，那么在这一年中，你们获得的白面包就会多于黑面包。然而，当我呈现为一条宽大的红色腰带时，那就表明在整一年中，你们会有很多黑面包，而且这一年收成会很差。

向人类说完这些话之后，她（莱玛）就离开了，回到自己的光芒之中。她飞到大气之上，藏到云层后面。正是在这个时候，跨越山谷的那一对老人第一次看到了莱玛。

针对上面的片段，我们将简单地进行以下几点分析：

（1）女神莱玛参与到人类诞生的过程之中，这一点和她的另一项功能紧密相连，即预言的功能：事实上，正是女神莱玛用简单的几句话，给第一批人类讲解了哲学，以及三大种族（上文提到的巨人族、正常人类和矮人族）的历史。

（2）在大地上，女神莱玛针对人类的使命是暂时的，而这位神的居所位于高处，在"大气"之中。

（3）莱玛在向人类表达了自己的善意之后，宣布自己将继续负责预言的使命：通过天空中不同颜色的彩虹，人类就能猜到本年度收成的好坏与否。这个时候，彩虹成为一个对人类至关重要的符号。因此，我们可以做出下面的思考：事实上，女神莱玛确保人类达到物质丰富的状态。从宇宙的层次来说，她这个角色为每个人提供财富。

2.7 符号和颜色

女神莱玛既可以呈现出人的外形，也可以变换成彩虹。彩虹的出现毫无疑问是和大洪水的结束联系在一起的，因此可以承认，大体上彩虹的功能在于维持自然元素的平衡，原本落在大地上的雨水被彩虹所吸收。至于莱玛，她通过变换自己腰带的色彩——比如蓝色或红色——来预报年景的好坏。

彩虹可以看作色彩的组合，理解了这一点，我们就可以探寻"vaivorykstė"（彩虹）的词源：腰带（即彩虹）的色彩和"欧洲越橘"①相类似，它是"vaivoras"和后缀"ykstė"组合而成。K. 布伽（K. Būga）和 M. 达万纳非常赞同这种组合形式，根据他们的神话学思想，"vaivorai"是代表女神莱玛的符号。这里有一个极为生动的例子："我会变换你的颜色，我会敲打你，然后你就会变成蓝色。"（从红色变换为蓝色）假如莱玛腰带上的色彩比较单一的话，就不足以证明彩虹的出现。根据一些补充资料，我们可以增加一个小小的细节，单色的"vaivorai"（腰带）会轻轻地麻痹人类，因为它给人类带来一个"幸福的幻象"。

对彩虹的色彩进行符号学阐释，比如它的弯拱由红色转变为蓝色，把这一切都看作女神莱玛所具有的特征。这种分析也有助于解释"人们为莱玛挑选大石头"（也就是祭品）的行为，大石头的周长差不多都有 10 米左右。这样的石头是红黑色的，还掺杂有云母片。"太阳照射到石头上，会反射出不同凡响的金光"。在立陶宛的色彩系统中，起主导作用的似乎不是颜色的调配或反衬，而是另外一个特征，即颜色的闪耀。

关于莱玛的"符号"，还要增加"披肩"这个形象。尽管暂时还不知道构成披肩的颜色，但我们至少知道它具有"条纹"，这一点和腰带类似。然而，披肩的日常使用——未来的丈夫在求婚的时候，给未婚妻带来了这条披肩和一双鞋——标志着年轻的夫妇处于女神莱玛的保护之下。正因为如此，这对年轻的夫妇形成了一个习惯：到山丘上为莱玛献上祭品。

---

① 欧洲越橘为落叶灌木，叶较小，呈卵形，花为球形，为玫瑰色带淡绿色。所以作者说腰带的颜色类似于欧洲越橘。——译注

（三）莱玛和瘟疫

1. 瘟疫的原因

上文的分析运用了结构的方法，但实施这种方法需要一个前提，即存在一个功能上的"空位"（position vide），而女神莱玛通过自己的出现和活动正好弥补了这个空位。事实上，从人类学的层面来说，莱玛可以确定个体的生死；在宇宙层面，我们看到，她参与到人类诞生的过程之中。除此之外，当人类面临灭亡的威胁之时，我们也可以看到她的身影。

于是，我们就可以明白，为何 M. 达万纳的文本在叙述完女神莱玛对新生人类的恩赐之后，并没有就此止步：他用同样的文体接着叙述下去，从诞生问题转移到死亡问题，从大洪水过渡到对瘟疫的描述。

我们可以看到，神话学思维特别关注"为什么"的问题，而不是"怎么样"的问题。就我们的情况来说，人类的历史被分为相互独立的时代，宇宙灾难——比如大洪水或瘟疫——把不同的时代相互隔开。于是，人类想探求下列问题的答案："为什么会有大洪水？""为什么会有瘟疫？"我们成功地从立陶宛资料中找到了关于这些问题的至少两个答案。

第一个答案是关于大洪水的，它由 M. 达万纳提供。在一定程度上，这一答案符合悲观的历史哲学视角，它把历史看作人类社会持续衰败的过程。巨人族被大洪水所灭绝，是因为自己道德败坏，品行恶劣。然而，人类重蹈覆辙，"根据叙述者的记载，人类的行为变得凶狠恶毒，毫无正义可言。他们互相争斗和掠夺，把落入自己手中的物品一抢而空，不能带走的，干脆就毁掉"。人类居然以这种残暴的力量建立自己的体制，于是，"神让人类遭遇灾难，一场可怕的瘟疫随即降临于世，人类开始死去，就如同树上落下的叶子"。

很难说这样说教性的解释能在多大程度上反映出基督教的影响，历史就是三类种族的前后接续，这种历史观念并非总是意味着道德说教。我们还记得，普拉科里玛斯派出风神和水神，就是为了在地面上建立秩序。不过，由于这两位神被激怒，他们出于自己的本意而故意淹没了大地。而在同一个文本中，在针对灾难进行道德思考之前，研究者已经介绍道，"人类在大洪水到来之前，早就繁衍于大地的各个角落"。似乎人类衰败的主要原因之一是人口的失控，历史发展到今天，仍然要面对这一问题，即世界人口的过分膨胀。

我们认为，上面的阐释以令人信服的方式改变了人们先前对事物的评价标准，它替代了"好"或者"坏"的简单判定。尤其是我们在立陶宛文化中看到，人类的衰败似乎和道德无关，其他一些资料也可以证实这一点。

"世界被创造之后，人类开始过度繁殖，地球开始向上帝抱怨，说自己无法再承受人类的重量。上帝听了地球的话，让大洪水降临到人类头上。后来，人类又开始无节制地生育，地球再次要求上帝缓解这一状况，结果上帝又把瘟疫派到地面上。"①

我们可以看出，地球上的种族前后接续，大灾难把不同的种族区分开来。决定这一切的并不是人类的道德，而是不同的神之间的互动关系。

2. 莱玛带来瘟疫

我们仍然回到 M. 达万纳的文本上来：

瘟疫爆发的时候，夜晚老人们都说，洛梅的腰带（即女神莱玛）出现在村子里和房屋中，莱玛变化成一位年迈的妇女。

这些腰带拥有很强大的力量，可以治愈各种病症。把腰带敷在人类身上，上面似乎有轻雾溢出来。事实上，这些符号有点类似于彩虹。

假如一个人很正直，而且拥有一颗善心，那么洛梅女神或腰带就会出现在他那里，并且把瘟疫背后隐藏的秘密全都告诉他。女神会告诉这个正直而善良的人自己在哪，自己来做什么。借助洛梅的讲述，年轻人就会了解到"另一个世界"的情况，比如，这场可怕的瘟疫会不会持续很久？为什么会出现瘟疫？哪些人会在这场瘟疫中不幸丧生？哪些人又会幸免于难？女神只会把这些问题的答案告诉正

---

① 《立陶宛北方故事》（*Contes de la Lithuanie du Nord*），第124页。

直的人。

上述场面是关于瘟疫的，和前文描述的大洪水类似，瘟疫爆发的场面也被分为两个部分：第一部分介绍莱玛，她的外表、衣着和活动；第二部分介绍她做出的预言。这些预言也分为两个部分，从而真正揭示"隐秘事物"的面纱。我们首先来分析这个场面的第一部分：

（1）应该说，在这个场面中，读者要辨认出女神莱玛已经不是困难的事情。她呈现出一副年迈女性的外表，束着腰带，这副打扮是无可辩驳的。

（2）在文本的某些地方，我们只谈论女神莱玛。然而其他一些段落却指出，好几位洛梅女神在村子里游荡。这两种情形出现差异，但不会造成特别的困难：是单数还是复数？二者出现混乱①，这是因为女神不得不同时出现在多个地点。另一个原因是，当时针对人类的看法经常出现在神话之中，这些看法和今天的个体观念并不是一回事。

（3）就这样，女神莱玛完成了她的致命任务，"她采用的程序是把疾病以轻雾的形式传播给人类"。这项程序对应的词汇是"marai"（意思是扩散），即把致命的灰尘洒落下去。在立陶宛的首都地区，我们也发现了类似的意象："过去的时候，霍乱肆虐。现在，瘟疫似乎是来自树木，迅速波及人类，致使人们无法呼吸。"②困难在于，相同的疾病传播程序同样被赋予"女巫"。女巫也经常被认为是瘟疫的罪魁祸首："过去，幽灵就像是穿着白色衣服的女孩，出现在高高的山岗上，把各种杂物堆砌在一起——有头骨、毛发以及动物的角等，并且把它们付之一炬。升起的烟雾随风飘荡，瘟疫便四处传播。"③另一个版本与上文的叙述形成互文："当这位夫人（指女巫们的主人）因为某事迁怒于人类，她把所有的女巫都召集过来，命令她们到每个农场，在所有公羊耳朵下面都割下一缕羊毛。接着，这些羊毛被送往她位于山顶的住处。女巫们把这些羊毛投入火中，风吹起烟雾，瘟疫像浓雾一般，

---

① 我们还记得，莱玛和洛梅是功能相同的女神，但莱玛一般以单数形式出现，而洛梅则通常以复数形式出现。——译注
②《民俗工作》（*Travaux de folklore*），第四卷，第225页。
③《民俗工作》（*Travaux de folklore*），第三卷，第123页。

飘向人类和牲畜。"①我们不难看出，这两个叙述版本存在类似的地方。

瘟疫对人类来说，是一个令人恐惧的事物，以至于好多神话理论都试图解释瘟疫的形成。我们仍然可以思考女神莱玛在这场灾难中所起到的作用或扮演的角色，人种志资料可以证实其扮演的角色。另外，莱玛的地位之所以得到保证，还因为她在神话中的活动范畴具有内部协调性。

（4）"maras"（瘟疫）的语义内核也得到确认，它首先象征着死亡：

我的军刀，也是死神。

猎枪（这一外形）蕴含着瘟疫：打中野兔，它就倒地而亡了。

猎枪不具备瘟疫②（野兔被击中，但没有立即倒地）。

所以，我们在莱玛的神话活动范畴之中增加一项功能：她还是瘟疫胚胎的携带者，这被视为人类死亡的威胁。

（四）莱玛和奥斯里内

1. 洗礼中的莱玛

莱玛是主管诞生的女神，所以，在描述"安产感谢礼"和"洗礼"的文献中，应该可以发现她的身影。孩子诞生的时候，莱梅三女神出现在窗子旁边，而且还预言孩子的命运。然而，在对洗礼的描述中，很难辨认出人们对莱玛女神的崇拜以及与之相关的习俗，我们可以看到，很容易发现与奥斯特加（Austėja）③及其蜂蜜相关的影射。我们还要做一定的补充，在洗礼之后，大家举办了圣餐仪式，智慧女性借此来感谢上帝和处女神玛丽亚。这时，我们有理由认为，玛丽亚在基督教中的形象已经占据了莱玛的位置，并承担她所履行的功能。

如上文所述，我们在洗礼圣歌中所发现的这个证据显得很有意义。

---

① 《立陶宛故事》（*Contes lithuaniens*），第一卷，第 73 页。

② 此处，"瘟疫"就是死亡的代名词。所以，根据文义，凡是能引发死亡的事物均可以被视为"瘟疫"。因此，从符号学的角度来说，"瘟疫"是一种"形式"（forme），而能够引发死亡的具体事物均可以被看作不同的"实质"（substance）。——译注

③ 奥斯特加是立陶宛的蜜蜂之神，本书下一章节会进行分析。——译注

我们还将分析其他两个版本，二者的内容是接近的。

1.1 莱玛准备洗礼活动

其中一个版本，一开始就描述了洗礼活动的准备工作（当然，描述的过程中也插入了某些诗歌的段落），这些工作都是女神莱玛所负责的：

莱玛在这条绿色的道路上着手准备啤酒（这句话不断重复），她还在这条绿色的道路上向所有的星辰都发出了邀请（这句话也不断重复）。

（1）上面的歌谣中引入了莱玛的形象，但是相关评论并没有质疑这一形象：“莱玛是一位魔术师，她知晓一切。魔术师既不是洛梅，也并非巫婆，而是美丽善良的姑娘……夜晚，当孩子诞生时，她们在窗子下面预言孩子将会拥有的运气和不幸。”因此，我们不难看出，这里的莱玛就是我们上文已经了解的，掌管人类诞生和命运的女神。

（2）莱玛居住在高空：“她邀请所有的星辰来参加洗礼活动的圣餐”。文献直接证实：“莱玛和太阳及其他一些星辰十分要好。”莱玛选择这样的居住地点，我们一点也不感到诧异：之前，我们曾经看到，在大洪水退去之后，莱玛出现在人类诞生之时，然后就再次回到空中。

1.2 莱玛并没有邀请“太阳”

我们所掌握的这两个版本互为补充，因此我们在介绍的时候努力保持它们在主题上的相似性。请看下面两首歌谣：

一

（莱玛）唯独没有邀请太阳，

太阳于是伺机报复。

一连九个早晨，

大雾弥漫。

……

第十天，

太阳出现了。

所有的人类迫不及待地等着她。

二

（莱玛）邀请了所有的星辰，

唯独漏掉太阳。

等着瞧，莱玛，

看我怎么报复你。

我连着九个早上都闭门不出，

我也不再抖落露珠。

……

太阳觉得自己受到了冒犯，于是进行了报复，一连九天躲着不出现，这种情形构成了一个常见的母题：在上文，我们分析了奥斯里内诞生时的情形，她从海底第一次露面时就遇到了这种情形。我们还记得在那个时候，太阳不露面多半是因为伤心或者是嫉妒，而不是为了报复。但是，这改变不了莱玛女神没有邀请太阳的事实。

因此，我们能够从两大层面来解释奥斯里内和太阳之间的竞争关系。从神的层面来说，这里所涉及的仅仅是一个平庸的爱情故事。在这个故事中，莱玛支持奥斯里内，而贝尔库纳斯支持"索勒"（太阳）。从人类的层面来讲，我们可以把奥斯里内和索勒的竞争看作宗教革命的反映。有作者支持上述观点，并且指出，宗教改革的影响之一就是削弱了对太阳的崇拜。

1.3 奥斯里内的出生

索勒（太阳）实施报复的原因在于自己未被邀请，这一情形被下面的诗歌片段明确展示出来：

耀眼的太阳升起来了，

她开始崭露头角。

在上升的过程中，

她发现了一颗星星。

索勒在上升的过程中发现了一颗星星——歌谣的整个神话语境都

展示了这一点。这颗星星正是奥斯里内：我们回想一下，她的一根头发藏在海底的核桃壳中，其光芒映射到天空，呈现出星辰的样子，这种情形标志着奥斯里内在天空中再次诞生。

歌谣的另一个版本并不满足于描述天空中的事件，而是在这个基础上继续进行叙述。这样的叙述在立陶宛歌谣中很常见，它试图构建神和人类生命的相似性。即使这种相似性无法让我们完全信服——换句话说，这只是纯粹的讽喻，但很有意思的是，我们能注意到歌谣所建立的神与人之间的同源性：

莱玛→母亲

星辰（奥斯里内）→女儿

索勒→大女儿

上述同源性强调了某些等级关系：一方面，莱玛是老一辈神的代表；然而，众多星辰，包括太阳都属于年轻一代的神①。很明显，这种相似性并没有在莱玛和奥斯里内之间建立起明确的家庭联系。莱玛为洗礼活动准备圣餐，如果非要给她的角色寻找一个术语的话，那么我们可以说，莱玛是奥斯里内的教母。

现在，让我们把上述歌谣纳入洗礼活动的语境之中——事实上，这首歌谣已经成为真正的宗教曲调，在礼仪中加以采用：在圣餐仪式中，如果我们想要女神莱玛对新生儿大发慈悲的话，就必须为女神奏唱这首圣歌，赞美她在"人类诞生方面"所扮演的角色。而奥斯里内象征着美丽、健康和幸福，这也是人类不断追求的目标，经常出现在人们的祈祷语中，其实质是人类希望神所拥有的美好特征也能出现在普通的人类身上。

2. 莱玛和奥斯里内之间的相似性

经过上文的分析，我们可以慢慢确定莱玛和奥斯里内之间的关系。事实上，想搞清楚二者的关系是有一定难度的，因为莱玛和奥斯里内所履行的功能很类似：在立陶宛神话中，奥斯里内这位女神曾经诞生

---

① 我们不能据此武断地认为莱玛就是奥斯里内和索勒的母亲。——译注

过两次——第一次，就像古希腊神话中的爱与美之神阿弗洛狄特一样，她诞生于海底；第二次，她诞生于天空中，作为群星的一员而闪闪发光。然而莱玛是一位原始的神，属于老一辈的神族，她承担派送和宣布预言的职能。与此同时，她在宇宙灾难发生的过程中也扮演了角色，比如大洪水和瘟疫。正是在这样的条件下，她才参与到奥斯里内的诞生过程中，并见证了洗礼活动。

然而，我们要知道，教母（莱玛）的特征也反映在教女（奥斯里内）身上——我们通过大众信仰了解到这一点，一个现成的例子就是吉尔蒂内和她的教子（医生）之间也存在相似性。所以，如果说奥斯里内全家继承了女神莱玛的某些特质，这种观点是不会令我们感到惊奇的。

女神莱玛和奥斯里内之间的相似性是功能上的，而非遗传方面。我们不难捕捉到这种相似性，前文我们曾经分析，人们在山丘上用石头祭拜莱玛，对这种石头的描述就体现了莱玛和奥斯里内之间的相似性。同时，上文中"彩虹"的色彩也引起了我们的注意："它的下端朝向南方，在阳光的照耀下愈发闪亮；它的表面很平坦，在乳白色的天际熠熠生辉，光线触碰到下方的石块，反射出不同凡响的金光。"我们可以回想起拉斯可基提出的关于奥斯里内的定义："代表夕阳光线的女神，并且从地平线下端再次升起"。如果说大石头是代表莱玛的符号，那么"不同凡响的金光"则象征着奥斯里内。因此，在表达层面上，莱玛和奥斯里内两位神呈现出同步性的特征：通过不同凡响的金光，奥斯里内照亮了莱玛作为原始之神的本质特征。这样的话，我们就可以理解，为何莱玛的节日也成为露珠的节日，因为露珠代表的是奥斯里内①。

3. 地球、人类和诸神

想要对上述三者进行整体考察，就必须关注上面两则神话（指奥斯里内和莱玛的神话）的相关叙述。尽管这两则神话显得有所不同，但如果从语义，特别是从深层意指的角度来说，它们表现出不少的共

---

① 我们应该还记得，奥斯里内的"珍珠项链"象征着"露珠"。——译注

同特征：

（1）二者都考虑到大地和人类出现的问题：奥斯里内的神话以这个问题结束，而莱玛的神话却以这个问题作为开端。

（2）在两则神话之中，人类的出现都与大地紧密相连：在莱玛的神话中，人类种族直接诞生于大地（或者说，大地先于人类出现），然而在奥斯里内的神话中，大地和人类是同时出现的。

（3）在这两则神话中，大地的出现都和水有关：在奥斯里内的神话中，水转化成了大地，而在莱玛的神话中，大地出现在大洪水之中。两则神话都认为，大地和人类出现的关键取决于水元素。

当然，另一方面，两则神话的不同特征也被提及。只要我们大致浏览一下奥斯里内的神话，就会把注意力集中在神界，比如奥斯里内来自水底，她的兄弟姐妹最终被解救出来，恢复了人形。换句话说，神话所描述的是众神的诞生，把这看作大地和人类诞生的先决条件：新生的神具有"人类的特征"，他们成为地面上的众神。从这个意义上讲，我们都是众神的子孙。

相反，在有关莱玛的神话中，被提及的神基本上都是创始神——莱玛、维亚斯和维尔尼亚斯等。而且，这些神话热衷于解释人类的诞生以及死亡威胁。然而，尽管莱玛和奥斯里内的神话有所不同，却并不冲突：两则神话都很曲折，我们可以把二者放入一个共时的口袋中（也就是把两则神话合并），即大地、人类和众神同时出现。

第三章　蜜蜂和女性

一、奥斯特加

1. 名字的构建

在上文，我们对不少神祇进行了阐释，同时也对民俗学家、神话学家所提到的某些宗教礼仪进行了介绍。但是我们不能忽略，除了上文所介绍的神之外，还存在主管生殖的神，尤其是女神。比如，在拉斯可基所列出的名单上，我们就发现了至少两位主管生殖的女神，二者之间存在相似点。相关的文献如下：

> 还有一些女神——泽米娜（Žemyna）是土地之神，奥斯特荷伊亚（Austheneia）是蜜蜂之神。人们相信，这两位女神在人类生长过程中均扮演重要角色。[1]

对于神话学家来说，当他遇到一个源自文艺复兴时期并且用拉丁文写成的神名时，首要工作就是尝试构建这个神名在立陶宛语中的对应形式。B. 萨乌克伊纳斯（B. Savukynas）在为《众神及其神名》[2]一文所写的总结中考察了这些神名的特征。同时，他还在文中反对臆造那些根本不存在的神，这一点我们不能忽略。"Austheneia"这个名字

---

① 《萨莫吉西亚众神》（*De diis*），第41页。
② B. 萨乌克伊纳斯在德文期刊发表的文章。

可以有两种不同的解读方法：要么是像奥斯特加一样，把它解释为"絮絮叨叨地说"或"交谈"这两个意思；要么是被解释为"经常性地打开或关上门"。在反复考察"奥斯特加形象的语义特征"之后，我们要选择最有说服力的版本。

在这种情况下，"形象的语义特征"起到了决定性作用。从神话学的角度来说，通过"语义特征"，我们所构建的不仅仅是词汇意指结构，还有更宽泛的神话语境。以下几点分析可以佐证我们的论点：

（1）当我们谈论"Austėja"的语义时，会发现这个词由"auscioti"（意思是絮叨）派生而来。乍一看，它和"蜜蜂"的形象相去甚远：蜜蜂都是些勇敢的女工，而不是长舌妇；此外，蜜蜂喜欢安静，我们都知道，蜂窝一般都建在"离大路和噪音较远的地方"。

（2）相反，"Austyti"表示"austi"这个动词的反复性特征，其主要意义有：

　　a. 编织；

　　b. 到处跑动；

　　c. 不断打开门，接着又关上。

上述三种含义拥有共同的语义核心，就像蜿蜒的山路一样，不断做反复性的运动。蜜蜂从一朵花飞到另一朵花，不断地采蜜，这也属于反复性运动。同样的情形还有：蜜蜂不停地返回它们的蜂窝，打开并关上蜂窝的门。最后，纺织的动作也具有反复性。

（3）"建造蜂窝"和"纺织"这两种活动具有类比性，文献中的许多语句都可以证明这一点，比如一些谜语（织布工人的动作就像是蜜蜂修建蜂窝）。

有一位小姐在昏暗的房间中织布（指蜜蜂）。
什么东西呈现出六边形的样子，而且和纺织无关？（指蜂窝）[1]

（4）如果我们考察一下其他的印欧神话，就会明白，"蜜蜂——纺织者"这样的形象并不是孤立的。在希腊神话中，仙女们教人类如何

---

[1]　《立陶宛民俗》（*Le folklore lithanien*），第五卷，第 533 页。

养蜂，从而使人类从自然状态过渡到文明社会；多亏了仙女的帮助和启发，人类还有另一项创举：缝制衣服来遮挡他们赤裸裸的身体。

还有一个论点虽然显得有点学究气，然而它不仅有助于确定"奥斯特加"（Austėja）这个名字在立陶宛语中的写法，而且还使我们通过女神奥斯特加的形象提取其主要特征：作为一位勇敢的纺织者，奥斯特加既是一只蜜蜂，也是一位女性。希腊神话也再次佐证了我们的推论，这些推理建立的前提是对一些约定俗成的语句加以考察和分析：丰产节（Thermophories）是为农业和丰产女神德墨忒尔举办的节日，参加这个节日的女性被"melissai"这个词所指代，意思是蜜蜂。

2. 奥斯特加——家庭守护神

拉斯可基在自己的文本中提到了泽米娜和奥斯特加两位生殖女神，然而，他继续写道：

> 当蜜蜂们开始在别处建造自己的蜂窝时，我们恳请（女神们）尽可能在离它们原来的蜂窝比较近的地方建造，并且保证这些蜂窝免受大胡蜂的侵害。

由于出现了两位主管生殖的女神泽米娜和奥斯特加，所以当蜜蜂开始建造自己蜂窝的时候，人们就开始向女神祈祷。在"养蜂"这个语境之下，奥斯特加其实就成为蜜蜂真正的母亲——人类动物学方面的这个观点让我们感兴趣。奥斯特加成为群蜂最理想的母亲，她是掌管群蜂的女主人：奥斯特加不仅负责蜜蜂的生长，即负责每个蜂窝中形成的蜜蜂群体，还要保护这些群蜂，使它们免受大胡蜂的侵犯。

我们不难看出，养蜂活动中的同位素性（isotopie）可以理解为一种隐喻，这有助于我们想象和考虑人类的家庭结构。在这个结构内部，母亲的重要角色被明确化，她负责管理家庭的财产。上述"诗学"表达还对应已婚女性的角色，在拉斯可基所处的社会（16 世纪），已婚女性是家庭的女主人："在当时的立陶宛社会，杀死一名女性付出的代价要比杀死一名男性大得多。女性一旦结婚，就会获得丈夫家的一大串钥匙，并且系在腰带上，她们掌管并领导全家的经济生活。"①

3. 奥斯特加和周围的人

在后面的章节中，我们会对"养蜂"这个问题做更为广泛的分析。但是在那之前，我们还应该着重强调文中所提到的两位女神（指泽米娜和奥斯特加）之间的紧密关系。乍一看，她们之间的关系"是和大自然相关的"：描述泽米娜的修饰语之一是"略微抬起花瓣"；蜜蜂在采蜜的过程中，飞遍了泽米娜所抬起和带来的所有花朵；泽米娜使亚麻茁壮成长，而奥斯特加关注亚麻的织物，等等。对泽米娜性格的描述并没有进入研究的框架之中。然而，我们希望研究者能够不断完善对奥斯特加的了解，因为这可能会更利于我们对泽米娜的相关文献进行研究。

另外，我们还不得不指出，拉斯可基在介绍泽米娜/奥斯特加之前，还提到了另外一对神：拉兹多娜（Lazdona）和巴比拉斯（Babilas）：

拉兹多娜是榛子之神，巴比拉斯是蜜蜂之神。

因此，我们得到了两位蜜蜂之神，她们是成双成对的：

| "天空中的"蜜蜂之神 | 奥斯特加 | 巴比拉斯 |
| 大地上的神 | 泽米娜 | 拉兹多娜 |

在上述研究框架之下，我们不仅要解释两位蜜蜂之神之间的差异性，还要分析为什么其中一位蜜蜂之神和泽米娜组合在一起，而另一位和拉兹多娜组合在一起。

二、比薛利埃

1. 亲属关系的补充结构

直到今天，所有的立陶宛人都认为"养蜂是男人的事"（上了年纪的女性都这么说），只有男人才能从事养蜂业，而且必须是成年男子。

---

① 这涉及立陶宛的社会结构（根据 16 世纪的法律条文）。在古希腊社会，妇女在家庭中也扮演着同样的角色。

古希腊人和立陶宛人都认为，养蜂和照顾女性是相同的事情。

　　J. 皮特儒利斯（J. Petrulis）做了十分成功的调查，发现上述观点所代表的不仅仅是男性和女性的社会分工，同时也揭示了养蜂业的一个新的层面："从过去到今天，对于从事养蜂业的人来说，他们的原生家庭都拥有多个兄弟，根据社会习惯，通常都由家中的老二来继承养蜂这个事业。"民俗学家们得到了这样的结论。

　　这种观点乍一看很难理解。然而，假如我们把它纳入更广泛的社会结构框架之中，就可以得到进一步的解释。如果一个家庭中有多个兄弟，那么必然导致家中的经济分配问题。从历史和地理语境来考虑，等家中的儿子们长大成人，可以有多个解决办法：要么是大家继续以兄弟姐妹的身份居住在同一个屋檐下；或者是大家平分土地；再者就是把家里的农场交给长兄管理。在这样的情况下，继承养蜂事业的人其实就需要和其他想要得到或已经得到蜜蜂的家庭成员"建立友谊"："相比其他的兄弟，养蜂人更容易觉得自己像是家里的上门女婿"。

　　不少文学作品都涉及立陶宛的婚礼，它们都不约而同地描述了一个复杂的场面：年轻的新娘出发并居住在未来丈夫的农场之中。这个传统和现实并不相符，它只是作为一个理想的形式，即在一个封闭的社会中进行交流，其标志是女儿出嫁。这种交流很难通过令人满意的方式进行，除非每个家庭只有一个儿子继承家产，或者只有一位待嫁的女儿。不幸的是，现实和这种理想模式相去甚远。这就可以解释，为何会存在亲属关系的补充结构。儿子——而不是女儿——远离家乡，到达另一座农场，那里有一位独生女（她不是男性继承人），或者有一位寡妇。从神话学的层面讲，这位女性代表的是养蜂活动中建立起来的亲属关系。然而，我们不应该从中寻找所谓的因果关系：养蜂活动并不仅仅是寻找老婆的一种方式，它首先是寻求一种友谊。养蜂活动作为一种理想的、补充性的亲属模式，它还对应具体的实践活动，即把这样的亲属模式成功地转化为现实的能力。

　　神话结构和社会结构相互协调，这种情况被人种志资料所证明，我们对其中的意义十分了解：从事养蜂活动的兄弟"离开自己的家门，住到未来配偶的家中，他把自己养的蜜蜂带了过去，作为聘礼"①。就如同古希腊神话中，第一位养蜂的人娶了底比斯国王的大女儿，他带来了自己的蜂蜜，用来巩固这层亲属关系。

2. 道德编码

拉斯可基考察了奥斯特加的某些特征，并且对此进行了简洁的描述。比如，奥斯特加是一位热忱的纺织者，是家里的女主人。这些特征都使我们进一步理解养蜂者和蜜蜂之间的关系。当然，蜜蜂代表的正是女性。养蜂人和蜜蜂之间的关系并不是昙花一现的，相反，蜜蜂和奥斯特加的形象代表了一位严肃认真的妻子和母亲，她受到所有人的爱戴。在收获蜂蜜的时节，养蜂人用自身的行为向我们表明：立陶宛的养蜂人热爱蜜蜂，就像热爱自己的亚麻衣物一样。养蜂人互相监督，一定要确保自己的衣服很干净，绝不能有汗腥气。

然而，如果认为所有的人都可以成为养蜂人的话，那就大错特错了："蜜蜂们选择自己的养蜂人。"它们对养蜂人提出要求，这些要求不仅构成了一种关系编码，同时还代表了奥斯特加这位家庭守护神的道德范畴。这种编码建立的基础是，蜜蜂会拒绝道德败坏的人成为养蜂人。编码对养蜂人做出一系列的定义，我们很容易提出一种观念，即在蜜蜂看来，怎样才算是品质高尚。我们的做法是，思考一下，"高尚"有哪些反义词呢？这些反义词能否对应消极的性格特征？

我们对 J. 皮特儒利斯所积累的资料做一些总结，在此基础上，我们把道德败坏的人描述如下：

（1）蜜蜂不喜欢有嫉妒心的人，或者说，她们不喜欢心理扭曲的人："蜜蜂们从来不叮咬正直的人，她们只攻击心理扭曲的家伙；所以，当她们建立新蜂窝的时期，不能盯着她们看。"因此，蜜蜂成为女巫及其追随者最大的敌人。

（2）蜜蜂是非常聪慧的，她们不喜欢心肠歹毒的人，尤其厌恶邻里不和睦的人群。

（3）蜜蜂也无法忍受贪婪的人，贪婪的人不尊重殷勤的规则，邻

---

① M. 德蒂安（M. Détienne），《和蜂蜜打交道的俄耳甫斯》（*L'Orphée au miel*），第 13 页。

里之间不能够团结一致。

我们刚刚列举的这些特征都代表着社会关系中的缺陷，奥斯特加所建立的编码，其原则在于邻里和睦，社会团结。

蜜蜂也设立了自己独特的惩罚规定，介绍如下：

（1）蜜蜂在建造新巢穴的时候，不会光顾任何坏人的房屋。

（2）如果坏人趁机偷蜂蜜的话，将会被无情地叮咬。

（3）蜜蜂会因此窒息，甚至死亡。

（4）她们不会留在坏人身边，哪怕丢弃自己的蜂巢。

蜜蜂们用最后一种手段惩罚了阿瑞斯泰俄斯[①]，因为后者爱上了俄耳甫斯的妻子欧律狄刻。这种对照在某种程度上把古希腊和立陶宛的神话模式区分开来：希腊模式强调家庭美德（妻子的忠诚，她要拒绝其他男子），而我们看到，立陶宛模式把一整套社会价值编码组织起来，价值维度通过蜜蜂这个形象构建起来。

3. 比薛里斯特（Bičiulystė）[②]

上文所讲的维度（指社会价值编码）似乎是立陶宛文化的特征之一，道德编码决定和主宰了养蜂人和蜜蜂之间的关系。其实，这也反映出养蜂人和女神奥斯特加之间的关系，它是一种真正的社会交际编码，不同的养蜂人相互之间处理人际关系时，也会运用这套编码；编码以契约形式具体呈现出来，意味着神与人之间可以互相约束。

如果我们想要理解这种特殊的人际关系形式，那么首先就应当注意，无论是蜜蜂还是蜂蜜，都不是普通交换机制的有机组成部分，因为普通的交换机制是以货币流通为基础，并且成为贸易资本的重要特征。直到 20 世纪，在立陶宛社会，人们仍然不会将蜜蜂和它们的蜂蜜视为买卖的对象。剩余的蜂蜜通常被赠予朋友、邻居和产妇，或者是在平安夜施舍给乞讨的人。然而，根据大众的信仰，养蜂人如果买卖蜜蜂的话，将会受到惩罚，会遭遇不幸。

于是，我们就可以明白，蜜蜂数量的增长、蜜蜂的买卖是建立在完全不同的原则基础之上的。由于蜜蜂很聪慧，它们懂得如何鉴别好

---

① 法文 Aristée，古希腊男性神祇，以擅长养蜂闻名于世。
② 这个词的现代意义是"友谊"。

人和坏人，因此在建造新的巢穴时很自然地就会选择未来的住处和养蜂人。从本质上来说，蜜蜂建立新的巢穴，这属于一种"转移活动"。上文我们讲到，年轻的新娘离开娘家并居住到未来的丈夫家里，所以，蜜蜂和新娘的活动性质是一样的。上述两种情形在两个家庭（或两个养蜂人）之间建立起新的亲属关系，我们不需要把这种亲属关系描述为"共同管理蜜蜂"或"儿媳属于两家所共有"。无论是蜜蜂筑巢还是婚姻，主体的"自然选择"都存在完善和布置的过程。可能是父辈或养蜂人的干预，也或许是当事人本身对选择对象产生了很大的兴趣。人们通过接收外出筑巢的蜂群就可以成为"蜜蜂的朋友"。想要通过这种方式建立友谊的人会说："蜜蜂们马上就会外出筑巢，我会考虑为它们提供筑巢的地方。"对某人感兴趣，想要和某人交朋友的话，就会主动向对方提供一处（蜜蜂的）巢穴："我们交个朋友吧，请借给一窝蜜蜂吧。"这就是通往友谊的第一步，如果仔细考察的话，我们不难看出，这里存在巴洛克式①的礼节：分享蜜蜂，这既不是授予，也不是馈赠；相反，既然蜜蜂外出建造新的巢穴，这就意味着它们已经放弃原来的蜂巢。所以，成为蜜蜂的主人，也就意味着要为蜜蜂提供一种服务，为它们提供一个家。因此，这里所强调的是，获得蜜蜂就表明双方订立了新的契约。

相互之间的这种契约所建构的是"经由蜜蜂所形成的亲属关系"，被称作"比薛里斯特"：这是一种隐含的合同，在迎接筑巢蜜蜂的过程中被订立起来。订立双方都要考虑到道德编码，这是双方友好关系的基础。当然，常识告诉我们，养蜂人会提前挑选他信得过的并且诚实的人。同时，还有一点不可忽视，即比薛里斯特在这项合同中同意把蜜蜂转让他人，这保证双方关系建立在友好的基础上。

还要提醒一下，养蜂人这个群体构成了一种社会类型，即"家中排行第二的兄弟"。更广泛地说，他们是家中"多出来的"儿子，不能觊觎家里的财产。这足以让我们想到，上文所分析的养蜂人之间的两极关系已经扩展和复杂化：它已经不再涉及单纯的夫妻关系，而多多

---

① 巴洛克是 1600—1750 年左右盛行于欧洲的一种艺术风格，它注重强烈情感的表达。——译注

少少转移到养蜂人的族群关系方面，所有成员都被长期友好的关系所连接。正如人们所说的那样："他们相互扶持。"

我们都知道，在中世纪的西欧，这些"多余的儿子"组成了武装团伙，他们时刻准备参加任何形式的冒险，不惜一切代价寻求财富：夺回西班牙①，在现在的德国建立殖民地，还有十字军东征等，全都是这伙人的杰作。

我们有理由把上述这些团体看作立陶宛封建采邑制最原始的社会组织形式，他们是亲属关系中的多余人员。这有利于我们理解一个尚未解决的历史遗留问题，比如立陶宛大公国扩张的原因和方式。一开始，立陶宛只是零星地向东方进行某些探险，紧接着就霸占了大批领土，包括现在的白俄罗斯和乌克兰。直到 17 世纪，贵族和平民通过蜜蜂来订立契约的做法依然存在。所以，我们提出的假设不仅建立在社会文化证据之上，还有历史方面的支持。此外，根据普鲁士—立陶宛神话，普鲁士的第一位国王韦德伍狄斯（Vaidevutis）以蜜蜂为榜样建立了自己的王国②。针对比薛里斯特的分析将有助于我们理解"蜜蜂秩序"的深层意指。很明显，我们感兴趣的并不是传说中的普鲁士王国，也并非王国的组织原则。真正需要关注的是，尽管过了几个世纪，神话中的政治组织观念却仍然存在于立陶宛社会，并且被人们所理解和接受。

4. 邦德兹伍里斯特（Bandžiulystė）

在谈论比薛里斯特的时候，我们免不了要把它和"邦德兹伍里斯特"这个概念进行对比：除了"bičiulis"和"bitinikas"（意思是养蜂人）——今天，这两个词和"朋友"是近义词，"bandžius""bandžiulis"和"bandinankas"如今也具有相同的意义。而且，动词"susibandziauti"和"susibandžiuliauti"都表示"和某人成为朋友"。如果说比薛里斯特是建立在"物质基础"之上的，那么邦德兹伍里斯特则是建立在"农业基础"之上的。

---

① 这里指从奥斯曼土耳其帝国手中夺回。——译注
② 《巨人时代》（A l'époque des géants），维尔纽斯，1969 年，第 18-19 页。

"banda"① 是一个古老的印欧词语，它揭示的是社会结构的问题——无论是从文化、社会还是从经济的角度，印欧国家的社会结构都是共性和个性并存。如今，"banda"这个词的主导意义就是"一群牲口"。然而，这个词同时指代"财富"：我们发现，拉丁语单词"pecus"也具备这样的双重含义。这就提醒我们，在遥远的过去，印欧诸民族在很大程度上是以畜牧业为生。"banda"一词表示"财富"，也就代表饲养员、种植者从自己的生产活动中所获得的一切，他们的劳动所得可以养活自己。我们还可以思考这个词的第二种含义："一块面包"或"一只母鸡"。我们可以联想到，"面包"在广义的角度上代表着食物，也就是生存来源："靠别人的面包活下去"也就意味着"被陌生人所供养"。

"banda"的意义既然和面包相近，那么这个词也同样可以理解为"庄稼地"。具体来说，就是"为了自身利益，农场的仆人、农场主的儿子甚至是农场主的幼弟种下小麦和亚麻"。正是基于这最后一种意义，才派生出"bandžius""bandžiulis"和"bandininkas"这三个词。

"bandininkas"这个词的语义结构和"bitininkas"（种植者）的意义分布很类似：这两个词首要的特征就是种植者和土地、蜜蜂之间维持着联系，同时种植者个体之间也保持了友好关系。然而，种植者和大地及蜜蜂维持关系，这并不是种植者的目的，而只是作为象征性的程序，真正的目的是在人们中间建立契约关系："庄稼地"并不是单纯的泥土，也不是收获的形式，在合同磋商的时刻，它只是相互之间所达成的面向未来的契约。不过，"比薛里斯特"和"邦德兹伍里斯特"这两个概念之间的不同点也迅速明确下来：在"比薛里斯特"概念的帮助下，我们确定了养蜂者个体之间的平等关系，这是一种身处同一社会阶层的人员之间的关系；而与之相对的是，"邦德兹伍里斯特"这个概念显示的并不是平等关系，而是等级关系，比如主人和奴仆之间，或是家庭中富者和穷者之间的关系。

"banda"这个概念就被认为是等级关系的外形表达，它不可避免

① 我们注意到，"banda"和法文中的"bande"一词很接近，而"bande"的意思就是"集团，帮伙"。——译注

地让我们联想起"feodum"（封地）的概念。"封地"是中世纪西欧特有的概念，当时的采邑制就建立在这一概念基础上：封臣从封建君主那里获得一块土地，封臣不享有土地的所有权，被赐予这块土地是一种维持其生计的方式。所以，在某种程度上，君主成了封臣的衣食父母。相对应地，封臣要承担一定数量的义务。多亏了马克•布洛赫（Marc Bloch）①所进行的工作，我们才了解到，这样的封建契约关系不仅仅存在于占支配地位的贵族阶层，对其他社会群体——比如村里的爵爷或没有教养的乡巴佬——也具有规范组织作用。

　　另一方面，"比薛里斯特"和"邦德兹伍里斯特"的区别还体现于友好团结关系的拓展："比薛里斯特"把多个村庄甚至多个地区的人群都联系在一起②，然而"邦德兹伍里斯特"只是把同村的年轻人聚集在一起，尽管这些年轻人属于不同的主人。所以，这就涉及两种不同的社会组织形式：所有类型的封建关系都依据唯一的结构图示来构建，这种观点是错误的。处于同一年龄层的年轻人聚集在一起，拥有类似的生活方式，这让我们联想到，中世纪的法兰克爵爷们占领高卢的土地，定居在密集的村子里，他们只服从于推选出的军队首领。社会结构出现这样两种类聚性（指年轻人和法兰克爵爷），它们也会反映在词汇中。例如，为什么不把立陶宛语中的"bandininkai"（意思是面包的分享者）一词③和查理曼大帝时期的法文单词"compagnon"（意思是同伴）做一下对比呢？而复数形式的"compagnon"所指代的团体是由战斗团队所构成，或者是作为军队首领的随行武装人员而形成。

　　把同村年轻人联系在一起的是他们之间所存在的友好关系，而他们在战争中形成的传统也一直保留到 20 世纪上半叶：在儿时的记忆中，村子和村子之间的"讨伐"是具有鲜活特征的。村子间"有组织"的战斗都会在确定的时刻发生（比如复活节），这甚至已经成为传统。

　　上述村落的存在还留有其他证据，圣灵降临节的第二天，盛大的

---

　　① 马克•布洛赫（1886—1944），法国著名历史学家，代表作有《法国乡村史》《封建社会》等。——译注
　　② 根据 J. 皮特儒里斯的研究，蜜蜂外出筑巢的时候，能够移动 40 千米的距离。
　　③ "bandininkai"很明显是"邦德兹伍里斯特"（Bandžiulystė）一词的另一种变体。——译注

宴席把村里所有的年轻人都聚集到一起。就在这个场合，年轻人树立起一座耶稣的受难像，这是一座被叫作"bandininkai"的十字架。我们考虑到，"croix"（十字架）和"krikštas"是同义词，在前基督教时期，它表示某个事件的开始。所以，我们不由自主地想到中世纪的"五月田地"，也就是一伙年轻人在五月份把自己武装起来，他们准备寻找一个敌人，并对其发起战争。

村里的年轻人在战斗中形成了传统，而且还一起举办宴席；除此之外，还有一项活动：立陶宛的斗牛比赛，即公牛间的战斗，而这项活动正是由"bandininkai"（同伙，一伙人）来组织。虽然这项比赛是在圣灵降临节期间举行，但它让我们认识到，这更是一场人与人之间的竞赛。通过公牛的比赛，比赛双方展示出各自的勇气和战斗力。进行这项活动的目的是淘汰弱者，选出获胜的公牛及这只公牛的主人。"bandininkai"创造出一个等级分明的社会结构，但还是用较为原始的方式来选出这个社会的首领。与"邦德兹伍里斯特"相关的文献远未建立起来，相关的历史研究可以在这方面进行有效的补充。但是有一些读者却认为，上述对"bandininkai"的分析是不真实的，可信度不高，他们更希望得到历史资料的验证。中世纪的历史学家也想对采邑制的结构和发展情况进行分析，但是他们的研究也没有取得更好的效果：一小部分文字资料记载了这方面的历史发展进程，历史学家们根据这些资料撰写专著和创造理论，他们的工作颇具价值，在文化传统的贡献和神话研究的影响这两大基础之上进行了有效的补充。

三、布比拉斯

1. 巴比拉斯（Babilas）还是布比拉斯（Bubilas）？

巴比洛斯（Babilos）这个名字代表的是蜜蜂之神①，拉斯可基做了记录，它和另一个单词"Bubilos"相对应。根据《立陶宛语言大辞典》的记载，"Babilas"和"Bubilas"这两个词指代"一个身材高大魁梧的

---

① 巴比拉斯、布比拉斯和巴比洛斯都指蜜蜂之神，它们是蜜蜂之神的三种写法。——译注

人"，而且这两个词从源头上讲都是拟声词。然而，辅音"b"和两个不同的元音"a""u"构成了两个声音形象"b-a-b"或"b-u-b"。"babilas"表示"bavarder"（聊天），而"bubilas"指代"bourdonner"（低声讲）：

> "蜜蜂在它们的蜂巢中嗡嗡作响。"

声音形象让我们得以选定"u"这个词源，用来确定蜜蜂之神的名字，但是这还不足以证明他是"一位魁梧的人"。不过，另一个单词"bubinas"是"bubilas"的变体，它向我们提供了补充信息：这个词首先指代"大胡蜂"，同时也指代"类似于锣鼓的物体"[①]。这两种意义同时存在，引起了研究者的注意。它们把这个单词和蜜蜂的世界联系到一起，同时也表明声音形象被转换成视觉图像：锣鼓不仅仅是一个发声的物体，它同时也提供一个宽大的视觉图像。

此外，在民间故事中，下列词语："bubinas""bubilas"和"bubelis"被看作同义词：

> 在 bubilas 山丘上，我们用铁牛耕田。
> 在 bubelis 山丘上，我们用铁牛耕田。

有三个谜语，第一个是这样说的："我们用剪刀在桌子上给母羊剪羊毛"，第二个谜语的结构与第一个相类似：

> 在 bubinas 山丘上，我们用铁耙敲碎泥块。

第三个谜语可以对应"魁梧的人"或者对应"大肚肠"：

> 树枝叉上有一位 bubilys，人们还看到一个蜂巢，请问这是何物？

答案是"一个人"。[②]

总结如下：我们可以把"babilas"看作"bubilas"的变体，同时也

---

① 这里把"锣鼓状物体"和"蜂窝"相对比，二者都能发出响声（锣鼓可以被敲打，蜂窝会发出嗡嗡声），而且都为鼓状物。——译注

② 这里的"蜂巢"就像是一个人的"大肚子"，因为二者都呈现出"鼓起来的意象"，所以最后的谜底是"一个人"。——译注

可以判断出，"bubilas"占据着蜜蜂之神的地位。但同时也不能忽略，这个神祇也拥有"凶恶的"一面：

（1）他在蜜蜂的世界里占据着大胡蜂的位置；

（2）从声音的层面来讲，他可以发出"嗡嗡"的响声；

（3）他还有一个特点，就是体形较大，是个大肚肠。

在我们自己的文化中，身材肥胖和大肚肠都是大胃王或贪吃者的象征符号。因此，两位蜜蜂之神的特点就明显对立起来：奥斯特加是财富的保护神，是一位节俭的女神；相反，布比拉斯是一位过度消费者，是公认的贪吃者。所以，奥斯特加不得不与之针锋相对，才能保护蜂巢和自己的家。

2.（生理）毛被

根据《立陶宛语言大辞典》提供的例子，"bubilas"这个词的意义和"肥胖""魁梧"联系在一起。该词的语义核心根植在运用该词的多个谜语之中，然而，这个词在立陶宛语中的意义如今却不得而知。这个词位（lexème）的古老特征引导我们关注布比拉斯和母羊之间的隐喻关系。下面还有一个例子：

> 我们牵着这只母羊，把她喂得饱饱的。那么这只母羊究竟是谁？

为了更好地理解布比拉斯的形象，我们应该补充说明一下他的另一个特征：毛茸茸的身体，这和大胡蜂的外表相呼应。大胡蜂的意义是"雄性蜜蜂"，但他同时指代懒惰的不劳而获的男人。这样，我们就进一步丰富了布比拉斯的形象。

拉脱维亚的人种志资料可以证明我们的观点："如果一个男人的面部、胸部和四肢都是毛茸茸的，那么他就会被叫作蜜蜂之父。人们也会说，他的养蜂事业取得了成功。"甚至在目前的文化语境下，一个男人如果毛被发达的话，就被认为是性能力旺盛的标志。布比拉斯的（生理）毛被，还有他的超大食量，都可以证明这一神话现象。因此，对于布比拉斯和巴比拉斯，我们可以确认二者在饮食和性行为方面的同位素性；再者，二者通常情况下互为隐喻对象，尤其是二者都企图获取蜂蜜，这就使得隐喻活动更为明显。

3. 母羊和它们的羊毛

我们可以发觉，在立陶宛文化语境中，母羊和羊毛也被当作"性"的象征，为数不少的人种志资料清晰地表明了这一切。试举一例，即关于"傍晚集会"的描述："在立陶宛的某些地区，傍晚时分，女人们聚集起来……年轻的女人们用亚麻纺线，而上了年纪的女人则纺一些羊毛，这使年轻的女人们感觉到一种莫名的羞愧。"[①]而对于我们来说，这种羞愧如今是完全可以理解的。

我们也更加容易理解，为何在订婚的时候，新郎要问他的岳母："您的女儿在哪？我们要走在绿色的道路上[②]，还需要亚麻的花和母羊的羊毛。"[③]同时，我们也会明白，在新婚之夜，为何要在新婚夫妇的床上放上一块面包或一把羊毛：为的是让母羊多生羊崽——这样的说法只是在某种程度上解释了上述习俗的合理性。在婚礼过程中，人们给新娘戴上头饰，这个仪式表明新娘最终被迎入新郎家中。这个时候还要给家庭之神奉上供品，表明新娘和新的家庭建立契约。还应该注意到，母羊是唯一的家庭牲畜，是新娘未来生活的陪伴者，因此被庄严地赋予到年轻新娘的活动范畴中去。最后，尽管没有得到足够的资料，但是我们仍然可以思考的是：母羊这个符号能否被解释为"女人之间的关系"（与此相对应的是"男人之间的关系"）。也就是说，母羊这个符号是否能代表一种新型的社会关系。

4. 布比拉斯和拉兹多纳（Lazdona）

我们再次回到拉脱维亚的人种志资料之中，以便进一步考察母羊和蜜蜂之间的关系。这涉及一份提交于 1796 年 4 月的官方记录："在斋月的第二周，有人牵着一只羊羔走进了养蜂场，尽管场地的篱笆很坚固，而且大门也是紧闭的。"要理解这个文本的内涵并不困难，只要我们把羊羔和大胡蜂等同起来就可以了，因为二者的功能很类似，都影响到对蜜蜂的训练和饲养。于是我们更加理解，让奥斯特加操心的是"如何保护蜜蜂免遭大胡蜂的伤害"。同时，这也为我们理解布比拉

---

① 米尔达·斯盖尔伊特（Milda Skeirytė），《纺织》（*Tissage*），第 179-180 页。
② 这里指处女的象征。
③ 普雷托里乌斯，《立陶宛婚礼歌谣》（*Chants lithuaniens de mariage*），第 572 页。

斯的角色开辟了道路。

很明显，理解这一切都取决于我们所选择的视角：借助于神奇的咒语，年轻的女孩要求大胡蜂在花园中停止自己侵犯的脚步——此时，蜜蜂们正开始建造自己的新巢穴：

> 来吧，仁慈的蜜蜂，来到我的花园吧！至于你们，大胡蜂，这儿有天使般的床铺，已经为你们准备好，快去休息一下吧。①

很明显，上面的咒语并不是用来吸引蜜蜂，因为蜜蜂并不归女孩管理，这句话只是为了表明一种对爱的渴望。

上文已经分析了布比拉斯的形象，他是一个贪吃的毛茸茸的家伙，身体肥大。明确了这一形象，就能够把他和奥斯特加区分开来，结果反而和拉兹多纳的形象有些接近。在拉斯可基的笔下，布比拉斯也和拉兹多纳联系在一起。

在不会制作甜食的社会中，榛子的重要性是毋庸置疑的。它们成为贪吃者品尝的对象，其地位可以和蜂蜜相比。这个观点取自一个故事，它讲述了两位爵爷互相争论，想要知道猪和人，究竟哪一个更容易吃饱。打了这个赌之后，他俩把榛子扔给猪，只见猪吃饱之后，就不再理会剩下的榛子。然而，人吃饱了之后，还不断捡起榛子，并且放在嘴里啃。②似乎人类区别于其他动物的一个特征就是，他们在不饿的情况下，仍然能够去啃榛子。榛子是处于拉兹多纳的保护之下，激发着人类去大量食用，这让我们联想到布比拉斯"贪吃"的特征。同时，我们也不能忘记女巫的最高首领拉加纳，她抓住一个孩子准备食用。不过，拉加纳也食用榛子和沸腾的牛奶，牛奶表面还漂着一层奶皮。这样做，是为了让自己的皮肤更加柔软和鲜嫩。所以，在某些情况下，我们还要抓住与拉加纳有关的文献，因为拉加纳在某种程度上也被认为是立陶宛的美食家。

榛子不仅是品尝的对象，它还是一种诱惑人的方式，似乎只有女人才对其加以利用：

---

① 《立陶宛民俗》（*Le folklore lithuanien*），第五卷，第 907 页。
② 《立陶宛故事》（*Contes lithuaniens*），第二卷，第 326 页。

我做的这些并不是浆果，

我忍不住盯着你看，

并不是因为榛子。

一直以来，求婚都需要一定的程序，"女方的母亲要把榛子赠给未来的女婿"，但一般是在订婚的时候才这样做。

尽管我们上面的研究还存在局限，然而对神话层面诸多问题的研究并没有因此而迟滞。我们要注意布比拉斯、拉兹多纳各自的功能，上面进行了区分：布比拉斯所实施的是积极的活动，他是男性的象征，然而也是一位不知悔改的贪吃者；与此同时，拉兹多纳则代表着榛子，他的活动方式是消极的。

四、马尔塔维马斯①

1. 献给奥斯特加的供品

A. 贾斯卡（A. Juska）在其作品《婚礼敕令》（*Ordonnance de la noce*）中，描述了婚礼中的一个主要场景：

> 吃完饭后，年轻的新娘离开餐桌，走到大厅中央，周围簇拥着宾客。她会喝到蜂蜜水或红酒，然后把最后剩下的饮料抛向高处，抛到天花板上。在这之后，她和新郎开始跳舞。新婚夫妇在大厅里转三圈，然后两人接吻，最后回到餐桌坐下。

这个习俗的整个意指结构基本上是清晰的：从婚礼的组合轴（syntagmatique）层面讲，仪式举行过后，还要给新娘做头饰，用 nuometas 一词表示。在此过程中，新郎由两家的代表陪同，从一个象征性状态过渡到另一个状态。而且，新郎出现在大厅中央，在公众面前和自己的妻子跳舞，构成了一个新的符号，即从原来两个家庭中诞生出另外一个新的家庭。从另一个角度讲，这也标志着新契约的订立。

---

① 这个词可以指代 "未婚妻" "年轻的新娘" 和 "尚未生过孩子的少妇"，总而言之，这个词的身份很复杂，相关的内涵还可以得到扩展。

在这样一个背景下，品尝蜂蜜水或红酒，并且把剩余的饮料抛向天花板，这些行为就显得更有意义。各种不同的评论都在试图解释这项奇特的风俗，然而我们却觉得每一种评论都不太令人满意。似乎是因为人们只是局限于"对比婚礼过程中的不同饮品"，而不是首先关注"把饮料抛向天花板"这个程序本身。我们认为，正是这个程序才是最独特的。

如果我们对婚礼上的情形不能完全理解的话，那么我们还可以稍微注意一下另一个重要仪式——"洗礼"筹备时的情况。比如，我们发现，有关洗礼圣餐的描述已经告诉我们房屋的主人将如何接待和问候宾客。主人向每一位客人提供饮品，每一位客人都要品尝白兰地，然后把剩下的一滴抛向天花板。客人们跳起来，并且高声叫道：

长命百岁吧！百年之后，还会诞生更多的孩子，他们同样会长命百岁！①

我们看到，这个习俗和婚礼有类似的地方，即把饮料抛向天花板。同时，还要对"添丁的家庭"表示祝贺。这个习俗和婚礼场面区别不大，只不过饮料出现了变化，由蜂蜜水改为白兰地。

我们能够获得的另一份文件也描述了"把饮料抛向高处"的动作，不过语境有所更新，程序也更为复杂：在婚礼举行过程中，"年轻的新娘和她最要好的女性朋友一起去迎接新郎，在餐桌上分别坐在这位年轻人的两侧"②。和上文的两种情形一样，这一份文件中的活动也具有公开的特点：一旦媒人和新娘的父亲把相关的手续办完，花童就要邀请宾客。除了新娘要好的女性朋友之外，还有众多其他的见证人：

突然，一位勇敢的宾客就把一杯饮料抛向天花板，并且说道：但愿蜜蜂们跳跃得更好！③

因此，我们发现，从结婚仪式到洗礼仪式，还有"订婚"仪式，每

---

① 《故事、传奇和祷文》（*Contes, légendes, oraisons*），第 210 页。
② 《立陶宛语言大辞典》（*Dictionnaire de la langue lituanienne*）。
③ 《民俗工作》（*Travaux de folklore*），第一卷，第 206 页。

一次都包含"把饮料抛向高处"这种风俗。最初，在关于婚礼的描述中，这种习俗只是一种孤立的做法。在那之后，它渐渐成为遍及整个立陶宛的约定俗成的礼仪。即便是这样，当我们对比上面三种描述的时候，还能够注意到，蜂蜜水已经让位给普通的白兰地，或者是其他任何一种不太确定的饮料。但实际上，在整个立陶宛，蜂蜜水仍然被广泛地使用，这一点也被证实。不仅如此，最后一种描述还向我们解释了这种习俗的神话缘由：这是为了鼓励蜜蜂们在花丛中采蜜。我们不妨从以下几个方面考虑：

（1）所有的这些仪式和下面的转变有关，即年轻女孩转变为已婚妇女；

（2）我们看到，奥斯特加是已婚妇女，也就是孩子母亲的保护神；

（3）这种仪式包含着对蜂蜜水的使用，从而和蜜蜂们联系到一起。

我们有足够的理由把这种浇祭仪式理解为是对女神奥斯特加献上的供品。

我们还要强调女神奥斯特加和泽米娜在功能上的相似，她们俩"都主管生长活动"。现在，我们了解到，如果为大地女神泽米娜所献上的浇祭品需要倾倒在地上的话，那么相对应地，为"天空中"的女神奥斯特加所准备的祭品就需要抛向高处，比如天花板。奥斯特加参与到众多人类的活动之中，从婴儿出生到节日庆典，这就可以解释我们在上面的文献中所碰到的"跳跃"的动作：在关于婚礼的文献中，蜂蜜水被抛向高处是在婚礼舞蹈之前；在洗礼过程中，客人在跳跃的同时把饮料抛了出去；最后，人们还鼓励蜜蜂在花丛中的跳跃行为，出乎我们意料的是，这是与性有关的行为，是对于繁殖力的关注。

2. 马尔提和农菲（numphê）

上文我们讲到了奥斯特加和一系列仪式之间的紧密联系，标志着女性的家庭和社会地位的变化：订婚、婚礼和洗礼，这些仪式让我们近距离考察社会的意指结构。在立陶宛语中，"marti"一词拥有两个主要的意义：

——指已婚妇女，她来到新的家庭（也就是公婆家）中生活；

——指女性，同时考虑到她所处的年龄层。

要确定这个年龄层，就需要一些补充性的解释。根据《立陶宛语言大辞典》的记载，在第二种意义当中，这个词和女性一生中的三个不同阶段联系在一起，这三个阶段是前后接续的：

（1）我们用这个词来指代"已经长大成人，即将结婚的女子"：

我的女儿将会长大，然后嫁人。道路两旁会开花，结出花蕾。

（2）我们用这个词指代"已婚的年轻女子"，她们刚刚在丈夫家居住一段日子，但仍然被当作宾客对待：

亲爱的新娘，你作为宾客的时间即将结束，明天就要从事劳动，要去播种黑麦。

（3）最后，这个词还可以指"已婚，但一直没有孩子的女人"：

她早已为人妇，可八年的婚姻中，她一直没有孩子。

因此，尽管拥有不少的版本，同义词也很多，然而在特殊的条件下，"martavimas"一词简化为"marti"，它实际上象征了女性一生中无法割裂的一段时期。诚然，这段时期又分为三个不同的阶段，两两之间用重要的仪式标识出来，其中就包括浇祭活动（把蜂蜜水抛向高处），这个活动代表着对女神奥斯特加的献祭。奥斯特加虽然是已婚女性的保护神，然而她的保护是从女性生完第一个孩子之后才开始的。

关于女性的生活条件，可以看出，她们从一个地位过渡到另一个地位。这样的转换在服饰文化层面被记录下来，比如头饰的变化。在定亲仪式结束之后（或者是第一份结婚公告发布之后），头饰转换活动就会立即开始。这个活动尽人皆知："在这段时间里，未来的新娘身着盛装，头上戴着丝带做成的圆形头饰……第一份结婚公告发布的时候，新娘不去教堂，而是待在家中。等到第二和第三份结婚公告发布之后，新娘这才动身去教堂，身边有伴娘陪伴，伴娘佩戴芸香①，头上也缠着丝带，边祈祷边赞美。"我们知道，结婚仪式的另一个场面叫作

---

① 一种富有生命力的植物，枝叶四季常青。

"martuotuves"，它发生在新娘取下头上的丝带之后。人们解开新娘头上的丝带，又给她戴上一个特别的头饰，叫作"nuometas"，这个头饰只能是新婚女子才能佩戴。然而，女人真正进入"女性状态"是要等到她第一个孩子的洗礼，"女人（产后）一旦恢复，就要前往教堂。这个时候，她不需要再佩戴那个镶了很多花边的头饰，而是披上一件披肩，披肩的两端分别落在她的两个肩膀上"[1]。

综合上面的分析，女人的一生是怎样的呢？首先，她会转换为一位头戴丝带的妇女，接着是戴上头饰，最后，她披上了"muturas"（披肩），这是已婚母亲的符号。直到这时，她才算是圆满完成了一生中最具有意义的过程。

一个引人注目的事实是，上述关于女性一生进程的观点普遍存在于立陶宛和古希腊人之中：农菲（numphė）——意思是妇女（marti）——在希腊语中表示一种介于"少女"和"女人"之间的位置。"numphė"这个词和立陶宛语中的"marti"是同一个意思，被用来表示善良的待嫁女子，同时也表示已婚却尚未生育的少妇。这个时候，这位女性还没有完全走进新的家庭。[2]

我们能够用图表的形式把上文的关键点总结如下：

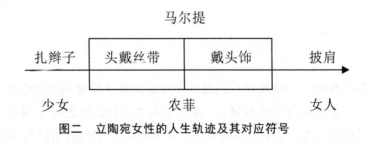

图二　立陶宛女性的人生轨迹及其对应符号

3. 马尔提的血液

婚礼仪式还包括一个有意思的阶段，一般情况下是发生在新娘戴上头饰之后，或者是新娘摘下丝带之前，立陶宛的东普鲁士地区有大量的证据可以证明这一点。这些证据十分珍贵，它们具有不可辩驳的

---

[1] E. 吉斯维朱斯（E. Gisevius），《立陶宛人》（*Les Lithuaniens*），第 146 页。
[2] M. 德蒂安（M. Détienne），《和蜂蜜打交道的俄耳甫斯》（*L'orphée au miel*），第 16 页。

古老性。我们这里所说的"婚礼中有意思的阶段",也就是要喝一种饮料——"马尔提的眼泪"①,或者叫作"马尔提的血液":午夜时分,新娘取下自己头上的丝带,接着,为了表示对她的尊重,人们都去喝一种饮料,叫作"马尔提的眼泪",人们给新娘戴上头饰,向她表示祝贺,因为她已经成为一位真正的年轻女人。婆婆给她带来一个珍贵的大碗,里面盛满了"马尔提的眼泪"②。似乎这个大碗的"构形成分"(constituant)随着时代的变化而变化:离我们时代最近的文献说这个碗里盛放的是"樱桃、玫瑰花和李子干做成的甜酒",或者更为简单的是"白兰地、糖和樱桃汁混合而成的饮料"。然而,最为古老的文献则把它描述为白兰地和蜂蜜混合而成的饮料,或者是白兰地、葡萄干和蜂蜜的混合饮料。

饮料中出现蜂蜜这一成分,这完全在我们的意料之中。通常情况下,这种饮料并不是放在高脚杯或一般的玻璃杯中,而是被盛放在大碗之中,每个宾客都用调羹取来享用③:这种饮料和节日上的其他饮料有所不同,它强调了蜂蜜在习俗中所扮演的主导性角色。

这种饮料的富有隐喻的名称——"马尔提的眼泪"不会给我们带来理解上的困难:在婚礼上品尝这种饮品,是为了表明女性(marti)过渡到了新的"状态"(état)。这种转换体现在一首大众歌谣中:

> 这些小苹果,是我的痛苦,
> 这些榛子,是我的眼泪④。

我们看到,年轻女孩从拉兹多纳过渡到奥斯特加的保护之下。

蜂蜜和白兰地相混合,被认为是"马尔提的血液",这种象征让人们颇感兴趣:这里所涉及的隐喻并不是基于颜色的类同⑤,我们得出的结论源自文献,它介绍了这种饮料的分配情况,宾客一勺一勺地享用。

---

① 《民俗工作》(*Travaux de folklore*),第三卷,第34-35页。
② 《民俗工作》(*Travaux de folklore*),第三卷,第34-35页。
③ 根据《立陶宛婚礼》(*Mariage lithuanien*)的记载,这个习俗也在不断的变化之中。"白兰地、糖和樱桃汁"混合而成的饮料也被称作一道"甜汤",有时,一些宾客用小勺子在餐盘中品尝这种饮品;其他时候,也有客人使用玻璃杯盛放这种饮料。
④ 《立陶宛民俗》(*Le folklore lithuanien*),第一卷,第266页。
⑤ 这里指蜂蜜和白兰地混合而成的液体,它的颜色和血液类似。——译注

然而，文献用下面一句话作为它的结尾："马尔提就这样流血了。"①
马尔提（新娘）把蜂蜜-血液带到新的家庭，然而并不仅仅带给她未
来的丈夫：蜂蜜-血液是需要所有人共享的，成为全家的财产。此外，
就如同马尔提的榛子转换为眼泪，她的血液-蜂蜜也不应该是贪吃者
垂涎的对象，而是作为家庭延续的方式。下文，我们还会对这一点进
行分析。

4. 洗礼

上文讲到，蜂蜜水被作为浇祭品抛向空中，而关于洗礼和婚礼的
描述其实是前后呼应的：洗礼的第二天，教母抱着孩子（去教堂），"她
拿着一个大锡碗，里面盛满蜂蜜、白兰地和葡萄干的混合液体。另一
位教母应当抱着孩子，洗礼额头，在大厅里走上一圈，嘴里吟着圣歌。
她首先向教父问候，接着转向宾客，获取大家的礼物。宾客赠礼的同
时，作为回报，每人也可以获得一勺饮料和一块糕点"。事实上婚礼过
程中也有分发饮料的仪式，那个时候正在为新娘佩戴头饰。洗礼过程
中也有戴披肩的活动，也就是新娘进入夫君家门的最后一个步骤，这
标志着她真正走进女人的"状态"。据我们所知，尽管洗礼过程中涉及
的饮料既不叫"马尔提的眼泪"，也没有被称作"血液"，但毫无疑问，
这和"马尔提的眼泪"是同一种礼仪饮料，二者拥有类似的意指结构：
从象征的角度来说，"洗礼"活动放弃使用单一的蜂蜜，而是采用混合
饮品。另外，这种饮料分配给社会全部成员，每个成员最终也都真心
实意地接受并品尝这种饮料。

所以，从这份饮料的构成上（成分为白兰地、黄油和蜂蜜），我们
就可以理解，为什么在临近孩子出生的时刻索要蜂蜜是如此的紧迫，
以及为什么"在没有养蜂者的家庭，家里的女性想尽一切办法来为全
家寻找到一位这样的人"。

5. 拉拉维玛斯（Lalavimas）②

上文我们提出了一个假设，即存在三个界限，构成了女性由年轻

---

① 《民俗工作》（*Travaux de folklore*），第七卷，第145页。
② 这个词想表达的是，复活节晚上，几个年轻人结伴散步。他们停在半路，唱着具有重复
叠句的小夜曲，称作"Lalo"。

女孩向成年女人的状态转换过程。为了深化对这一方面的研究，就应当寻找到一个新的习俗。新习俗和上文品尝"马尔提眼泪"的活动相类似（或者至少是品尝以蜂蜜为基本原料的饮料），它标志着把年轻女孩培养为"马尔提"（女人）并获得相应地位，也就是获得"头上缠丝带的权利"。这个问题被提出来，所针对的不是个体层次，而是社会层次。年轻女孩和未来的丈夫订婚，然后头缠丝带，婚礼过程中还要把饮料抛向天花板。从这些具体的活动中所提炼出的是一种"婚姻的资质"，它承认女性进入"马尔提"这种社会成员类别。

　　由于众多仪式都应当包含分发饮料的活动，而且这种饮料的基本成分是蜂蜜，所以，研究者的首要工作就是考察与养蜂者有关的人种志资料。从中我们可以了解，品尝蜂蜜饮料的日期更为重要。这涉及平安夜——平安夜的时候，蜂蜜被分给乞讨者，但这里我们对这种活动不做分析——或者是复活节的作用。直到 19 世纪上半叶，人们还在准备"复活节的蜂蜜水"①，然而据我们所知，在复活节的任何一项活动中，都没有使用蜂蜜水的相关介绍。

　　复活节成为我们的关注点，它引发我们的兴趣是因为在基督教日历语境下，复活节代表着斋戒的结束。斋戒期间是禁止举办婚礼的。从这个角度来说，复活节和狂欢节的含义正好相反。狂欢节意味着适宜举办婚礼的时期即将结束。在狂欢节结束之前还存在最后的希望，以便寻找到丈夫："待在茅草上""留下把茅草清理干净"，这两种说法指的是"在狂欢节之前没能结成婚"：

　　　　今年，所有的女孩都将会待在茅草上，

　　　　如果今年你还是待在茅草上的话，你就再也结不成婚了。

　　在狂欢节上，众所周知的一个活动就是嘲弄大龄少女：狂欢节上发生的一切似乎在表明，马尔提们（成年女人）——而不是年轻少女——已经过了适婚的年龄。

　　结论只有一个：复活节恰好是一个开启性的日期，所有"成熟的

---

① J. 皮特儒里斯，《迈尔吉内》（*Merkinē*），第 162-163 页。

适婚女性"都应当结婚；这个节日构成了一种语境，我们能够寻找到
某些要素，它们指代的含义是把年轻的少女提升到成年的"马尔提"
的行列。准确地说，拉拉维玛斯（lalavimas，指单身男子）的活动正
是为了这样的目的，尽管在这之后不久，拉拉维玛斯的活动和其他一
些仪式又出现混淆。比如，"走在路上，请求别人捐赠鸡蛋"："通常情
况下，从节日的第一个晚上起，一直到第二天早上，单身男子们
（lalauninkai）一家接着一家串门，他们背诵着祷文，唱着圣歌，向各
家各户的主人问候，向他们祝福，并索要礼品。"如果遇到年轻的少女，
则祝愿她们获得美满的婚姻。这个具有大量信息的情形其实包含了两
种习俗，人种志研究者 S. 斯科儒欧丹尼斯（S. Skruodenis）的评论对
此进行了补充。这位人种学家主要研究迈尔吉内地区①所存在的和拉
拉维玛斯有关的礼仪歌曲："男人们为年轻女孩唱起了礼仪歌曲，这些
男子被叫作'lalauninkai'②，复活节的第一个晚上，他们成群结队，
挨家挨户去拜访。他们歌颂少女的年轻与活力，象征性地祝愿她们获
得美满的婚姻，并向她们索要礼物。"③事实上，针对歌谣素材而进行
的考察工作并不多见。这些素材都和拉拉维玛斯有关——民俗学家天
真地把它们归入"抒情诗歌"的行列。对这些素材的研究使我们注意
到它们的主题，尽管这些歌谣并没有特别表现出多样性，但对我们的
意义仍然很大：这些歌谣都和一位年轻的少女有关，她的芸香丝带被
北风吹到多瑙河的波涛之中。然而不管怎样，丝带最后被一位年轻的
小伙子打捞上来。这是一项功绩，作为奖赏，小伙子得到了一个苹果，
或一只羊羔，再或者就是少女本人。后来，人们或多或少从象征的角
度讲述了这个故事，说是一滴金色露珠落在地上，少女采集起来，献
给了自己的最爱。就这样，我们便得到了下面几句重复的歌谣：

> 哇！是绿色的葡萄酒！哇！葡萄酒！绿色的！
> 拿给我葡萄酒，要绿色的！④

---

① 位于立陶宛境内。——译注
② 很明显，"lalauninkai"是"拉拉维玛斯"的一种变体写法。——译注
③ S. 斯科儒欧丹尼斯，《迈尔吉内》（*Merkinē*），第 310 页。
④ 《立陶宛民俗》（*Le folklore lituanien*），第一卷，第 225-228 页。

（据说，这里所谓的"葡萄酒"，就是苹果酒和蜂蜜的混合饮料。）

如果我们从 20 世纪切换到 19 世纪，并且从祖基亚地区（Dzūkija）①转移到东部的原普鲁士地区，就可以发现和拉拉维玛斯有关的典礼残留着某些蛛丝马迹：晚上，年轻人经过商议，一起去临近的村里演唱"小夜曲"（用"laluot"这个词来表示），这就跟过去的习俗很类似了。他们停在农场主房屋的窗子下面，向主人询问是否可以唱歌。如果对方做出肯定的回答，那么他们就会开始唱出下面的曲调（举例来说，我们引用一下曲调的第二段："圣乔治摇下露珠②。啊！"这让我们想起了祖基亚歌谣中的主题和大地的丰饶。人们都认为，大地之所以很富饶，都要归功于圣乔治）。"年轻人一旦唱完这首歌谣，房屋的主人就会打开窗户，并且给所有的年轻人拿来可口的葡萄酒和成块成块的糕点……"③

在试图对上面所讲的特征下结论之前，首先应该就最后一个证据做详细阐释：

（1）首先，这份材料源自东普鲁士地区，它强调了一个事实，即村里的年轻人成群结队，到另一个村子里献唱，祖基亚地区关于拉拉维玛斯礼仪的描述也证实了这一情况④。此外，我们还了解到，如果是不同村子的年轻人喜结良缘，那么财富女神莱玛就会祝福他们；反之，同村人结成的夫妻，莱玛会降下厄运。我们认为，经过这一分析，拉拉维玛斯和理想婚姻之间的联系就得到了确认。

（2）同一个文献也明确提到了礼仪，即拉拉维玛斯的歌谣，也就是立陶宛的夜曲。小伙子们在少女的窗下哼唱这些歌谣，作为回报，演唱者从窗户得到了葡萄酒。我们考虑到，窗户的意指结构是"开放"（也就是从一个状态转换为另一个状态），所以这种描述的古老性和可靠性都是有保证的。

（3）在祖基亚地区，"拿给我葡萄酒，要绿色的！"曲调中的情形

---

① 祖基亚是立陶宛的五个传统地理分区之一，范围包括现在立陶宛的东南部地区。——译注

② 用单词"lalo"来表示。——译注

③ C. 卡佩勒，《普鲁士的立陶宛人》（*Lituaniens de Prusse*），第 375-376 页。

④ 《民俗工作》（*Travaux de folklore*），第三卷，第 94-98 页。

在东普鲁士地区同样存在，因为那里的演唱者也会享受到美酒。而拉拉维玛斯和复活节的不同之处在于，前者需要收集鸡蛋：作为报酬，未来的马尔提们（成年女人）会给他们分发蜂蜜。

更广泛地讲，在神话语境下，拉拉维玛斯的意指结构逐渐明朗：和赞颂放牧及收割的歌谣相类似，拉拉维玛斯也属于赞歌的领域，所有的印欧文明都了解它。歌谣赞颂英雄、战士和首领，它同时还是一种神话操作。有了它，那些被赞颂的人就会获得全新的力量，从而创造新的英雄功绩，英雄们也接受并赞赏这种颂歌。如此一来，颂歌的社会功能便形成了。我们知道，爱尔兰国王布莱斯（Bress）①对歌唱颂歌的人不屑一顾，结果丢了王位。②这样的神话结构在社会的各个阶层、在各种情况下都会遇到。就这样，春天的拉拉维玛斯歌颂年轻少女的美丽，并预测她们的命运——头上缠上丝带、举行婚礼。这就构成了转化过程中的礼仪，年轻的少女进而有资格转化为成年的女性。

诚然，这样的仪式本来和基督教中的复活节没有任何关系。只不过需要补充说明的是，复活节和结婚的季节碰到一起，这只是巧合。在立陶宛歌谣中，有关圣乔治节的主题就包含婚礼的内容，其表现形式是摇晃露珠和泥土受精。生灵降临节使复活节中的拉拉维玛斯仪式延长了，增加了另一项活动——"早晨放牧"③，它把村里所有的少女都集中起来，头上扎上丝带，这是举行婚礼的仪式之一。这一系列前后连续的活动都属于同一个主题，从圣乔治节开始——或者开始得更早，一直延续到圣-让节。因此，少女转化为成年女性的过程其实也构成了一组具有完整周期的礼仪。借助于具体的实践方法，礼仪周期实际上就形成了关于女性命运和生活的文化模式。这些标志只具备一种程序上的特点：它尤其想要暗示，我们上文所考察的社会-文化现象既不是对节日的简单描述，也不是出生、结婚和死亡等阶段的简单组合，而是构建出一个独立自主的文化维度。

---

① 神话中的国王。——译注
② 《比较神话学》（*La mythologie comparée*），收录于《论意义》（*Du sens*），1970 年，第 117-134 页。
③ 《民俗工作》（*Travaux de folklore*），第三卷，第 101-104 页。

6. 危险的马尔提

上文，我们一直努力用较为深入的方式来分析马尔提一生中打下烙印的三大阶段——转化为成年女性、举行婚礼和第一次生育。直到现在，我们还没有机会来谈论她们人生中的另一个重要的时期。根据《立陶宛语言大辞典》的记载，这个时期就是她们作为宾客，在丈夫家度过的最初一段日子。人们用"蜜月"这种叫法来指代这段日子，虽然短暂，但具有特殊的意义：这是一个转型的时期，在布比拉斯的影响下，新娘已经离开了娘家，将要在奥斯特加的保护下过日子。接下来，新娘将成为丈夫家的女主人，要采取某些措施，承担一定的责任。这段日子不太稳定，还会出现一些内部矛盾。

从习俗的角度来说，这段日子以欢迎新娘的礼仪开始：公婆把蜂蜜涂抹在新娘的嘴唇上，使得新娘更具有魅力，同时也强调了新娘在性方面的功能。然而这个时候，婚礼尚未结束，因为接下来还要吃掉"公公给的糕点"。最后还有一个严苛的做法，和上面截然不同，甚至充满争议：在宴席进行的时候，由接生婆主持婚礼，而接生婆的丈夫"却举起蚂蟥，让新娘流血"[1]。这样的话，就可以得到滚烫的鲜血，还要把白色的腱肉从桌子上拿走。这个习俗的意指结构不需要过多的评论："马尔提"的血液已经被分配和食用，可人们认为它带给社会的危险性却依然很大，所以有必要让马尔提"再次流血"[2]。并且，仅仅把腱肉拿走似乎还不够，就像17世纪普鲁士的人种学家普雷托里乌斯所指出的那样，"在结婚仪式的最后一天，新婚夫妇不能吃任何的肉"[3]。这个习俗让我们联想到，在古希腊的感恩节[4]，妇女们都要斋戒。

古希腊神话背景完善了立陶宛的资料，让我们更好地理解上述仪式的意指结构：在"蜜月"（lune de miel）期间，年轻的新娘（农菲）遇到迫在眉睫的危险，她有可能从蜜蜂转化为"大胡蜂"，也就是蜜蜂的

---

① 我们知道，如果被蚂蟥咬到，就会流很多血。——译注

② 让新娘流血，也就是"放血"；而从桌子上拿走腱肉，意思是"斋戒"。"放血""斋戒"都是这个礼仪中的具体做法。——译注

③ 普雷托里乌斯，第八卷，第37、38页。

④ 古希腊的感恩节，英语为"Thesmophoria"，法语是"Thesmophories"，是妇女为丰饶女神德墨忒尔举办的庆祝节日。——译注

对立面，嗜血、野蛮，毫无节制，见到蜂蜜就吃个不停，沉溺在"大胡蜂式的甜蜜享受"之中，柏拉图用这个称呼指代"身心的愉悦"①。在这种情况下，还应该联想到俄耳甫斯神话的主要意指：俄耳甫斯和欧律狄刻②二人不幸的根源在于俄耳甫斯这个年轻人忘记了自己是欧律狄刻的合法丈夫，而不是她的情人。他的罪行是食用过多的"蜂蜜"，③结果给妻子带来了罪行，践踏了神和人的法则。

年轻的马尔提④不仅受到女人之间复杂关系的威胁，还要面对她周围的男人。这些男子看到年轻的新娘遇到了困扰，是不会无动于衷的。我们都明白，上文所提到的《婚礼敕语》清楚地指明马尔提需要保持严格的行为准则：一旦给她戴上披肩，这就标志着她完全转变为一位少妇，"从这一刻起，任何人都没有权利再靠近这位年轻的马尔提"。我们也知道，阿瑞斯泰俄斯（Aristée）⑤爱上了有夫之妇欧律狄刻，结果失去了他的"蜜蜂"。似乎在过去的立陶宛，对奸夫淫妇的惩罚要严重得多。S. 道坎塔斯（S. Daukantas）是立陶宛的历史学家和人种志研究者，研究领域为古罗马时代。古代如何惩罚打碎别人家蜂房的罪犯呢？他这样描述："对于弄坏别人家蜂房的家伙，不论蜂房位于农村还是森林，这名罪犯都要被钉在蜂房上，而且钉子要从罪犯的肚脐眼穿过。同时，还会用鞭子抽打他的全身，直到体内的肠子全部流出。"⑥

正是在这样的语境下，两位蜜蜂之神——布比拉斯和奥斯特加同时存在，她们在功能上的区分显示出确定性和正当性。同时，二者在功能上的差异是建立在生活矛盾以及自然、文化难以协调的基础之上的。和这两位蜜蜂之神相对应的是和婚姻礼仪相联系的另一对神祇，拉斯可基曾经提到过他们俩："皮齐乌斯"（Pizius）⑦和"冈达"

---

① M. 德蒂安，《和蜂蜜打交道的俄耳甫斯》（*L'orphée au miel*），第 17 页。
② 在希腊神话中，俄耳甫斯因为违反冥王的规定，在走出地府之前回头拥抱了妻子欧律狄刻，使得妻子永远留在地府。——译注
③ "食用过多的蜂蜜"是一种隐喻，"蜂蜜"指女人，俄耳甫斯违反规定，在走出地府之前就和妻子拥抱，就好比贪吃了"蜂蜜"一样。——译注
④ 本书的"马尔提"都是指成年的、可以结婚的女人。——译注
⑤ 阿瑞斯泰俄斯，古希腊男性神祇之一，太阳神阿波罗之子。——译注
⑥ 类似的惩罚程序在拉脱维亚也能见到：罪犯被绑在树上，蜂窝也位于这棵树上。人们从肚脐眼的部位把他开膛破肚，让他的肠子缠绕在树干上。最后，让这个人自生自灭。
⑦ 立陶宛的阴茎之神，男人在结婚的时候会提到这位神。——译注

（Ganda）。皮齐乌斯代表大自然的要求，而冈达却是稳重和克制的保护神：可以看出，他们二者的对立反映出布比拉斯和奥斯特加之间的功能分布。因此，我们可以从抽象的层面来思考这里是否涉及对蜜蜂之神的简单命名或修饰。

7. 马尔西奥斯（Marčios）和洛梅①

我们注意到一个事实：古希腊人用同一个名字（农菲）来指代马尔提和美女。类似的推理能够引导我们提出一个问题：立陶宛的马尔西奥斯和洛梅尽管拥有不同的名字，然而二者是否表现出相似之处？在某种程度上，这些相似之处是否能够解释洛梅女神在立陶宛神话大框架下的特征、行为和地位？

从这个角度来说，我们用来分析马尔提年龄层和社会地位的那几页内容就不是可有可无的了：如果对马尔西奥斯有更好的认识的话，那么把她和洛梅进行对比就会变得更为容易。事实上，二者之间的共同点可以被总结如下：

（1）洛梅可以和马尔西奥斯一样，都是"已经发育成熟、可以结婚"但尚未结婚的少女，她们的主要工作在于准备嫁妆。然而，她们经常用一卷一卷的织物来当作礼物，这些织物是无穷无尽的，从何时开始编织，我们无从知晓。相反，编织工作一旦开始，洛梅女神就停不下来。所以，准备织物的活动既没有开端，也没有结尾。道理很简单，就是因为她们是永恒的马尔西奥斯。

（2）另一方面，洛梅也可以成为"已经结婚却还未生子"的马尔西奥斯，她们焦急地等待着新生儿，并且对他们喜爱有加。对于马尔提来说，头胎生男孩是她们无上的荣耀。而洛梅的孩子和马尔提的孩子一样，也是男性，这和"拉加诺"（主管女巫的神祇）所生的女童有所不同。然而，洛梅所生的并不是"真正的"孩子，而是些源自稻草堆的小怪物，换句话说，是一些"颠倒的畸形婴儿"。因此，洛梅渴望得到真正的孩子，她偷偷摸摸地用自己的"畸形儿"（laumiukai）去和人类的孩子交换，希望能终结自己没完没了的"马尔提"生涯。

---

① 马尔西奥斯是马尔提的复数形式，而洛梅是立陶宛特殊的仙女。

　　神与人这两种生命类型的生活包含着紧密的联系，我们在上文也已经识别出二者之间的相似之处。事实上，这个领域可以被挖掘得更深（我们会注意到，洛梅很乐意出现在人类的婚礼上，她携带礼物，对母羊表现出很大的兴趣，等等）。然而，这样的深入挖掘超过了我们目前的研究界限。因此，我们很愿意在这方面提出某些假设，以期在未来可以进行一些可能的研究。

　　我们把洛梅视作马尔西奥斯，并对其进行阐释，这并没有削弱洛梅的神话特质。不容置疑的是，洛梅这种神灵和水域联系在一起，她们很可能属于月球那神圣的领域。这种猜测并不是要破坏她们的崇高，或者是破坏其他更为重要的神祇的庄严性，而只是提出建议，人类既然试图理解神的世界，就应该努力运用社会制度和结构所提供的模式去解读神界：且不说亲属结构也可以普遍应用于神界，就连马尔提（成年女性）的意指都可以成为整个神话结构中的一项重要原则。

第四章 众神与节日

一、克里克斯泰节（Krikštai）①

1. 中冬节（mi-hiver）②

只要翻开《立陶宛语言大辞典》，我们就可以理解，克里克斯泰这个名字过去被用来指代一个古老的节日，人们在隆冬时节庆祝这个节日。而且，这个节日也经历了"基督教化"，也就是说，它与基督教历法中的某个节日相混合，这个过程不可避免地会给我们带来不少（研究上的）困难。查阅辞典中的相关词条，我们注意到，通过这个单词可以了解到以下几点：

（1）它是隆冬时节的一天，在主显节（Epiphanie）前后，或者干脆就和主显节是同一天（1月6日）；

（2）它是圣保罗皈依节（1月25日）③转化而成的节日；

（3）它是半封斋节④（封斋期间的第四个星期三，节日的具体日期会出现变动）。

在"克里克斯泰"这个词条中，"中冬"被认为是在"主显节前后"，

---

① 在立陶宛，克里克斯泰是墓碑的保护神。——译注
② "中冬"意思是"冬天过了一半"。——译注
③ 据《新约全书》中的《使徒行传》记载，圣保罗在这一天从犹太教皈依基督教。——译注
④ 在这里，"半"的意思就是"进行到一半"。——译注

然而在"中冬节"这个词条中，圣蜡节（Chandeleur，每年 2 月 2 日）①却被拿来当作卓越的中冬节。而且，还可以明确的是，在立陶宛的非核心地区（东普鲁士的部分地区），1 月 25 日被认作中冬节②。

由此，我们就可以得到最初的几个结论：（1）在前基督教语境下，"克里克斯泰"被认为是中冬节；（2）考虑到历史和地理方面的演变，这个节日先后被认定为基督教的四大节日：1 月 6 日、1 月 25 日、2 月 2 日和日期有所浮动的封斋节。然而，想要最终确定这个节日显得有些困难，原因主要有两点：一方面，在非基督教的语境下，克里克斯泰节被记录在立陶宛的"月历"（calendrier de lune）之中，它和基督教的"阳历"无法对应；另一方面，纯粹地讲，尽管克里克斯泰节的"异教"功能③在立陶宛宗教语境下很容易得到解释，但是它和我们之前提到的任何一种基督教节日的动机都不能匹配（比如，圣乔治节，这是个骑士的节日，在这一天牲口刚刚被放入牧场。所以，我们可以把圣乔治辨认为立陶宛的春之神）。下文，我们简短的研究就建立在这些假设的基础之上，我们将努力证明这些假设。

为了更准确地考察克里克斯泰的意指结构，我们将采用与上述四个基督教节日有关的人种志资料。在此过程中，我们只考察它们语义的协调性。举个例子来说，能够确定的是熊的形象和中冬节密切相关："中冬节一开始，母熊就开始舔自己的爪子"。此外，从外形层面讲，这种行为还表示时光被划分为过去一年和新的一年：

克里克斯泰节到来的时候，母熊转向了另一侧。

从圣蜡节开始，母熊转身，变换到另一侧。（《立陶宛民俗》，第五卷，第 378 页）

对于"母熊出现"所引发的问题，我们在此暂不做进一步的深入分析，但是能够注意到，在上述两种情况下，母熊的行为是类似的，这就把

---

① 圣蜡节是法国的宗教节日，为每年的 2 月 2 日，这是一个宗教和美食的双重节日。——译注
② 《民俗工作》（*Travaux de folklore*），第三卷，第 37 页。
③ "异教"功能，指的是克里克斯泰节在基督教之外的其他信仰体系中所承担的功能。——译注

克里克斯泰节的活动和圣蜡节等同起来。

2. 辉煌的开端

克里克斯泰这个词用来指代中冬节，正像母熊的行为一样，它表示（季节的）"转换"。尽管如此，为什么要这样命名①，这个词却无法给出解释。因此，应该从词源的角度看待"Krikštas"这个词的语义空间。

动词"Krikštinti"首先指的是"第一次着手干某事"：

周日的时候，我们"开始吃"（Krikštinti）苹果。

去年，我撒了几颗梨种。今年，第一批枝叶已经"生长出来"（Krikštinti）。

受语义的限制和规定，动词"Krikštyti"指的是"刚刚触摸到""蚕食"：

我们无法放置任何东西，总有耗子"乱啃乱咬"（Krikštija）。

在田野工作中，我们会使用到动词"Krikštyti"，它的意思是"建造一座石磨，把四个麦垛堆在一起"：

"在田里干活"（Krikštyti）的人把四个麦垛堆在一起，把它们堆得很高。

因此，我们用"Krikštas"这个词来指代"一个或多个麦垛，它们堆在一起，还要修建石磨"。

我们把"Krikštas"这个词的抽象概念和"空间开端"的意义联系在一起，结果就是，这个词的词根同时拥有另外一个意义，即"交叉，交错"，具体来说，它想表达的是"从某个点出发，引出至少两根直线"。这种语义核心也出现在下列单词之中：

（1）"Krikštas"表示"桌子上最令人尊敬的位置和角落"；此外，某些复合词拥有同样的意义，要么是"长凳"（krikštasuolė），要么是

---

① 如今，"Krikštas"通常的意义是"洗礼"，而这个词的复数形式"Krikštai"没有被使用。

"长桌"（krikštastalė），甚至还可以是"窗户"（krikštalangis）。

（2）"Krikštkelis"，字面意思是"道路"，然而这个词实际上是指"十字路口"。

（3）"Krikštavonė"（混合的概念，斯拉夫语后缀）指的是"交叉时被放置或点缀的事物"。

（4）人们把"为纪念死者而放置的十字架""放在路边的耶稣受难像"也叫作"Krikštas"，所以它可以被称为"十字架日"。

"Krikštinti"同样表示在食用某物之前"改善，并使得某物更为可口"：

我们已经"改良"（pakrikštinom）了可丽饼的味道：我们在里面加了鸡蛋和牛奶。

圣安娜"改良"（krikština）了苹果的味道（也就是说，在一年中的这个时节，苹果熟了）。

3. 克里克斯塔斯（Krikštas）和克里斯西奥尼贝（Krikščionybė）

"Krikštas"一词的语义被解读为"万物之开端"或"初始态"——这中间往往还包括"改善"这个特征。这样的解读也使我们对于"Krikštas"这一节日的理解更为完整：它不仅仅是"中冬节"，即辞旧岁的时刻，更是新的一年的开端，代表着事物状态向着良好的方向发展。

尽管我们对这个词的语义场所做的分析是表层的，但无须其他补充性的解释，我们就可以理解"Krikštas"概念（作为"开端"和"改善"的意思）的扩展，这个词被用来表示皈依基督教的某些礼仪。与此同时，"Krikščionybė"这个词的双重性由两大词根组合而成：希腊语词根"xrist-"和立陶宛语词根"krikšt-"。"Krikščionybė"不仅代表基督教的引入，而且还表示新纪元的开端，与此相协调的还有"时光自然循环"的观念。然而，"Krikštas"（被洗礼）不仅被理解为新时代的开端，还表示"开始改善"。甚至十字架——新宗教的象征符号也被接受，因为"Krikštas"也被理解为生活的新方向。上述这些阐释或许表明，在立陶宛境内，至少在某种程度上，皈依新宗教的做法所遇到的抵制是微弱的。

二、基尔米埃节（Kirmiai）①

上文我们曾提到，有一些日子被称作克里克斯泰节（Krikštai）。其中，1 月 25 日在基督教中用来庆祝圣保罗②的皈依，然而这一天还拥有其他的"异教"名称：基尔米埃节，也可以叫作基尔莫雷斯节（kirmēlēs）或基尔默里内节（kirmēlinē），《立陶宛语言大辞典》把它等同于中冬节。

相对来说，我们所拥有的与这个节日有关的知识是很重要的——在这一天，人们"在果园里摇着苹果树，这样就可以得到更多的果子。同时，大家去敲打蜂窝的门，使正在冬眠的群蜂苏醒"③。然而，这方面的知识并没有成体系，我们不可能直接参考立陶宛的民俗档案，所以只能了解到很少的一部分内容。这个节日被用来敬拜蛇，然而节日本身和蛇有什么样的关联，我们同样所知甚少：人种志资料提到，蛇在秋季的时候闻了一下草的味道，然后就冬眠了④，它们在基尔莫雷斯节苏醒，并且"从森林中爬向人类的住处"⑤。另一方面，16 世纪的文本也描述了对驯养之蛇的崇拜以及与此相关的礼仪。遗憾的是，尽管文献的介绍已经足够明确，但还是没有指出举行这项崇拜活动的具体日期，只是写到这项活动发生在"一年中的某个时段"。据此我们考虑把"还未确定的时段"对应于克里克斯泰节或者基尔米埃节。

对礼仪本身的描述出自拉斯可基⑥的作品，而拉斯可基也不是原创，他抄写了在他之前的马莱茨基的版本⑦，这段文字的法语版本把

---

① 如今，单词"kirmis"（或"kirmēlē"）指各种各样的"虫子"。不过，在某些方言中，它的意义得到扩展，指所有的爬行类动物，比如蛇、游蛇等。

② 《民俗工作》（*Travaux de folklore*），第三卷，第 25 页。在立陶宛原属东普鲁士的地区，圣保罗皈依基督教，以及他在基督新教中所起到的主导作用，似乎能够和母熊冬眠过程中的"方位转换"联系起来。

③ 《立陶宛人种志概要》（*Esquisse d'ethnographie lithuanienne*），第 539 页。

④ 《立陶宛北方故事》（*Contes de la lithuanie du nord*），第 217 页。

⑤ 《民俗工作》（*Travaux de folklore*），第三卷，第 25 页（在立陶宛原属东普鲁士的部分）。

⑥ 《萨莫吉西亚众神》（*De diis*），第 48 页（拉丁语版），第 30 页（立陶宛语版）。

⑦ 请参见《萨莫吉西亚众神》（*De diis*）中的相关评论，第 63 页；《立陶宛民俗解读》（*Lectures du folklore lithuanien*），第二卷，第 67 页。

"Krikštas"这个词理解为"品尝"和"改善"：

> 另外，立陶宛人和萨莫吉西亚人都在家里养蛇，将它放置在炉灶下面或房屋中的某个角落（很可能是茅草屋），屋里会有一张桌子（这让我们想到前文的"krikštasuolė"一词）。

> 在一年之中的某个时刻，人们把这些爬行动物敬若神明，通过朗诵教士们的祭文邀请它们来到餐桌旁。于是，这些动物从洞穴中现身，并借着干净的呢绒布（很可能就是餐巾）爬到桌子上。在那里，它们"品尝"（pakrikštinç）了每一道菜，然后就从桌子上爬下来并回到自己的巢穴。

> 蛇离开后，人们高兴地吃着"改良"（pakrikštytus）的菜肴，确信这一年（即将到来的一年）将会很幸福。但是，如果人们诵读了教士的祭文，蛇仍然没有从洞穴中出来，或者动物们拒绝"品尝"（pakrikštinti）为它们准备的饭菜，那么人们就会相信，本年度将会遭遇不幸。

关于这个场景的描述十分清晰，它所表现的仅仅是礼仪宴请的开端，庆祝的是基尔米埃节。这个宴席的主要功能在于，邀请家养的蛇，恳请它们一个接一个地"品尝"（pakrikštyti）并"改良"人们摆在餐桌上的所有食物。这种品尝给食物带来了一种同位素性，它在立陶宛神话中特别重要。我们把这种同位素性解释为"使即将开始的新生活神圣化，同时确保新的生活会继续幸福"。"开端""起始"的角色被认为是决定性的要素，因为它可以确定事物的后续发展，这一观念是立陶宛神话思维中的重要特征：每一天能否以良好的态势运行，这要取决于这一天如何开启（于是拉斯可基详细描述了波兰的立陶宛裔国王雅盖沃[1]，他心高气傲，总是左脚先穿上鞋，然后一只脚落地，站直身子，再转一个大圈，这样是为了把一整天的厄运都赶走[2]）；同样，初春听到布谷鸟的第一声鸣叫也可以决定某人在整一年中的行为和命运。

我们把"krikštai"解释为"开端"和"预兆"，这就使我们得以确

---

① 雅盖沃（Jogila），曾任立陶宛大公爵、波兰国王。
② 《萨莫吉西亚众神》（De diis），第20页。

定马莱茨基和拉斯可基所说的"一年当中的某个时刻","krikštai"被辨认为中冬节,它也有可能对应基督教中的 1 月 25 日:根据蛇的态度,即它们接受还是拒绝品尝食物,就可以决定一整年的好运或厄运。

因此,我们就可以明白,为何基尔莫雷斯节同时也拥有"克里克斯泰"这个名字。

同样很清楚的是,尽管存在上述这些仪式,然而假如我们据此谈论"蛇崇拜"的话,是没有太多意义可言的:正如伊拉斯谟·斯特拉(Erasmus Stella)[1]于 1518 年就已经指出的那样,家养的游蛇只是"众神的最爱和使者"[2];人种志资料也证实了这一点,请看下面的歌谣:

> 啊,游蛇,小游蛇,
>
> 你是众神的使者,
>
> 请指引我去山丘吧,
>
> 去到那令人爱戴的神的身边。[3]

无论是品尝——这只是同一个词的另外一种含义——还是把食物"弄脏",蛇只是以此方式执行众神的意志。

同样应该强调的是,从功能意指的角度来说,"弄脏"食物这一行为远未和"开端"这一概念相对应,后者是从具体的范畴介入人的命运之中。相反,食物仅仅构建了一个隐喻的同位素性,只有通过它,才能完成未来一年的命运预测。正因为这样,众神的选择就得到了简化,蛇以众神的名义前来确定一年的运势。我们联想到,一方面,蛇的形象和立陶宛众神中的其中一位存有关联,德乌戈什[4]证实了这一点,并且用拉丁文单词"埃斯库拉庇乌斯"(Aesculapius)[5]来指代这位立陶宛的神。而在功能的三元划分过程中,埃斯库拉庇乌斯对应普

---

① 伊拉斯谟·斯特拉,德国历史学家。
② 《立陶宛民俗解读》(Lectures du folklore lithuanien),第二卷,第 66-67 页。
③ 《立陶宛民俗解读》(Lectures du folklore lithuanien),第二卷,第 75 页,这是一首立陶宛多可西埃地区的礼仪歌谣。
④ 扬·德乌戈什(Jan Dlugosz),15 世纪波兰外交官、历史学家及编年史学者。——译注
⑤ 埃斯库拉庇乌斯,这里是罗马的叫法,希腊叫法是"阿斯克勒庇俄斯",古希腊神话中的医神,太阳神阿波罗之子,手持蛇杖。——译注

鲁士的神祇帕特里姆帕斯（Patrimpas）。另一方面，"预测和分配好运"这一功能又使得埃斯库拉庇乌斯和深受大众喜爱的梅奴里斯颇为接近，在罗马文化中，梅奴里斯被阐释为"月神"。

三、小马驹的洗礼

继德乌戈什之后，差不多过了三百年，另一篇文献也描述了一场宴席，虽然和基尔米埃节的宴席有所不同，但是仪式感丝毫没有减弱：

小马驹的洗礼

在圣蜡节之前，年轻的女孩们凑钱去买白兰地；而且，她们把罂粟和大麻的种子捣碎，和蜂蜜搅拌在一起，揉成小团，把这个称作"库伊基纳斯"（čuikinas）。她们把拌有蜂蜜的白兰地烧开，然后再去邀请年轻人参加宴席。这些年轻人（骑着马）前来，喝下这种饮料；接着每个人都拿出自己带来的一品脱白兰地，大家喝个通宵，一直到第二天，就这样庆祝小马驹的洗礼。[①]

要解读这个方言写成的文本相当不容易：除了进行神话学的阐释之外，还应该补充一些哲学方面的评论。

（1）这里，人们要庆祝的是小马驹的洗礼，而小马驹或许就代表了前来拜见年轻的梅奴里斯（也就是"新月"）[②]的三位贤士[③]之一。考虑到月历和阳历的月份无法对应，所以举行洗礼活动的时间其实是在圣蜡节（2月2日）前夕，而不是在基尔莫雷斯节（1月25日）。它具体在哪一天并不是十分重要，不过既然洗礼时的宴席在圣蜡节前夕就开始举办，并且持续一整晚，这就可以证实这个节日遵循月历的特征。

（2）我们看到，为洗礼活动准备的饮料由两种成分构成：烧沸的白兰地和蜂蜜，让我们联想起为（妇女）安产感谢节或洗礼所准备的

---

① A. Kossarzewski, *Lituanica*，参见《民俗工作》（*Travaux de folklore*），第三卷，第 147 页。

② 参见谜语：从周三到周五的这段时间里，一只小马驹诞生了，还戴着金制铁盘（也就是月亮）。

③ 根据记载，耶稣出生的时候，东方有三位贤士前来朝拜，称为三王来朝（Epiphanies）。——译注

饮料①，上文讲到的"揉成的小团"由罂粟和大麻混合而成，并拌有蜂蜜。为了显出这种饮料的特殊性，人们给它起了"库伊基纳斯"这个名字。

（3）揉好的这些小团都呈现出鸡蛋（椭圆）形的球状体；此外，在立陶宛的某些方言中，蛋黄被叫作"库梅利乌卡斯"（kumeliukas，意思是小马驹）：似乎这些圆团可以被认为是小马驹的转喻。再者，考虑到"卡姆卡斯"（kamukas）②实际上是罂粟、大麻和蜂蜜的混合物，概略地讲，它们象征着快乐、繁荣和爱。我们能够把这些配料看作小马驹自身的属性，这些符号代表着神的功能。

（4）我们用"库伊基纳斯"这个名字给这些小圆团命名，乍一看无法理解，然而如果我们观察一下这个词（čuikinas）的构成情况："čuikas"表示"裤腿的一部分，两个小腿互相并拢"，或者是"男裤前面的开口"；而 čuikis 就很简单了，指的是"干草"。人们很容易理解，"čuikinas"由小的圆团所构成，在我们的语境下，它表示小马驹的"睾丸"，也是马驹最初的力量源泉。因此，上文我们所提到的"小圆团"也就构成了一种"和潜在财富的深层来源"相关联的形式，而小马驹就能够提供这种潜在的财富。

（5）操办这种礼仪性宴席的是一群少女，也就是尚未结婚却已经发育成熟并可以结婚的女性。这并不让我们感到意外，因为少女代表着社会的希望，她们属于杜梅齐尔所讲的"主宰性力量"的第三种功能：爱、美和繁荣。年轻的梅奴里斯（"新月"）被村子中的年轻一代所欢迎和庆祝，这当然只是一种古老宗教残存的痕迹，由于这种宗教被人们遗忘已久，其中的礼仪已经不能为人所理解。正因为如此，就不能不联想到普鲁士宗教的某些资料：古代普鲁士人崇拜主神帕特里姆帕斯，这位神祇呈现出一位年轻快乐的男子的形象。与此同时，有一位年轻的女祭司可以对人们的崇拜行为进行督导和监视，她就是"瓦伊多洛蒂宁"（waydolottinnen）③。

---

① 请参见本书第三章。

② "卡姆卡斯"（kamukas）也是"蛋黄"的意思，很明显，这里的"kamukas"一词是上文"kumeliukas"的变体。——译注

③ 请参见《精选集》（*Oeuvres choisies, Būga RR*），第一卷，第 183-187 页。

（6）很明显，小马驹的洗礼活动是克里克斯泰节日礼仪的一部分，坚持这一点太有必要了。

四、结论

上述简短的研究并没有太多的宏大规划，只是要对立陶宛的地方特征进行一些令人信服的阐释，也就是试图重构"新年"这一节日在古代立陶宛的表现，这一节日叫作克里克斯泰节。为此，首先应该解释的是这个节日名称本身所具备的不为我们所知的意义。另外，只有同时解读与这个节日相关的礼仪活动，才能完整地阐释这一节日的意指结构。我们认为，在新月出现的那个夜晚，村里的年轻人整个通宵都在庆祝"小马驹的洗礼"；同一天还举办家庭的宴席，并且需要一位异教的"教士"出席；最后，蛇作为家庭里的神要上桌"品尝"食物，并且为新的一年昭示祝福。这些情形都是节日礼仪的组成部分。这个节日是为各种保护神所举办的，只有认识到这一点，它才能被充分地理解。比如梅奴里斯（月神，外形是"月亮"）诞生于"拉加斯"月（ragas，这个词的意思是"动物的角"或"月牙"，在立陶宛语中表示1月），标志着新的一年的开始。就这样，这位神祇的轮廓逐渐明朗，并慢慢地获得了一个崇高的地位。